港市国家バンテンと陶磁貿易

坂井 隆 著

同成社

バンテン・ラーマ遺跡　手前が旧バンテン川、遠くがバンテン湾

バンテン・ラーマ出土の肥前窯染付大合子蓋

序

　バンテンを最初に訪れたのはインドネシア留学中の1976年で、奇しくも本格的な発掘調査がはじまった年である。調査現場をみることもなく、遺跡博物館もまだなかった。ただ大寺院付属のイスラム教学校に通う愛くるしい子供の姿が、さわやかな印象に残っている。

　次は1988年で、初めてスロソワン王宮跡や外壁跡をみることになり、そして肥前陶磁と出会った。これほど多くの肥前の存在は、もう日本で知られつくされているはずだと思った。しかし、そうではなかった。

　そのとき、陶磁器研究また近世遺跡研究に、本格的に慧眼した。以来、ほぼ毎年、バンテンに通いつづけた。そして日本の多くの仲間を誘ってバンテン遺跡研究会をつくり、インドネシアの研究者たちとの交流を試行錯誤ながら重ねてきた。

　バンテンの国際性を示す遺物が、大量の陶磁片であることは間違いない。だが地元では、全体像にいたるまでには研究に手が付けられないでいた。やむをえずそこにかかわったことから、長い道のりがはじまった。

　ただバンテンは、過去に消え去ったものだけではない。ギオーも述べているように、ここには一般外来者が望むような観光資源的なモニュメントは、ほとんど期待できないかもしれない。だがむしろ驚かされるのは、日々列を途切らせない巡礼者たちの歩みである。彼らは宗教的な満足感を満たすなかで、文化遺産としての陶磁片も眺めていく。

　そのようなバンテンとのつながりを深める途上で、図らずも本書をしたためることとなった。決して最終的な結論とするわけではなく、今後のさらなる研究進展に向けた里程標を考えたものである。

　ここに本書を上梓するにあたり、研究の糸口で励ましていただいた故三上次

男先生、絶えず暖かく見守って下さった石澤良昭先生や生田滋先生、またバンテン遺跡研究会の青柳洋治先生・大橋康二氏・江上幹幸氏ら諸先輩と仲間たち、さらに研究協力の端緒をともに築いたハッサン・アムバリィ博士と故ハルワニ・ミフロブ博士、そして英文要旨作成にも協力いただいたエドワーズ・マッキンノン博士に謝意を表したい。その他多くの方々のご鞭撻とご協力がなければ、本書をまとめえなかったことをあらためて述べることで、序とする。

なお本書の刊行にあたっては、日本学術振興会平成14年度科学研究費補助金（研究公開促進費）の交付を受けた。

2002年9月

群馬吉井にて

筆　者

目　　次

序 ……………………………………………………………………………… i

第1章　はじめに ……………………………………………………… 3
（1）問題点の所在　3
（2）これまでの研究　7
　　1　文献史　7
　　2　考古　11
　　3　陶磁器　15
　　4　小結　17
（3）構成と方法　18

第2章　港市バンテンの変遷 ………………………………………… 22
（1）バンテン・ギラン時期（9〜15c）　22
　　1　文献による先イスラム期　22
　　2　ギラン遺跡の概要　25
　　3　ギラン遺跡の問題点　28
　　4　ギラン遺跡の時期区分　30
（2）バンテン・ラーマ時期（16〜19c）　32
　　1　文献研究によるラーマ時期の概要　35
　　2　考古資料による時期区分　42
　　3　絵画資料による時期区分　46
　　4　陶磁資料による時期区分　49

第3章　バンテンの出土陶磁 ………………………………………… 55
（1）バンテン・ギラン出土陶磁　55
　　1　出土状況と時間的傾向　55
　　2　出土陶磁の産地と種類　56
　　3　同時代遺跡との比較　59
（2）バンテン・ラーマ出土陶磁　72
　　1　出土陶磁の産地と種類　72

        2　出土地による差異　93
        3　ラーマの陶磁器使用者　101
    （3）ティルタヤサ出土陶磁　102
        1　出土状況と時間的傾向　103
        2　出土陶磁の産地と種類　107
    （4）バンテン出土陶磁の全容　113
        1　出土陶磁による時期区分の問題点　113
        2　消費傾向　117

第4章　バンテンの都市構造 …………………………………123
    （1）初期港市の構造──バンテン・ギランと環濠遺跡　123
        1　環濠遺跡の特徴　123
        2　港市遺跡としての性格　128
    （2）発展期港市の構造　131
        1　考古学調査成果による領域機能　131
        2　絵画資料による領域区分　136
    （3）「離宮」の構造　149
        1　発掘調査で判明したティルタヤサ離宮跡　149
        2　ティルタヤサ離宮の構造と性格　153
    （4）港市の都市構造　157
        1　東南アジア港市の変遷　158
        2　東南アジア港市の構造　169
        3　ラーマの都市構造の意味　174

第5章　アジア陶磁貿易とバンテン ……………………………182
    （1）陶磁器消費地としての群島部在来文化　182
        1　クンディ型水差しの需要　182
        2　埋葬儀礼と陶磁器　188
    （2）貿易品容器の貿易　194
        1　アンピン壺の貿易　194
        2　壺甕の貿易　199
    （3）近世アジア陶磁貿易　208
        1　インド洋の陶磁貿易　208

      2　東南アジア群島部の陶磁貿易　214
      3　肥前陶磁の東南アジア輸出　225
　（4）近世陶磁貿易でのバンテンの役割　232
      1　ジャンク貿易と陶磁器　232
      2　バタヴィアとの相違　241
      3　陶磁器の再輸出　246
      4　陶磁貿易での18世紀の意味　254

第6章　バンテン遺跡の保存活用 ……………………264
　（1）「生きている」遺跡の保存　264
      1　バンテンでの遺跡のあり方　264
      2　バンテンでの遺構の保存　267
      3　バンテンでの遺物の保存　279
　（2）文化財保存国際協力の問題点　283
      1　ボロブドゥル爆破事件の意味　283
      2　ティルタヤサでの実験　288
      3　「ハルワニ構想」と国際協力の可能性　292

第7章　まとめ ……………………………………………306
　（1）アジア陶磁貿易におけるバンテン　306
      1　再輸出の可能性──流通拠点の役割　306
      2　バンテン政治史への視点　309
      3　新たな時期区分の提唱　311
　（2）国際協力下における遺跡の保存活用　312
      1　保存活用の目的　312
      2　「生きている遺跡」と考古陶磁資料　315

バンテン関連年表 ……………………………………………318
参考文献 ……………………………………………………321
索　　引 ……………………………………………………331
Summary ……………………………………………………335

港市国家バンテンと陶磁貿易

第1章　はじめに

（1）問題点の所在

　今日の東南アジア史研究には、港市 port city の視点が大きな要素を占めるようになってきた。その契機となったのは、オーストラリアのアンソニー・リード Anthony Reid が1988年に著した『東南アジア商業の時代1450～1680』(Reid 1988) といえる。
　そこでは標記の期間を商業が活性化した時代としてとらえ、東南アジア各地の商業拠点について社会経済的なさまざまな視点から分析を行っている。従来からあった各国の政治史を束ねた形の東南アジア通史とは異なり、この時代の東南アジア全体の動きを多視点からまとめたものであった。
　商業拠点の代表が港市であることはいうまでもない。港市の役割について、リードは次のように述べている。
　すなわち東南アジアとは「季節風下の地域」であり、次の特徴をもつ地域である。

> 商業は、つねに東南アジアに活力を与えてきた。中国（史上最大の国際市場）とインド・中東・ヨーロッパの人口集中地帯をつなぐ海上交通へのアクセスと独特の支配により、季節風下の地域は自然と国際海上貿易のあらゆる進展に答えていった。

そしてとくに15世紀から17世紀までは商業の役割が支配的になったが、その理由は、第一に16世紀の世界貿易活況の大きな要因が東南アジア産の香辛料であったこと、第二に東南アジア自体でより貿易に重点を置く社会構造ができ上が

ったことによるとしている。

さらに、

> 商業の時代は、都市化成長が進んだ時期である。15世紀は労役奉仕と農業生産により基盤を置く古い首都に対し、貿易に立脚した都市が決定的な権力変化をもったことに特徴がある。

として各地の変化例を示すとともに、新興の貿易立脚都市＝港市の内容について、次のように説明した。

> 季節ごとの航海は、貿易商たちが季節風の変化や貿易相手の到着を待たねばならない場所である貿易中心地の発生をうながした。商業の時代にはアジアの船は長距離航海ができなかったため、商品とともに貿易商たち個人個人は、カイロから広東までの各区域ごとに数年かけて船を換える必要があった。船主たちは、次の季節に船が母港へ戻ってくることを切望した。数ヶ月間、東南アジアの港にいる乗組員と乗客たちは、町の全区域に居住し、市場を活気づかせ、町の各種行事に参加した。
>
> 季節風の下での主要な貿易中心地は、アンダマン海・タイ湾・ジャワ海そしてとくにマラッカ海峡のような安定した水域にある季節風貿易区域の交点にかならず位置した。

そして、貿易網・都市化規模・平面構造・市場・通貨と商業化・金融組織・商業エリート・商業的少数派と民族・都市化と資本主義の各項目で、港市を中心とする東南アジアの都市と商業活動を詳述した。

そのような記述のなかで、タイのアユタヤ Ayutthaya（15～20万人）につづく第二の規模の人口（10万人前後）をもつ港市の一つとして、ジャワ島西端のバンテン Banten について多くの頁を割いて述べた。

本書では、スマトラ北端のアチェ Aceh、スラウェシ南端のマカッサル Makassar とともに、16世紀から18世紀にかけて東南アジア群島部でもっとも栄えた港市の一つであるこのバンテンの問題を明らかにしたい。

1596年、オランダ人としてアジアへの最初の航海者ヒョウトマン C. Hautman の船隊は、喜望峰からインド洋を越えて一気にバンテンにやってきた。初

めてのアジアの地で彼らがみたものは、西はエティオピア人やアルメニア人東は華人までの、アジア全域から東アフリカに及ぶ各地の商人たちが混在した、一大国際貿易拠点であった。

彼らが訪れた地、今日のバンテン・ラーマ Banten Lama 遺跡（以下ラーマ）を中心とするイスラム期バンテンは、16世紀前半に成立した。そしてオランダ植民地権力によって滅ぼされる19世紀前半まで3世紀の間、群島部のなかで貿易拠点として、あるいはイスラム教布教の中心として相当の影響力をもって存在しつづけた。

しかし、バンテンはこのイスラム王朝の成立により突然誕生したのではない。少なくともそれより4世紀以上前から、ここには先イスラム期の港市が存在していた。ラーマからバンテン川の上流に13キロ離れたバンテン・ギラン Banten Girang 遺跡（以下ギラン）がその中心である。

ギランの時期からすでにコショウの産地「スンダ Sunda」として知られ、華人やインド人を中心とするアジア海上貿易の拠点になっていた。

8百年以上に及ぶバンテンの歴史を彩る特徴は、国際貿易の拠点ということである。それは、マラッカ海峡とならぶアジアの東西を結ぶ海上ルートの要衝スンダ海峡に接するという、地理的な条件が一つの大きな要因になっている。またジャワ・スマトラ間のこの海峡両岸が、良質のコショウの産地であったこともきわめて重要であった。

それらと関係して、ここはアジアの陶磁貿易の拠点でもあった。コショウを求めて来航した華人たちが交換商品としてもたらしたものの一つが、彼らの特産物である陶磁器であった。先イスラム期からイスラム期までその状況に変化はなく、またその中身は中国陶磁を主体とするものの、早くはタイ・ヴェトナム陶磁を含み、やがてイスラム期には日本の肥前陶磁をも大量に輸入するにいたっている。

今日、そのようなバンテンの歩んできた道を明らかにするには、1976年以来本格的に実施されてきている考古学発掘調査の成果を無視することはできない。インドネシア考古学界において、イスラム文化考古学[1]という新しい研究分野で

なされたもっとも調査経験の深い遺跡が、バンテン遺跡群である。それは、ラーマとギランというバンテン川沿いの両遺跡を中心とするが、他にイスラム期の離宮跡であるティルタヤサ Tirtayasa 遺跡なども含む広範囲な遺跡群として構成されている。

それらの遺跡の調査で発見されたもっとも顕著な遺物は、膨大な陶磁片である。陶磁片は、バンテンが果たした歴史的な陶磁貿易の実態を示す貴重な一次資料であることにとどまらず、多くが腐食してしまった他の貿易商品の動きをも推察しうる重要な証拠となっている。

これまで、バンテンが東西貿易に占めた地位についての研究は、コショウに関するオランダ語を中心とした文献資料からのものが主であった。かならずしも完全に事実をすべて記録したわけではない文献資料にくらべて、考古資料としての出土陶磁片は紛れもなく事実そのものを語っている。

少なくとも陶磁貿易の内容を解明することについて、そのような具体的な資料により初めて可能になったことは他言を要しない。[2] そしてさらにそこから、貿易活動全体や港市の性格など多方面の事実さえも検討することができる。

以上のバンテンのあり方のなかで、ここで問題とするのは次の点である。

① バンテンの陶磁貿易の特徴、とくにアジアの陶磁貿易に占めた役割は何であったか。

② 港市国家バンテンの都市構造のあり方はどのように特徴づけられ、またアジアの諸都市とはどのような共通性や差異があるのか。

①についてはとくに、次の問題を検討したい。

　A　これまでラーマの衰退期とされていた18世紀前半に、出土陶磁片の量が最大になるのはなぜか。

　B　それは、どのような政治社会状況を反映しているのか。

多くの先行文献研究は、オランダの属国化したこの時期には主体的な貿易活動はバンテンには存在しなかったとしているが、それとは一致しない考古資料のあり方についての検討である。

またそれらとともに、考古学調査の現代的な課題である遺跡の保存・活用の

問題を付け加えたい。バンテン遺跡群の保存がインドネシアの文化遺産のなかで特異な地位を占めているからであり、またそこでの陶磁片の取り扱いが大きな意味をもっていたためである。

具体的には、次の点について明らかにしたい。
① 「生きている」遺跡としての現代社会とのかかわり
② 地上残存遺構が乏しいなかでの陶磁片遺物のはたす役割
③ 国際協力の可能性

(2) これまでの研究

1 文献史

バンテン史研究の嚆矢となったものは、フセイン・ジャヤディニングラット Hoesein Djajadiningrat がオランダ植民地時代の1913年に著した「『バンテン年代記』の批判的検討—ジャワ史記述枠組みの提供」(Hoesein 1913) である。

このインドネシア人歴史研究者として初めての博士論文は、1660年代に記された伝統的な年代記の記述についてヨーロッパ人の記録による考証を行ったものである。とくに、年代記の記すバンテン王の始祖であるイスラム聖人スナン・グヌンジャティ Sunan Gunung Jati を、ポルトガル資料に残るファタヒラ Fatahilah に比定したことは、よく知られている。

この論文はオランダ植民地時代に記されたにもかかわらず、近代的なインドネシアの歴史学の出発とされているものである[3]。

また広くバンテン史研究のなかで特異な地位を占める著作が、インドネシア独立後21年経った1966年に公刊された。サルトノ・カルトディルジョ Sartono Kartodirdjo による「1888年のバンテン農民反乱についての研究」(Sartono 1966) である。

19世紀前半、王国が完全に消滅させられて以後、バンテン地方ではたびたびオランダ支配に対する反乱が発生した。なかでも悪名高い強制栽培制度が終わった後、大災害をもたらしたクラカトウ Krakatau 火山爆発の5年後1888年に

チレゴン Cilegon で起きたものは、最初の大規模なものであった。このサルトノの研究は、植民地時代のジャワ島での反オランダ農民反乱についての最初の本格的な研究である。この事件は、上記フセインの研究が誕生した間接的理由ともいえるものであった。

　バンテン王国史研究にかぎってみれば、フセインの研究は圧倒的な影響力があり、その後長くバンテン史研究の権威的な位置を占めていた。しかし60年後の1970年代になって、独立インドネシアのハッサン・アムバリィ Hasan M. Ambary は重要な新説を提示した (Hasan 1975)。スナン・グヌンジャティの子孫が王家として残っている西部ジャワ東端のチレボン Cirebon で発見された文書から、バンテンの王統譜について新たな見解を示したのである。

　ファタヒラはスナン・グヌンジャティ自身ではなく、その婿であるファディーラ・ハーン Fadillah Khan である、と彼はその資料をもとに主張した。彼の新説は、当時ようやく開始されんとしていた後述のバンテン遺跡群での考古学調査とも軌を一にしており、新たな研究の展開を示すものであった。

　フセインの唱えた王統譜への疑問は、別の視点から日本の生田滋も1981年に提示している（生田註 1981）。そこでは最初にバンテンに来航したオランダ人の記録をもとにして、スナン・グヌンジャティを始祖とする伝承は、17世紀後半にチレボンへの主権を唱えたバンテンの政治的動機によって成立したと生田は述べている。ことさらに始祖伝承を強調する『バンテン年代記 Sajarah Banten』そのものの成立要因こそが、大きな問題であるとした見解であった。

　このイスラム・バンテンの創始者をめぐる問題は、その後あまり大きな進展はない。フセインとハッサンの両説が併存したまま、とくに17世紀最盛期のバンテン政治経済史への関心が大きくなったためである。

　その出発は、ウカ・チャンドラサスミタ Uka Tjandrasasmita が1977年に編集した『インドネシア国史第3巻　インドネシアでのイスラム諸王国の誕生と発展時代』(Uka ed. 1977) である。ここでは、従来の諸王国史の並列から完全に異なって、イスラム教伝来と貿易活性化そしてヨーロッパ勢力との対決を基本軸として、大きな時代精神が描かれている。同書は1984年に改訂されて、さ

らにその傾向は強まった。そこでバンテンは、アチェとならんで最多掲載地域となっている。

　大きな転機となったのは、冒頭で述べたオーストラリアのアンソニー・リードが1988年に著した『東南アジア商業の時代1450〜1680』(Reid 1988) である。前述のように各場面でバンテンについての記述があり、この時代を代表する港市としてバンテンが大きく扱われた。そのため、これがバンテン史研究再活性化の触媒となったことは間違いない。

　1990年、フランスのクロード・ギオー Claude Guillot は『バンテン王国』(Guillot 1990) を著した。これは一般読者までも対象とした通史だが、1682年のオランダの影響力開始時までの政治経済の歩みを記した本格的な初めての著述である。

　ここでは創始者問題はほとんど記述されず、むしろ保守的貴族層と新興商人層との対立として17世紀前半までの歴史が語られ、さらに17世紀後半のティルタヤサ大王 Sultan Ageng Tirtayasa 時代が新たな貿易と農業発展時代として詳述されている。また経済史の要素として、コショウ・砂糖生産と華人の役割が特筆された。

　この著作に匹敵するバンテン通史は、その後今日まで公刊されておらず、1682年までの記述という大きな問題点はあるものの、大きな社会的影響を及ぼしたバンテン史研究といえる。巻末には考古学調査成果と現存する遺跡が写真とともに簡単に紹介されており、豊富なカラー図版・写真が掲載されていることもあって、社会一般にバンテンについての知見を富ませた画期的な著作であった。

　この頃までに個別の課題としては、次のような研究がなされていた。

　日本の鈴木恒之は、1975年にバンテン支配下のスマトラ南端ラムプン Lampung 地方でのコショウ栽培制度について考察した (鈴木 1975)。これはオランダ語資料による土地制度史的な研究であり、植民地時代経済史研究の延長としてバンテンのラムプン支配をまとめたものである。今日の考古学的研究成果からすれば、ラムプンの開発開始を15世紀とするなど大きな限界もあるが、[4] 植民地時代の強制供出・栽培制度に似たバンテンのラムプンに対するコショウ

栽培強制についてまとめた点は、意義があるだろう。

1986年には、バンテンの対外交流のなかで最大の要素となった華人の貿易について、注目される二つの研究が著された。一つは台湾の曹永和の研究である（曹 1986）。漢文資料およびヨーロッパ語資料を駆使して、おもに1590年代から1620年代まですなわちオランダ人の来航からバタヴィア Batavia 建設にいたる間のバンテンでの華人貿易と華人社会のあり方を詳述したものである。

バンテンにはヨーロッパ語資料のなかにも華人の活動に関するさまざまな記録があるが、漢文資料をも踏まえた初めての本格的な研究ということができる。残念ながら対象とした時期がきわめてかぎられてはいるが、華人問題の研究のなかで初めてバンテン史の所在を明らかにした点で、きわめて重要な研究ということができる。

もう一つはオランダのレオナルド・ブルッセ J. L. Blussé による、オランダ東インド会社についての博士論文『奇妙な会社』（Blussé 1986）である。これはオランダ東インド会社というヨーロッパ人によるアジア支配の先駆とみられてきた組織が、実際には華人を中心とするさまざまな非純粋オランダ人によって、大きく動かされてきたことを明らかにしている。とくに第VI章の「オランダ東インド会社とバタヴィアへのジャンク貿易」は、これまでオランダによる一方的な貿易支配のみが強調されてきたなかで、18世紀においても華人のジャンク貿易がなければ会社が存続しえなかったことを詳述しており、きわめて斬新な知見といえる。バンテンでの17世紀末以降の華人貿易を考えるうえで、大きな参考としうる研究である。

一方、1992年に日本の生田滋は、バンテン・ラーマの都市構造について、示唆的な研究（生田 1982）を著した。これは、バンテンについてもっとも詳細に描かれた1630年代のオランダ地図をもとにして、バンテン王権と貴族たちとの関係を明らかにしたものである。すでにリードは同地図を取り上げて初歩的な指摘をしていたが、生田は具体的に王宮と相似形的に描かれた貴族邸宅のあり方を提示して、とくに貿易をめぐる権力問題と港市構造の関係について指摘をした。

90年代半ばには、バンテン史研究についての基本的な3著作が著された。
　第一はインドネシアでのハッサン・アムバリィらが編集したバンテン史研究論文集（Hasan ed. 1994）である。これは地方政府が刊行したものであるが、そこにはインドネシアを中心とする考古を含むバンテン史研究についての論文25編が掲載されており、集大成的な要素がある。また地方政府の関心とも考えられるが、バンテン遺跡群の整備活用と地域社会の関係について13編の論文があわせて載せられている点は、きわめて興味深い。
　つづいて翌年には、フランスでギオーが中心となって、バンテン史研究論文集（Guillot ed. 1995）が刊行された。これは、おもにフランスの研究者のバンテンに関する論文をまとめたもので、文献史・考古・宗教・現代史・現代政治まで10編が掲載されている。ここではギオー自身は、前著でも詳述していたティルタヤサ大王時代の政治政策について、一編の論文を著している。
　また同年、台湾では曹永和らによって、17世紀後半の台湾とイギリスの貿易に関する文書集（Chang et al. 1995）が刊行された。これは、直接には台湾の鄭氏政権にかかわるイギリス東インド会社の文書を集大成したものだが、当時のイギリスのアジア東部での拠点がバンテンにあったことにより、これまでのオランダ語資料では不十分であったバンテンと台湾の関係を少なからず明らかにした資料集である。

2　考古

　以上のようにバンテン史研究は文献史研究が先行してきたが、それのみでは解明されえない要素が大きくあった。すなわち、先イスラム時代のギランはもちろんのこと、イスラム王朝時代の本拠地ラーマにしても、イスラム大寺院や華人寺院観音寺を除いて、19世紀前半以来すべて廃虚になっているからである。
　この遺跡の究明を目的とした考古学的な研究がないかぎり、バンテン史の生きた部分の復元はありえないといっても過言でない。少なくとも17世紀以降ジャワ島に存在した各王国のなかでその中心部が完全に廃虚になっているのはバンテンだけであり、それだけに遺跡から得られる考古資料の大きさは十分に想

定しうる。

　しかし、植民地権力オランダが物理的に破壊したイスラム王朝の王宮跡を中心とする、王都であり港市でもあるラーマ遺跡の本格的な研究は、植民地時代には想定しえない課題であった。

　ただフセイン・ジャヤディニングラットの最初の文献史研究よりも13年も早い1900年にセルリエル L. Serruriel が行った研究（Serruriel 1900）は、後にバンテンについての物質的研究の基本的な出発となった。

　今日まで大きな影響を残している彼の研究は、この時点でのラーマの地図を作成するとともに、36カ所に及ぶ残存地名を収録したことに大きな意義がある。それらは、かつての大港市ラーマの都市構造さらには社会制度を検討するうえで欠かすことのできない資料といえ、大部分はその後伝えられなかったものであった。

　しかし最初の考古学的な調査の開始は、1968年のインドネシア大学と国立文化財研究センターの共同での表面採集まで待たねばならなかった。1945年の独立後に蘭印考古局を受け継いだインドネシア考古局の活動は、基本的に植民地時代の延長であり、イスラム・バンテンのような新しい時代を対象とするまでには時間を要したのである。

　スカルノ政権からスハルト政権への交替時の混乱もようやく終息しかけた68年の調査から8年経った1976年、改組された国立考古学研究センター Pusat Penelitian Arkeologi Nasional はインドネシア大学との協力のもと、初めてラーマで発掘調査を実施した。

　ハッサン・アムバリィが指導したこの調査は、インドネシア考古学のなかで新しく確立されたイスラム文化考古学という研究部門での初めての本格的な発掘調査であった。2年後に公刊された最初の調査報告書（Hasan et al. 1978）は、その後のバンテンのみならずイスラム文化考古学の方向を示した記念碑的な研究成果といえる。

　この最初の調査で発掘された面積はきわめて少なかったにもかかわらず、出土した遺物は陶磁片から土器製作道具あるいは金属器生産道具まで多岐に渡っ

ており、後の調査で得られるものがほぼすべてそろっていた。また一つの港市跡全体を長期的な調査対象とするという指向性が存在しており、現在にまでいたる調査の方向性を生み出したのみならず、他の東南アジア港市の調査にも少なからぬ影響を及ぼしたといえる。

ラーマでの発掘調査はその後も毎年継続して進められたが、同時に調査の中心となったスロソワン Surosowan 王宮跡などをはじめとする遺跡の保存活動も開始された。

そのような発掘調査と遺跡保存活動の最初の成果が、1988年にハッサンとハルワニ・ミフロブ Halwany Michrob らによって編集されて『バンテン考古学資料集』(Hasan et al. 1988) として公刊された。フォード財団の助成で作成されたこの著作は、インドネシアの公的刊行物としては例外的に豊富なカラー写真が掲載されており、視覚的に考古資料の存在を大きく訴えたものである。ここで初めて調査状況から検出遺構また出土遺物の代表的なものが、第三者に写真とともに提示されることになった。考古学調査のもたらした重要な発見は文献史研究に勝るものがある、との印象がこれによって広まったといえる。

その後、ハッサンとハルワニさらに調査に参加した若手研究者たちは、バンテンでの考古学成果について数多くの論考を発表した。その大部分は前述の1994年に刊行されたバンテン史研究論文集 (Hasan ed. op. cit.) に、集約されることになった。

一方、フランスの社会科学高等学院 EHESS と極東学院 EFEO は、インドネシアの考古学センターと共同で、バンテン地域の発掘調査を89年より4カ年に渡って実施した。その成果として二つの重要な研究が発表された。

その第一は、94年に刊行されたギオーらによる『バンテン・ギラン遺跡発掘調査報告書』(Guillot et al. 1994) である。ギラン遺跡の調査は、表面採集がすでに76年の時点から行われていた。また後述のように、ここで出土する陶磁片についての本格的な研究は、エドワーズ・マッキンノン Edwards McKinnon によってすでに発表されていた (Edwards McKinnon 1991)。

しかし、90〜92年に実施された発掘調査は、ギランの実態について初めて本

格的なメスを入れたものであった。狭い範囲を区画する2重の堀の実態解明による都市構造的特徴や、出土した大量の陶磁片による年代決定そして貿易状況など、十全なものではないとはいえ、報告された事実には大きな意味がある。

おなじ共同調査の一環で、興味深い調査がなされた。それはラーマ郊外のカスニャタン Kasunyatan にある華人墓地に対してのものである。サモ C. Salmon が95年に発表した調査成果 (Salmon 1995) は、100基近い亀甲墓が集中するバンテン最大の華人墓地の様相を初めて明らかにした。とくにその年代が17世紀末から18世紀前半に集中することを示した意義は大きい。

この共同調査の初年には、17世紀後半の初期華人墓が集中するクラパ・ドゥア Kelapa Dua 遺跡の発掘調査が行われた。バンテン最古の1661年紀年銘をもつ許氏墓の調査など、重要な発掘がこのときになされている。

以上のようなバンテン遺跡群での四半世紀に及ぶ考古学的な調査研究の成果を集大成し、そこから都市構造の変化を概観し、さらに遺跡の史跡公園としての活用方法に大胆な提言を示したものが、ハルワニが98年に発表した博士論文 (Halwany 1998) である。

これは、歴史的状況としてバンテン・ラーマの都市構造変遷を検討し、その延長として史跡公園化のあり方を構想した意欲的な研究といえる。歴史資料と文化遺産の活性化という本来分離できない問題は、これまで同時に検討されたことはなかった。その意味で、この研究は歴史と現代とをどのようにつなげるかという課題を提示したため、バンテン遺跡群のみならず東南アジアの遺跡の今日的な理解を図るうえで、きわめて示唆的な研究ということができる。

またヘリヤンティ Heriyanti O. U. は、98年に考古資料をも重要な歴史要素として扱い、バンテンの貿易構造総体の解明を意図した博士論文 (Heriyanti 1998) を発表している。17世紀後半のティルタヤサ大王時代を焦点にして、従来の文献史研究ではみられなかった考古資料を駆使して、バンテン史の社会・経済的要素の解明を企図したものであった。

ここにおいて、バンテンの考古学研究は、一つには港市国家としての実態解明があり、また他方面では地下に埋もれた文化遺産をどのように活用するのか、

という今日的な二つの課題を見出したことになる。

3 陶磁器

　本書に直接関係するバンテンの陶磁器とその貿易については、次のような研究がなされてきた。

　バンテン地域に多量の陶磁器が存在することに初めて注目したのは、著名な収集家であるデ・フリーネス O. de Flines であろう。オランダ時代の1920～30年代におもに集められ、現在ジャカルタの国立博物館陶磁室に寄託された彼のコレクションには、バンテン地域で伝世されたと記録される陶磁器が少なからずみられる。

　この地域の陶磁器の存在について、とくに貿易の要素から接近した研究は、オランダのフォルカー T. Volker が1954年に発表したもの（Volker 1954）が、今日でも大きな意味をもっている。

　彼の研究は、オランダ東インド会社のさまざまな記録に残った陶磁貿易に関する資料を駆使して、会社が扱った17世紀の陶磁貿易のあり方を明らかにしたものであった。当然、会社の本拠地であったバタヴィアでの陶磁貿易が中心ではあるが、ライヴァルの動向に深い関心をもっていた会社のあり方によって、バンテンを含める在地勢力の陶磁貿易についても、かなり多くが語られることになった。

　バンテン自体の出土陶磁器を専門的に初めて明らかにしたのは、インドネシア在住の陶磁器研究者エドワーズ・マッキンノンの前掲1991年の発表（Edwards McKinnon op. cit.）が最初といえる。当時、バンテン地方の中心地セラン Serang に居住していた彼は、ラーマのみならずギランで表面採集される陶磁片について大きな関心をもち、陶磁研究における意味を公表した。

　このときまでにラーマでは長年の発掘調査で大量の陶磁片が出土していた。その一部は、前述88年の『バンテン考古学資料集』（Hasan et al. op. cit.）に掲載されていたし、初歩的な研究は遺跡博物館開設にともないなされていた。またギオーらによるギランの発掘調査もちょうど開始され、大量の陶磁片がそこ

でも出土していた。そのような時期に発表されたマッキンノンの論文は、ラーマとギランの出土陶磁の全容を予察した時宜にかなったものだった。

一方、その前年の90年に日本の大橋康二は、ラーマを中心とするインドネシア出土の日本肥前陶磁の展示『海を渡った肥前のやきもの展』を日本の佐賀・有田で企画し、「東南アジアに輸出された肥前陶磁」(大橋 1990) を発表した。

豊富なカラー写真が印刷された同展示図録に掲載された大橋論文は、バンテンにおける肥前陶磁の存在を大きくアピールした。とくに国外へ輸出されたものとしては最古の陶磁片を見出したことにより、フォルカー以来漠然と認識されていたオランダによる肥前の輸出は決して優先的なものではないことが、初めて物証で明らかになったのである。

同時にこの展示の実現にいたるまでに、さまざまなインドネシアと日本の研究者の協力が生まれ、そこから筆者らも参加した研究交流団体「バンテン遺跡研究会」が日本で誕生することとなった。

以後、90年代にはさまざまなバンテンの陶磁器をめぐる研究交流活動が、インドネシアと日本で継続的に実施されてきた。そのなかで最大のものは、93年と97年の2回に渡って行われたラーマ出土陶磁片の共同調査であり、また97年と99年そして2001年になされた17世紀後半の離宮跡ティルタヤサ遺跡の発掘調査である。

また陶磁器を媒介としたインドネシア研究者のさまざまな論考が、日本語により刊行されるようになった。たとえば検出遺構と出土陶磁をヴィジュアルに示した『肥前陶磁の港バンテン』(ハッサン・坂井編 1993) や、おなじ年のナニッ・ウィビソノ Naniek Wibisono によるラーマ出土陶磁の概要研究 (ナニッ 1993) がそれである。

陶磁片はバンテンの各遺跡の調査で出土した遺物の一要素でしかない。しかし量的に多いことと、それ自体が国際貿易で形成されてきたバンテンの歴史そのものを示しており、かつほぼ唯一の時間を測る尺度でもあることに大きな特徴がある。そのことにより、陶磁研究を通じた研究交流から遺跡保存活用協力にまで、文献史研究とは異なった新たな歩みが生まれたことは、間違いない。

4　小結

　バンテン史研究は、1900年のセルリエルの古地名記録化からかぞえれば1世紀を越える蓄積がなされてきた。しかし、それより1世紀前にはまだイスラム王国の最後の姿は依然として地上に存在していた。さらに王国滅亡の影を大きく引きずっていたチレゴンの反乱事件は、1900年からわずか12年前のことであった。

　また以後40数年間のオランダ植民地時代にあっても、バンテン地方はさまざまな反オランダ抵抗運動の基盤となった現代史をもっている[5]。そのため、インドネシア人として最初の近代的歴史研究とされるフセインのバンテン史研究の占める位置も、当時の政治的状況とは無縁ではない[6]。

　遺跡としてバンテンを考古学的に研究するということは、近い過去を対象とするため、もともと古典的な意味での考古学の素材にはなりにくかった。それ以上に植民地権力オランダとの複雑な関係が潜むものを、考古学として解明しようとするには、インドネシアの独立後20年以上の年月を必要としたわけである。

　さらにまた最大の考古資料である陶磁片を対象とした研究の開始は、ようやくこの10年間で本格化したにすぎない。

　そのようななかで、とくに文献史研究の特徴をみてみると、始祖を中心とする王統譜研究、そしてコショウ貿易を中心として政治的最盛期17世紀後半の対外関係研究があり、また港市論としての社会制度研究が展開してきた。一方、考古研究はラーマとギランという二つの時代を異にした遺跡の比較が大きな焦点となり、またラーマでの土地利用や土器・金属器生産などに眼が向けられてきた。

　しかし、それらは陶磁研究のなかで大きな対象であることが明らかになった18世紀前半における陶磁貿易の最盛期の問題とは、かならずしも対応していない[7]。文献史研究のなかで、18世紀の問題を論じたものはほとんどないのである。簡単に18世紀中葉の反乱事件と19世紀初頭の滅亡を述べるのみで、具体的な事

実関係すらあまり述べられず滅亡の年も含めて曖昧な状態の事項が多い。

考古学研究は、新しい社会現象から順に歴史をさかのぼっていくものであるから、本来この文献史で不十分の点をよく追究しうるはずであった。しかし、あまりに錯綜する遺構と遺物のあり方そして膨大な面積の対象を前にして、もっとも調査が進んだラーマのスロソワン王宮跡にしても、具体的な時期区分はいまだ十分には確立されていない。

そのような先行研究の流れをみると、本書がおもな目的とする陶磁貿易とくに18世紀前半の最盛期の問題を解明する課題は、新たな研究の可能性を探ることであるといえるかもしれない。

また本書の副次的に述べるバンテンの遺跡保存活用と国際協力については、これまでほとんど学術研究の対象にはなりきれていなかった。わずかにハルワニの研究が、孤高を占める状態であった。ハルワニは当事者としてこの問題を研究対象とし、そこでまとめたものを実際の保存活用の場面で検証しようとする直前に急逝した。当然国際協力の点でこの問題を扱っているものも少なく、本書での論究は、現在進行中の問題点整理の域を越えることはむずかしいかもしれない。

(3) 構成と方法

本書では考古学的方法を基軸とするが、さらに文献史成果もあわせて検討する。具体的には次のような構成と方法で問題点に対する検討を行う。

なお基本とするバンテンでの考古学的調査資料は、出土陶磁片の分析成果が中心である。これは、1993年と97年に実施したラーマ出土陶磁片約30万片、そして97・99年のティルタヤサ発掘調査出土の378個体に対する分析成果である。

・バンテン史の概観（第2章）

ギラン期とラーマ期に分け、それぞれこれまでの先行研究の成果をまとめる。ギラン期については、ギオーらの発掘調査成果を整理して、文献史との関係も言及する。

ラーマ期については、時期区分の諸説を検討する。ギオーの文献史によるもの、ハッサンとハルワニの考古・絵画資料によるもの、そして大橋と筆者の陶磁資料によるものを比較検討する。

・バンテンの出土陶磁（第3章）

ギラン、ラーマ、ティルタヤサ各遺跡出土の陶磁片について、産地・種類そして出土状況という基本的な問題点を整理する。そして使用者の想定を軸とした陶磁貿易の観点からの検討を行う。

次に全体を総観して、時期区分について再整理を行う。またそのなかでの消費傾向の変化を検討する。

・バンテン・ラーマ遺跡の都市構造（第4章）

ラーマの都市構造について、考古・絵画資料より港市としての特徴を検討する。前段階としてギランの状況、またラーマ期の離宮であるティルタヤサの状況を、比較資料としてあわせて論じる。

これらは防衛構造そして領域の機能区分を、おもな検討項目とする。そして絵画資料を中心にラーマの特徴について、他の群島部イスラム港市や汎アジア的範囲での諸港市との比較を行う。

・アジア陶磁貿易とバンテン（第5章）

ラーマでの18世紀前半の陶磁輸入最活況がなぜ生じ、どのような事実を反映しているかについて検討を行う。

まずクンディ形水差しに焦点をあてて、群島部在来文化のなかに輸入陶磁がどのような役割をもっていたのかについて考察する。また貿易品容器としての陶磁貿易の動きを、アンピン（安平）壺とマルタバン壺という2種類よりみてみる。

そしてアジア陶磁貿易の構造を概観した後に、インド洋貿易と中国海貿易の接点であるバンテンの意味を考え、18世紀の状況を解明する。

・バンテン遺跡群の保存活用（第6章）

地上残存遺構の乏しいバンテン遺跡群が、住民とのかかわりのなかでどのように保存活用されるべきかを、これまでの経験から考える。

ここでは、「生きている遺跡」としての特性、そして国際協力の可能性についての二つの視点を軸として予察する。

・まとめ（第7章）

これまで論じてきたアジア陶磁貿易におけるバンテンの意味について、新たな時期区分も提示しながら総括する。そして国際協力の下での遺跡保存活用の役割についてまとめる。

なお陶磁器を機能に応じて、次のように分類した。

　食膳具：皿・碗類（大皿を除く）

　調度具：瓶・水注・蓋物・大皿など

　貯蔵具：壺・甕類

大皿（径30cm以上）は、もともと特別な宴会用の食器であり、実際にはステータスシンボル的に利用されることが多いため、調度具に入れた。

これらの大別による使用形態としては、次のように想定することは可能と思われる。

　食膳具：臨時的な展示と小規模な儀礼での使用

　調度具：恒常的な展示と大規模な儀礼での使用

　貯蔵具：内容物所有誇示を目的とする恒常的展示

また頻度を示す目安として、可能なかぎり底部片を計測した数値を推定個体数とした。「個体」と表現した数値はそれを示している。この場合、合子類は底部相当部片の、大甕類は肩部片の計測値である。

註

1) 先史文化考古学、古典文化考古学にならぶインドネシア考古学における研究分野の一つ。いわゆる宗教考古学ではなく、13世紀に始まるイスラム文化時代全般の研究を目的としている。バンテン遺跡群の調査研究の進展とともに、70年代になってハッサン・アムバリィ Hasan M. Ambary らによって確立された。

2) リードは「商業の時代」の物質文化の一つとして、ceramics の項目を設けているが、在地土器生産も含む簡単な記述である。貿易商品としての陶磁器は意識しているものの、考古資料に接していないこともあり、陶磁貿易全体に向けた視点は乏し

い。
3) フセインの指導教官だったスヌック・ヒュルフローニエ Snouck Hurgronje はオランダ最大のイスラム研究者であるが、彼のイスラム研究の目的はスマトラ最北端のアチェ王国征服をもくろんだオランダ植民地政庁の野望を支援することにあった。そのようなスヌックの弟子フセインが、インドネシア人最初の歴史学研究者であるということは、大きな矛盾ともいえる。なおフセイン自身は、バンテン貴族の末裔である。
4) プグン・ラハルジョ Pugung Raharjo 遺跡などスリウィジャヤ Sriwijaya 時代初期の7世紀には成立していた可能性のある環濠遺跡が、スカムプン Sekampung 川流域で多く発見されている。後述のようにそのような遺跡の社会は、遅くも13世紀には大量の陶磁器を輸入するような経済力を保有していた。
5) 1926・27年に各地で起きたインドネシア共産党の反オランダ反乱で、ジャワ島でもっとも激烈だったのはバンテン南部のラブハン Labuhan で起きたものだった。他地域と異なってここでは、1ヵ月以上植民地軍を苦しめる経緯をたどった。
6) 基本的には、バンテンで頻発した反乱そして当時急激に勢力を拡大したイスラム系民族主義組織イスラム同盟の台頭に対する懐柔的な役割を、植民地権力に直結した師のスヌックは期待したと考えられる。
7) これまで陶磁器研究はあったが、本書で扱うような陶磁貿易に焦点をあてた研究はきわめて少ない。前述のようにリードはその著書 (Reid op. cit.) のなかで東南アジア全体の貿易商品を個別に検討しているが、そこでの陶磁器の項目は分量そのものが少なく、バンテンに関してはギランについて一言触れてあるにすぎない。また考古資料からイスラム・バンテンの貿易全体を論究したヘリヤンティの論文（Heriyanti op. cit.）も、陶磁器については細かく入り込んでいない。これは、正確な調査成果が公開されていなかったことにも起因している。

第2章　港市バンテンの変遷

　本章では、ギラン、ラーマ（図1）それぞれの時期の変遷の概要について、先行研究による各時期区分を中心に紹介する。そしてそれぞれの問題点を検討するとともに、陶磁片調査による区分との間での相違を確認したい。

（1）　バンテン・ギラン時期（9～15c）

1　文献による先イスラム期

　先イスラム期すなわち15世紀以前のバンテンは、不明な点が多い。とくに文献史からは、他の東南アジア群島部の各地域と同様に断片的な記録があるにすぎず、そのようなものでさえバンテン地域のことを確実に示すと考えられるものはさらに少なくなる。

　1510年代前半に記されたトメ・ピレス Tome Pires の『東方諸国記』には、ジャワ西部のスンダ国についての記述がある。この国は、コショウと米を産した非イスラム教の国で、その第一の港であるバンテンについて次のように述べている。

　　この港にはジャンクが碇泊し、取引が盛んである。河に沿って立派な都市がある。当市にはカピタンがいる。（中略）海の近くには河がある。大量の米、食料、コショウがある。（生田訳 1966を一部訂正）

　このスンダ国は、現在のボゴール Bogor 周辺のパクアン Pakuan（『東方諸国記』ではダヨ Dajo）に本拠を置いていたヒンドゥ教のパジャジャラン Pajajaran 王国であることは間違いない。イスラム・バンテン建設のわずか10年ほど前、バンテン地方がパジャジャランの領域のなかに置かれており、その最

図1　バンテン遺跡群の位置（ハッサン・坂井 1994）

大の港であったことが語られている。

　ただこの記述は非常に簡略であり、ジャンクが碇泊する港は、バンテン川河口の現在のラーマ（中国資料の「下港」）であることは確かだが、カピタンがいる立派な都市がラーマなのか、13キロ上流のギラン（スンダ語で「上流」）なのかは断定しがたい。

　1225年の『諸蕃志』には、三仏斉の属国として「新陁国」が記されている。これはスンダの音を写しているとされ、次のような記述になっている。

　　港があり、水深六丈で舟車が出入できる。港の両岸はすべて民居であり、
　　しかも耕作に努める（田圃が多い）。（中略）山では胡椒がとれ、小粒では

あるが重みがあり、打板（トゥバン）産の胡椒より質がよい。（中略）ただこの国には正規の役人がおらず、剽掠事件が頻発するため興販に行く外国商人はほとんどいない。（藤善訳 1990）

港は「舟車」で到達でき、両岸に住民の居住が多くみられる情景は、断定はできないが、バンテン川に沿ったギランの姿とまったく一致しないわけではない。良質のコショウがとれるが、この時点では政治的に不安定な状態であったことを告げている。

三仏斉については異論が少なくないが、一般にはスマトラ南部のパレムバン Palembang を本拠とする後期スリウィジャヤ Sriwijaya 王国と考えられている。その勢力下ではあるが、スリウィジャヤ自体の衰えのためか、このスンダは混乱している状態という記述である。

さらに300年古い932年紀年銘のクボン・コピー Kebon Kopi 第二碑文 (Guillot et al. 1994) には、きわめて短文ながら、次の記述がある。

「スンダ王を戻らせる」

この碑文は後のパジャジャランの本拠であり、また5世紀のタルマヌガラ Tarumanegara 王国の中心でもあったボゴール地方で発見されたもので、古マレー語で記されている。

歴史状況はこのような短文であるためまったくわからないが、少なくとも「スンダ王」という存在がボゴール地方で認識されていたことは確かである。またそれを記した主権者は、スマトラ南部7世紀代の古スリウィジャヤ王国の碑文とおなじ古マレー語を使っていたこともわかる。

以上が、ギランに関する基本的な文献資料である。

『東方諸国記』はともかく、『諸蕃志』の記述がギランであるかどうかは確実ではない。ただ後の状況から考えて、コショウの産地に近く河港と思われる地点なので、ギランの可能性が推定される。クボン・コピー第二碑文にいたっては、バンテン地方に「スンダ王」がいたのかも定かでない。

明確なのは、ジャワ島西端地方に10世紀にはスンダという地域があったこと、その名称はバンテンまでも領域にしていた16世紀初頭のパジャジャラン王国の

別称になっていたこと、さらにスンダ地域は13世紀以降コショウの産地だったことである。またそこが、スマトラ南部あるいは南東に100キロ強離れたボゴール地方と関係が深かったことも間違いない。

なお、明末の『東西洋考』には、「下港」とともに「錫蘭山港」が記載されているが、これがギランのことと考えられている（陳佳栄他 1986）。[2]

2 ギラン遺跡の概要

バンテン・ギランは、1990年から92年にかけてフランス極東学院とインドネシア国立考古学研究センターの共同で発掘調査が行われた。以下、ギオーらが編集した同調査の報告書（Guillot et al. op. cit.）より、遺跡の内容をみてみたい。

ギランは、現在のセラン Serang の町の中心から南東に3キロ、ラーマからは南に13キロの距離であり、蛇行するバンテン川の左岸に接して中心部がある。

バンテン川の源流であるカラン Karang 山（1,778m）およびこのギラン時期の聖山と考えられる南側のプロサリ Pulosari 山（1,346m）[3]が南西に位置し、ギランそのものは海抜20mほどの地点になる。北と東側をバンテン川が深さ10mほどの谷を形成して流れており、西側には支流の沢があって三方が要害をなす地形（南北約450m、東西約250m）のなかに推定王宮区画がある（図2）。

調査の中心をなしたのは、推定王宮区画を囲む二重の堀である。推定王宮区画内は、インドネシア独立後の1950年代の開墾でかなり削平されており、何カ所かの試掘では遺構の検出は皆無であった。そのため、実際にどのような施設がここにあったのかについては、まったく不明である。

総延長450mの外堀（最大上幅12m、深さ6m）が6カ所、同210mの内堀（最大上幅10m以上、深さ6m）が8カ所の地点で発掘され、土層断面が記録された。ともに断面V字形でかなり深い堀だが、少なくとも内堀とその延長では底から1mの位置には厚い炭化物層があり、その直上の1mほどの厚さの部分が濃厚な遺物包含層であった。なお二つの堀は推定王宮区画の西側で平行しているが、両者間の幅10mほどの空間は土塁（高4m）だったと想定されている。二つの堀

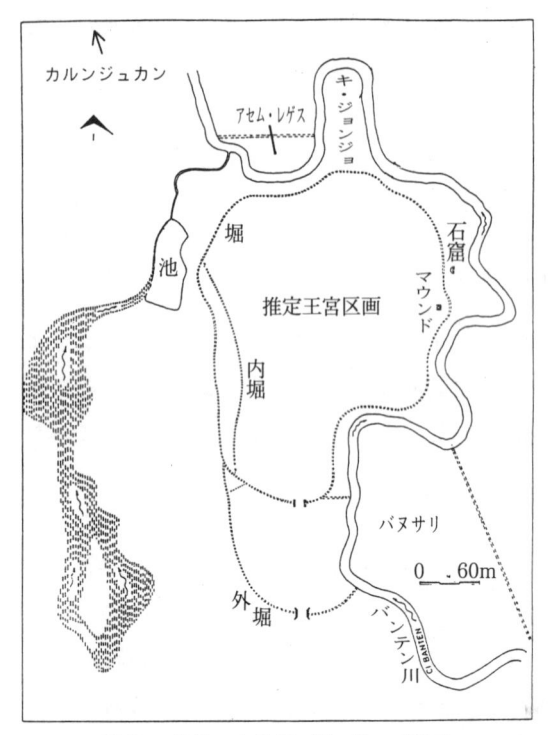

図2 ギラン全体図 (Guillot 1994)

は南側では120m近く離れるが、北側と東側では一つになっている。

いずれも南側に入り口が想定されているが、両者に時期差があったかについては、報告書では言及されていない。また、土塁がどちらの堀にともなうものかについても明確にされていない。なお、南側部分のそれぞれの内側に土塁の痕跡がみられることを、筆者は91年に確認した。

また北側と東側では、バンテン川の蛇行地点4カ所で堀は川の流れに沿っていない。そのためこれらの地点では、堀と川によって挟まれたせまい空間が生まれている。東側では堀底から掘られた3室からなる石窟があり、またその上部近くには一部石積みされた方形マウンド（一辺13.5m）がみられる。両者はともに宗教施設であると報告では考えられている。[4]

対岸のバンテン川右岸にも、2カ所の堀と川で挟まれたやや広い空間があることは、注意を要する。西の沢は本流に合流する近くで堰止められて、長方形に近い形の池がつくられている。

陶磁片（発掘資料10,072片、表採資料1,379片）の報告をみてみよう。

主要な産地と器種は、次のものであった。

　　越窯青磁碗、竜泉窯青磁碗・皿・瓶、徳化窯白磁碗・クンディ型水差し、
　　景徳鎮窯青白磁碗・皿、広東諸窯褐釉黄釉碗・皿

また量的に少ないものとしては、次のものがあった。

　景徳鎮窯および福建・広東諸窯青花碗・皿、北部ヴェトナム系青花碗・皿、シーサッチャナライ窯鉄釉皿

中国陶磁は、唐代のものから出現している。目立ったものとしては、次のものが写真付きで報告されている。

　広東西村窯鉄絵碗、越窯系青磁碗、莆田窯白磁碗、徳化窯白磁皿・クンディ型水差し・合子、景徳鎮窯青白磁皿・白磁人形・青花皿、竜泉窯青磁碗・皿、広東系褐釉壺、磁州窯系瓶、北部ヴェトナム系青花皿、タイ系青磁皿

発掘資料中では13～14世紀の年代に比定されるものが、全体の50％近くを占めている。産地種類ごとの破片数の提示がなされていないが、掲載写真をみるかぎり、福建・広東系の陶磁器が各時代を通じて優位を占めている感じである。

土器類は、出土量318キロの全破片が、粗製3種類・精製3種類の計6種類に分けられている。粗製は全体に多くの器形を含むが、精製は大部分がクンディ型水差しである。また土製品として、竈と紡錘車が報告されている。

銭貨150点のうちで判読できた63点は、大部分が北宋銭である。

ビーズ795点は、在地と輸入品にわけられている。前者は土製・砂岩製・半宝石製・カーネリアン製・水晶製・縞瑪瑙製・ガラス製などに区分され、後者ではガラス金製・モザイク質などがある。輸入品の初現は9世紀の小アジア製と思われるものである。他に元様式のペンダントも多い。

以上の調査成果をまとめた時期区分は、おもに出土陶磁器よりなされた。第Ⅰ期（確立期）は10世紀から12世紀、第Ⅱ期（繁栄期）は13・14世紀、第Ⅲ期（衰亡期）は15世紀以降となっている。前記の厚い炭化物と遺物包含層は14世紀までで、それ以後堀は半分近く埋まっており機能はかなり低下している。

そのような時期区分より、ギラン地域の歴史は次のように整理された。

「スンダ王」の名がはじめて登場する932年のクボン・コピー第二碑文を起点とするジャワ文化王国期、『諸蕃志』に記録された13世紀前半を中心とするスリウィジャヤ従属時期（ラムプンのプグン・ラハルジョ Pugung Raharjo 遺跡も含む）、14世紀の独立時期、そして15世紀から16世紀初頭のパジャジャラン従属

期に区分している。

3 ギラン遺跡の問題点

以上のように報告書が述べている点は、多岐に及ぶ。そのなかで、次の2点の問題を指摘したい。

陶磁器

この遺跡の発見は、住民による粘土採掘の結果地上に現れた大量の陶磁片の出土からであった。その点からも、各種遺物のなかでも陶磁器の占める位置が大きいことは、明らかである。報告書では、陶磁器について48点の写真と2点の実測図が掲載されている。

7世紀から20世紀までの発掘資料10,075点（単純な破片数と思われる）について時期ごとの数量が提示されており、前述のようにその分布は10世紀が基本的な確立時期で、13・14世紀が繁栄期となっている。[6]

このような数量的な時期別の陶磁片分布は、遺跡の存続期間を示す直接的な証拠であり、その方法は着実な基礎的作業として基本的に大いに賞賛すべきものである。

ただ、次のような不十分な点があることは、無視できない。

A 存在が指摘された基本的な23種類の陶磁器について、出土数量が明示されていない。そのため、発掘資料の70％を占める13・14世紀としたものが、具体的に何なのかが判然としない。

B 内堀の調査地点1カ所について20cmごとの時期別破片数が掲載されているが、他の調査地点での状況は明示されていない。とくに、併存する外堀の調査地点での出土状態が不明のため、二つの堀の時期判別の資料になっていない。

C 7～9世紀の破片（発掘全体の0.5％）の出土状態が明記されていないが、存在が確かなら遺跡の開始時期は碑文資料による10世紀をはるかにさかのぼることになる。[7]

D かつて指摘された後漢代陶磁の存在の問題、および筆者らが確認した17

世紀の肥前陶磁片を含めた15世紀以降陶磁片の種類の問題が明記されていない。

とくに遺跡の開始時期については、前述のクボン・コピー第二碑文の年代（932年）に引きずられてしまったような印象を受ける。報告書の副題に？付きながらこの年代が記されていることに示されるように、純粋に出土陶磁器から考えられた年代がやや曖昧になっている点は注意を要する。

発掘調査と報告書

この報告書は、基本的には3回の発掘調査の報告書であると同時に、かなり意識的に西部ジャワ史の復元を試みている。

インドネシア考古学においてこれまでの発掘調査は、多くが遺物出土状態を追求する原則的な分面発掘成果のみに終始し、遺構の認識が乏しかった。その点で本報告は、まがりなりにも堀という石などの構造物をともなわない遺構を認識して多くの断面図を掲載している点は、歓迎すべきことと考えられる。

また平面的な全体図と部分図を併記していることも、遺跡理解のうえで読者に大きく便宜を図っている。さらに、ジャワ島西部史復元検討に大きく頁を割いていることは、いわゆる事実報告のみになりがちな日本の発掘調査報告書とくらべて、より広範な読者の興味をもたらすものだろう。

ただ基本的な問題点として、遺物実測図がわずか2点と非常に少なく、かつ遺物と遺構との関係の記述が不明瞭である点は、きわめて不十分といわざるをえない。出土遺物より遺構の性格と年代を把握するという現代の考古学、少なくとも先進的な日本考古学での常識から、この報告書の記述は遺憾ながらかなり離れている。[8]

そのために遺跡の時期認定については、とくに二つの堀の時期差の有無がいまだにはっきりしない。また日本と共通する遺物である肥前陶磁やアンピン壺などの出土状況が、触れられていない。[9] この問題は、この遺跡の終末時期がいつかという疑問ともかかわる。イスラム・バンテンの時代、17世紀後半のティルタヤサ大王の時期においても、ギランが離宮として使用されていたとの文献上の記録と符合するだけに、出土状態記述の曖昧な点が惜しまれる。

ただこの報告書には関連遺物として、ギランと併行する時期のバンテン地方の重要な寺院跡であるプロサリ、パナイタン Panaitan、カランガントゥ Karangantu 出土の石造彫刻が紹介されている点は、興味深い。

聖山プロサリは前述のようにギランの南西にある山で、19世紀にそこからもたらされた石像は中部ジャワ様式末期10世紀頃のシヴァ・ブラーフマナ神像などである。正確な発見地は不明だが、プロサリの山中にヒンドゥ教寺院があったことは間違いない。この山の南中腹には、ポリネシア様式の石像が残るサンヒャン・デンデク Sanghyang Dendek 遺跡がある。同遺跡も含め、もともとバンテン地方は先史時代の巨石文化の伝統がかなり残っている。[10] プロサリにヒンドゥ教寺院が建立されたのも、それと無関係ではない。イスラム・バンテンの初代王ハサヌディン Hasanudin も、プロサリに巡幸した伝承が残っている。

パナイタンは、バンテン地方最南端のウジュン・クロン Ujung Kulon 半島から少し離れたスンダ海峡中の無人島である。この島のラクサ Raksa 山頂上で19世紀末に、東部ジャワ様式後期14・15世紀頃のガネシャおよびシヴァ神像が発見された（Halwany 1992）。ハサヌディンの巡幸伝承は、プロサリにつづいてこのパナイタン島も挙げられており、そこにやはりヒンドゥ神像があった点は見逃せないことといえる。

最後のカランガントゥは、ラーマの一角で、16世紀末には最大の国際貿易市場があった場所である。ここからは東部ジャワ様式後期14世紀のナンディ神像が、20世紀初頭に発見されている。ここは、ラーマ城壁東側の堀として機能したバンテン川の分流が、バンテン湾に流れる場所である。後にこの分流が本流化する。そんな場所にギラン時代のヒンドゥ神像があったことは、その時点でも港であったここに寺院があったことを示している。

4 ギラン遺跡の時期区分

前述のように、この遺跡の時期は10世紀から15世紀までの間に3期に区分された。報告にあたってのいくつかの問題点はあるものの、この遺跡の最盛期が13～14世紀前半であったことは間違いない。[11]

グラフ1　ギラン出土陶磁片数の変化

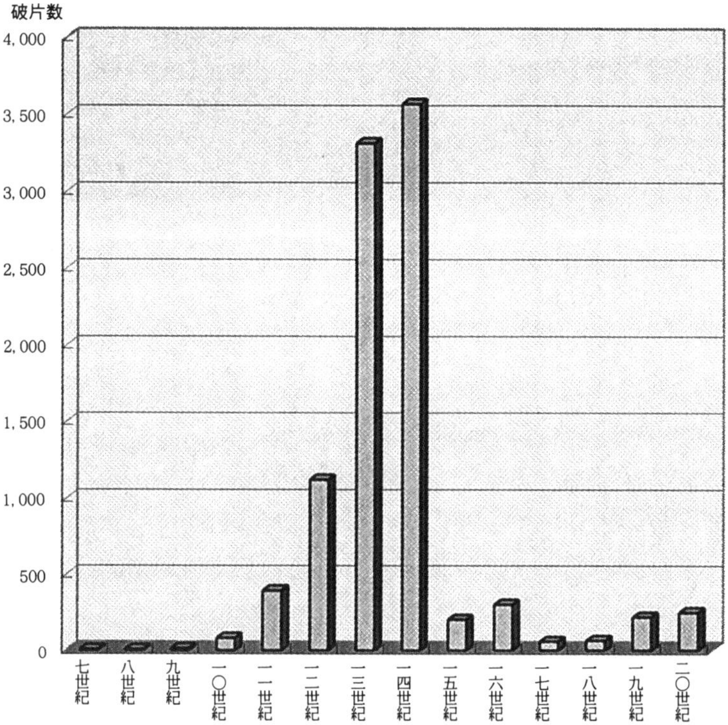

(Guillot 1994より作成)

　それは、遺跡内の遺物展示所に陳列されている表面採集された陶磁片の大部分が青磁類で、青花の量はそれにくらべ圧倒的に少ないことからも、頷ける点である。そして重要なことは、その最盛期の遺物の大部分が、少なくとも内堀の下位にみられる焼土層中から出土していることである。
　すなわち、内部施設の火災にともなう廃棄で堀に捨てられた陶磁片が、全体の7割にたっしている。コショウ貿易の対価として大量に中国陶磁がもたらされていたが、そのような状況は14世紀前半の大規模な火災をともなう事態の勃発により、一変したことが如実に現れている。
　それはギオーたちが推定するように、パジャジャランによる征服であったか

もしれない。あるいはなんらかの別の事件であったかもしれないが、とにかくこのときを最大の画期としてギランは衰退した。14世紀から15世紀にかけて出土陶磁片は、わずか6％に激減している。それに対して15世紀から16世紀にかけては、報告ではむしろ5割ほど増えていることになっている。さらに17世紀には減少して2割になってしまう（グラフ1）。

後述のように資料操作の問題があるため、この数字が本当に出土陶磁片の傾向をそのまま現しているわけではないが、傾向としては大きな誤りはない。

14世紀前半の変化は、イスラム・バンテン成立よりもはるかにギランにとって大きなものであったことが、そこに現れている。この点が、ギランの変遷のなかでもっとも大きな画期であった。すなわち、報告された陶磁片からみれば、ギランは次のように時期区分するのが妥当であろう。

　　第1期（草創期）　　9世紀以前（開始が7世紀であるかは断定しがたい）
　　第2期（成長期）　　10～12世紀
　　第3期（発展期）　　13,14世紀前半
　　第4期（衰退期）　　14世紀後半以降

（2）　バンテン・ラーマ時期（16～19c）

ラーマは、バンテン川の河口で、ギランから13キロ北に位置する。バンテン・ラーマ（古バンテン）とは現在の呼称で、本来はバンテン・ギラン（上バンテン）に対して、バンテン・イリル Banten Ilir（下バンテン）とよばれていたはずである。漢文資料が「下港」と称するのも、そのためである。

ラーマの現状をみると（図3）、バンテン川の旧流路に沿って、現在でも参拝者の絶えないイスラム大寺院 Mesjid Agung Banten と稜堡式城壁に囲まれたスロソワン王宮跡が残っている。ここがかつてのラーマの中枢部だった。旧河口には、やはり祭礼時には多くの参拝者が集まる華人寺院観音寺 Klenteng Banten とオランダが築いたスピルウィク Speelwijk 要塞跡がある。一方、かつてもっとも栄えた国際市場があったカランガントゥ地区は、現在でも港として

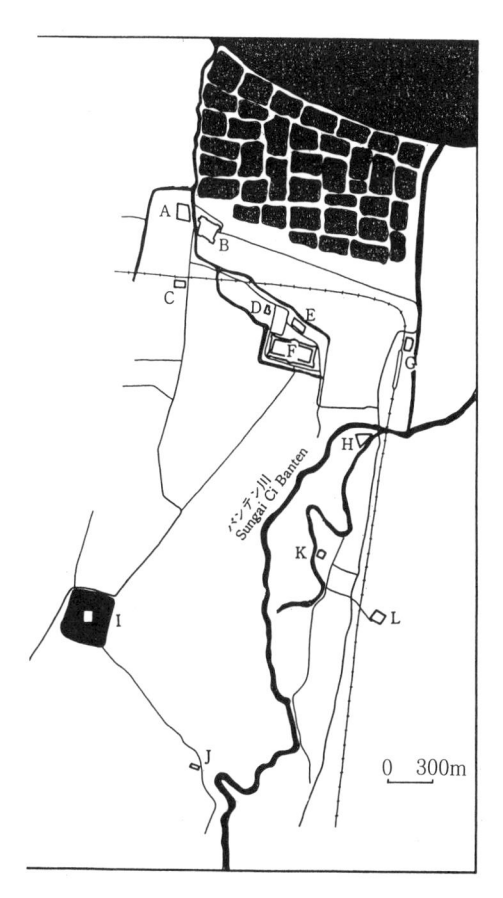

図3　ラーマ全体図
　　（ハッサン・坂井 1994）

A　華人寺院「観音寺」
B　スピルウィク要塞
C　華人地区跡
D　バンテン・イスラム大寺院
E　バンテン遺跡博物館
F　スロソワン王宮
G　カランガントゥ市場
H　カイボン宮殿
I　タシッ・アルディ池
J　クナリ墓地
K　カスニャタン・イスラム寺院
L　ユスフ王墓

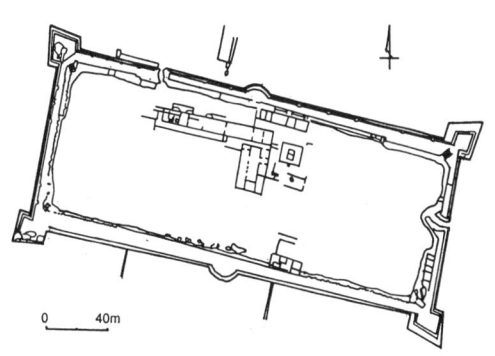

スロソワン王宮跡

表1　バンテン・ラーマ時期区分

年代	文献研究 ギオー	文献研究 ハルワニ	考古研究 ハッサン	考古研究 スロソワン	絵画資料 ハルワニ	絵画資料 坂井修正	陶磁資料 大橋・坂井	陶磁資料 坂井修正
15世紀		1期	1期				I期	I期
1525		2期	2期				II期	II期
1527	1期							
16c中葉					1期			
16c後半				1期以前	1期			
1590年代						2期	III期	III期
1596	2期				2期			
1619				3期				
1628	3期							
1630年代				1期				
1651	4期							
17c後半							IV期	IV期
1659					3期	3期		
1680								
1682	半植民地期		安定期	4期	2・3期			V期
1680年代						4期		
18c初頭							V期	
1726					4期			
1750			衰退期					
1759				4・5期	5期	5期		VI期
1799			終末期				VI期	
1809								VII期
1811			5期					
1830								
1832								
1900								

の機能があり、ラーマでは唯一賑わっている場所である。ここには、スラウェシの海洋民ブギス Bugis 人の居住も多い。

ラーマの時期区分については、これまで文献と考古研究、そして絵画資料と陶磁資料より多くの検討がなされている（表1）。以下、それらの内容をみてみたい。

1 文献研究によるラーマ時期の概要

ラーマ期の文献史による研究をもっとも適確にまとめたものは、フランスのギオーの研究である（Guillot 1990）。とくに政治経済史の観点から、大きく次のようにラーマの歴史を区分している。

独立期（1527年頃〜1682年）
　第1期　初期イスラム国家（1527年頃〜1596年）
　第2期　政治経済危機（1596〜1628年）
　第3期　経済回復期（1628〜51年）
　第4期　ティルタヤサ大王期（1651〜82年）

半植民地期（1682年以降）

最大の特徴は、ティルタヤサ大王がオランダに抑留され、政治経済的自由が制限を受けた1682年を大きな画期としている点である。その後も19世紀初頭までバンテン王国は1世紀半近く存続するが、それは圧倒的なオランダの影響下にあった期間であり、それまでとはまったく異なった時代とされ、論究対象そのものから外されている。

主として語られた独立期は、どちらかといえば経済状況に重点を置いて、上記の4期に区分されている。それぞれの特徴は、次のとおりである。

第1期

　　1527年頃、中部ジャワの中心的イスラム王国ドゥマッ Demak の支援を受けたイスラム教徒が、ヒンドゥ王国パジャジャランとマラッカのポルトガルの同盟を破ってスンダ・クラパ Sunda Kelapa（後のジャヤカルタ Jayakarta＝バタヴィア Batavia、現在のジャカルタ Jakarta）とバンテ

ン・ギランを支配した。スマトラ北端アチェのサムドゥラ・パサイ Samudera Pasai 出身であるイスラム布教者スナン・グヌンジャティの子ハサヌディンは、新しい王国の最初の王になる。王都は、内陸のギランから海岸のラーマへ移転した。

　1550年頃、バンテンはドゥマッの従属国の地位を離れて独立した。外壁やイスラム寺院など王都建設や、後背地開発のための大公共事業が実施された。またスンダ海峡を越えて、コショウ産地であるスマトラ南部ラムプン、ブンクル Bengkulu 地方の覇権を確立した。この頃、イスラム教徒との敵対心を抑えたマラッカのポルトガル人はコショウ貿易のためバンテンに渡来し、バンテンの国際貿易拠点としての機能はますます高まった。

　1550～70年頃、すでにきわめて弱体化していたヒンドゥ王国パジャジャランの王都パクアンへの攻撃を行い、東端のチレボン地方を除く全ジャワ島西部を支配下に収めた。

　コショウ貿易を核とするバンテンの繁栄はますます高まり、90年代には中国から中東・東アフリカにいたるまでの各国の商人たちが集まって、アジア海上路の一大交易拠点としてバンテンは成長した。

　しかし、2代のユスフ Yusuf 王から3代のムハムマド Muhammad 王への継承時の混乱にみられたように、内部には自由貿易を唱える新興商業層と、国家統制をのぞむ上層貴族層との間での対立がしだいに深まっていた。

第2期

　1596年、さらに貿易支配強化を求めて行ったスマトラ南部パレムバンへの遠征は、ムハムマド王の戦死によって失敗した。その直後、オランダ人の最初の渡来を迎えた。1601年オランダ人は、バンテンでのポルトガル人排除に成功する。6年後にはイギリス人もやってきた。

　初めての軍事的敗北を期に、幼児のアブルマファヒル Abulmafakhir 王の王位継承をめぐって、二つの勢力の対立を軸とした数回の内戦を含める政治的な混乱が1609年までつづいた。ラナマンガラ Ranamanggara 公が

摂政として実権を握った時期(1609〜24)に、ようやく混乱は収拾された。しかし彼の強硬な貿易管理政策のため、オランダとイギリスは、ジャヤカルタへ移ることになった。

やがて1619年、オランダ東インド社会総督のクーン J. P. Coen はジャヤカルタの支配に成功し、バタヴィアと名付けたそこをバンテンへの対抗港市として築いた。貿易独占を企図したオランダは以後15年間、バンテン港の海上封鎖を行った。

これはバンテンの経済を大きく混乱させ、対抗措置として行ったバタヴィアへのコショウ禁輸は、やがてコショウ栽培禁止にまで拡大してしまった。そのためバンテンの貿易は低迷の一途をたどり、華人たちのなかにバタヴィアへの移住者が増えはじめることになった。そして、ラナマンガラは失脚した。

第3期

1628年、オランダに対抗するイギリス人がバンテンへ復帰してきて、貿易再開の道が開けてきた。イギリスの存在を契機として、内陸部での砂糖と米の生産に向けた開発がなされた。

ちょうどこの年、ジャワ島全土の支配をめざす中部ジャワのマタラム Mataram 王国がバタヴィアを攻撃してきた。マタラムにパジャジャラン地方を奪われたバンテンは、バタヴィアを緩衝地帯にと考え、オランダに好意的な中立の立場を示した。翌年にも再度行われたマタラムの攻撃は、結局失敗に終わった。

1636年、バタヴィアとの最初の和平条約が調印され、海上封鎖が完全に解かれて経済の復活への道筋が整った。マルク Maluku [12)]にオランダの主権を認めるなどバンテンに不利な点もあったが、全体としては対マタラムの緩やかな同盟であり、経済再建の前提としての平和が保証された。

1638年、アブルマファヒル王は、メッカの首長からスルタン称号を獲得している。そして平和な40年代には、ヨーロッパ人ではデンマーク人の来航もあり、コショウ生産と華人ジャンクの来航を除けば、かつての繁栄に

近いものを取り戻しはじめた。

　1650年、侵攻してきたマタラムの艦隊を撃破したことは、バンテンの復興を象徴するようなできごとであった。

第4期

　1651年、王位継承になんら問題もなく青年のティルタヤサ大王が即位し、新たな時代がはじまった。まもなくヨーロッパでの英蘭戦争の影響で、バタヴィアがふたたび海上封鎖を行ってきた。イギリスが講和した後も、バンテンは闘いつづけた。群島部の代表的イスラム国家の間に反オランダの同盟を画策するなど、さまざまな手段で比較的優位に闘ったが、結局華人たち商業層の要求に従い1659年講和した。

　その後、バタヴィア国境への屯田植民、また3回の大規模灌漑事業を行った。とくに63年からのティルタヤサ地方周辺での開発がその中心であった。20年以上つづいたこの大規模開発政策を可能ならしめたのは、商業活動からの利益によるものだった。

　60年代以降、シャバンダル syahbandar のカイツ Kaytsu [13] の先導の下、積極的な通商政策が取られた。マニラとの貿易によるスペイン銀貨の確保、そして王国直営の商船隊をつくって各地へ自ら貿易に乗り出すということである。70年代には、バンテンの船は、アラビア・インドからヴェトナム・台湾までアジア各地へ航海するようになった。

　1671年、フランスとデンマークがバンテンに商館を設置した。そして長く途絶えていた華人のジャンクも大挙してやってくるようになった。コショウ貿易も復活したが、かつてのような自由貿易ではなかった。ラムプン地方の住民に栽培を強制するとともに、外国への販売はバンテンに集中させた。そのような結果、町の人口は15万人まで増大した。

　1677年以後、マタラムの弱体化のなかで西部ジャワ東端のチレボンの従属国化政策を取りはじめた。これはバタヴィアにとっては包囲の危機を迎えたことになり、バンテンとバタヴィアは完全な敵対状態になった。

　闘いが思わしくないまま、78年大王はティルタヤサに移り、バンテンの

日常政務を息子のハジ Haji 王[14]に委ねた。しかし、親オランダ的なハジ王との間での確執がしだいに広がり、82年にはついに内戦にいたってしまった。最初は大王側に有利に進んだ戦況は、やがてオランダの介入により逆転し、大王側は山地でのゲリラ戦に転ぜざるをえなくなった。

そして83年、大王はオランダに捕らわれ、バタヴィアに幽閉された。
次の半植民地期については、きわめて簡単な記述である。

1682年、オランダによって救済されたハジ王は、外国人追放と貿易独占そして軍隊駐留権をバタヴィアに付与した。このことにより以後の150年間近くは、事実上バンテン王国独立は終焉しており、「かつてのコスモポリタン国家の残影」でしかなかった。

ギオーのこの時期区分は、1682年以降が無視されていること以外にも、問題点はみられる。たとえば1619～36年のオランダの海上封鎖が厳重だったなら38年のメッカとの交流は唐突である。またジャンクが60年代まで来航していないことは、後述の陶磁片資料や1661年の華人墓の存在からも考えにくい。

1682年以降について言及している研究は、きわめて少ない。わずかに概要を述べているハルワニの概説他（Halwany et al. 1989 および Heriyanti 1998）によれば、次のような区分が考えられる。

第1期　安定期（1682～1750年）
第2期　衰退期（1750～99年）
第3期　終末期（1799～1832年）

第1期

ティルタヤサ大王との内戦に際し、オランダの援助で勝利した息子のハジ王は、オランダとの間で、ヨーロッパ系外国人商人の追放・コショウ輸出のオランダ独占・チレボンの放棄・賠償支払い・オランダ軍の駐留容認を内容とする第1次保護条約を1684年に締結した。これにより、大王時代の積極的な貿易立国政策は、完全に転換を余儀なくされたことになる。

オランダはバンテン川の河口にスピルウィク要塞を築き、軍事的にもつねにバンテンに圧力をかけられる体制を構築した。

以後この時期には、ハジ王を含めて4人の王が統治したが、最後のザイヌル・アリフィン Zainul Arifin 王を除いて、あまり顕著な動静は記録されていない。ただ彼の父ザイヌル・アビディン Zainul Abidin 王は1690年から1733年までの長い治世であった。このアビディン王の時代、王都ラーマの人口は、後述のように3万～4万人と推定されている。ティルタヤサ大王時代の盛期にくらべれば3分の1以下の減少になっている。またアビディン王の即位の際には、膨大な輸入繊維製品が王都の民衆にまで振る舞われている。

　この時期最後のアリフィン王の治世期には、アラブ系の王妃シャリーファ・ファティーマ Syarifa Fatima の存在が際立っていた。オランダの支持のもとに彼女が政治の実権を握り、ついにアリフィン王は1750年、マルクのアンボン Ambon に追放された。ここに初めてオランダによってバンテンの王位が左右される事態にいたった。

第2期

　アリフィン王の追放とともに、オランダの傀儡となったファティーマ王妃に対する不満が爆発して、イスラム学者キ・タパ Ki Tapa を指導者とする大規模な反乱が発生する。反乱軍はラーマの王宮を包囲するとともに、一時はバタヴィアまで侵攻しかける勢いがあった。

　本国からの増援を受けてようやく1752年に反乱を鎮圧したオランダは、民意掌握のためにファティーマ王妃一党を追放した。そしてこのとき擁立したザイヌル・アリミン Zainul Alimin 王に、第2次保護条約を押しつけた。これはオランダの主権を認め、オランダが定めた量のコショウ・砂糖・コーヒーの供出を約束したものだった。ここにおいて、マタラム系諸国と同様に経済的には完全にオランダの従属国の状態になったといえる。

　アリミン王以後3人の王が統治するが、上記オランダの供出要求を満たすために、コショウ産地のスマトラ南部のラムプンへは、コショウ供出を促す王命が頻発している。

　ラーマの人口は減少しつづけ、1770年代には華人の所有する住居の多く

は空き家になっていたといわれる。港市としてのラーマの魅力がいちじるしく低下していたことは、間違いない。

第3期

　1799年、アリウッディン Aliuddin 一世が殺害されて以後、4年間に4人の王が相次いで即位するという異常な政治的混乱が起きている。その原因が何かははっきりしないが、弱体化したバンテン王権とともに、99年の東インド会社の解散以降のオランダの統治体制の変動も関係していた可能性がある。

　1803年即位したアリウッディン二世は、強権的なオランダの総督ダーンデルス H. W. Daendels によって08年、アンボンへ追放された。そして翌年、歴代の王たちが居住しつづけたラーマのスロソワン王宮は破壊された。

　カイボン Kaibon 離宮に居住したシャフィユッディン Shafiyuddin 王は、1813年一時ジャワを支配したイギリスの副総督ラッフルズ T. S. Raffles によって退位させられた。このとき、王国の機能は完全になくなったといえる。さらに称号のみを保持していたラフィウッディン Rafiuddin 王が32年にスラバヤ Surabaya へ追放されたことで、バンテン王国は完全に名目までも消え去ったことになる。

　以上のように1682年以降のラーマ史の時期区分が、文献史研究から考えられる。しかしこの時期についても、とくに第3期の状況が不鮮明である。後述のように陶磁資料は激減するものの19世紀前半にも一程度の量がみられ、また華人長（カピタン）称号を記した華人墓碑は1830年代のものまで確実に連続して存在している。

　ギオ同様に1682年以降のバンテンの歴史に積極的評価を与えないリードは、次のように述べている。

　　バンテンの独立は今や単なる象徴にすぎなくなった。ティルタヤサ大王は、とくにオランダの手によるドラマティックな破滅の後、独立、商業活動、技術革新の精神的体現者にみえた。……大王は、（ヨーロッパで）賞賛された最初の東南アジア人である。……バンテンとマカッサルという多民族的

な貿易都市の破壊は、それらが中心であった社会の発展にとってきわめて重要であった。新しい思想が翻訳されてインドネシアの方式に取り入れたような、群島部でもっとも進歩的な中心から住民たちはみじめにとり残され、オランダの暴虐支配に対する定期的な反乱で欲求不満を解消せざるをえなかった……（Reid 1988）

　ティルタヤサ大王に対する絶賛と、ハジ王以降の歴史の単純化がそこに同居している。このような1682年を絶対的な区分とする考え方が、文献からのバンテン史研究の大半を占めてきた。またリードがいったようにあまりに興味深いティルタヤサ大王の生涯にくらべ、後の時代には1750年の反乱指導者キ・タパを除けば、あまり傑出した人物の存在が明らかにはされていない。そのため、ハルワニらの少数の1682年以降も研究対象とする考え方のなかでも、実際にはあまり突っ込んだ実証的な研究がなされてきたとはいいがたい。

2　考古資料による時期区分

　1976年の本格的発掘調査の開始以来、ラーマの考古学調査はハッサン・アムバリィらの指導する国立考古学研究センターによりほとんど毎年継続されてきた。さらに85年に開館した遺跡博物館、またそれを統括する西部ジャワ等文化財管理事務所による遺跡保護整備事業もハルワニ・ミフロブの指揮のもと、活発な活動を行ってきた。

　それらによって蓄積された考古資料は、かならずしも今日にいたっても十分に整理研究されてきているわけではない[15]。しかし、ハッサンとハルワニらによる初歩的な知見はすでに88年に公表されており（Hasan et al. 1988）、概要を理解することができる。

　そこで述べられた考古学的な時期区分は、次のとおりである。

　　第1期　イスラム期（〜1525年）
　　第2期　初期イスラム期（1525〜1619年）
　　第3期　均衡期（1619〜1682年）
　　第4期　オランダ優勢期（1682〜1811年）

第 5 期　終末期（1811～1830年）

各期のそれぞれの転換年代は、若干の差はあるものの明らかに文献史からのものにもとづいている。調査から得られた考古学的特徴の変化は、次のとおりである。

第 1 期

　　この時期の最大の資料は、カランガントゥで発見されたヒンドゥ教石像のナンディ神像である。また15世紀以前の中国・タイ・ヴェトナム陶磁片がある。

　　しかしそれ以外の資料は乏しく、とくに当然存在していたはずの土器については、これ以後のものと十分に分別できていない。ギランの発掘資料、また将来的に調査がなされれば、パジャジャラン王国関係として首都パクアンやもう一つの重要港市スンダ・クラパのものとの比較が必要になってくる。

第 2 期

　　残存遺構としては、現在も多くの信者が利用しているイスラム大寺院がある。また王宮前広場に残る二つの小さな基壇は、ラーマの都市計画の基本をなしたものといわれている。町を囲んだ外壁も、1596年以前に建造されている。また本来カランガントゥ港にあったとされる巨砲キ・アムッ Ki Amuk がある。さらに初期王墓などの墓標石も挙げることができる。

　　しかし発掘資料では、この時期を特定できる遺物はきわめて少ない。当然、土器編年ができれば、ここに含める土器片は多い。

第 3 期

　　この時期を代表する残存遺構は、スロソワン王宮跡とイスラム大寺院の増補部分のティヤマ Tiyamah である。現存するスロソワンの城壁はヨーロッパの稜堡式であり、1680年に亡命オランダ人の設計によって築造された。ティヤマもおなじ頃の建造である。またスロソワンへの上水道の水利施設も重要である。[16]

　　遺物では日本の肥前磁器が、この時期を特徴づけている。またジャワ文

字とアラビア文字が記された六角形孔のバンテン銭も、重要な資料である。[17)]

第4期

代表的な遺構は、1684年に建造されたオランダのスピルウィク要塞跡である。同時に、この時期には現在わずか一部が残存している外壁が、大部分で破壊されている。

特徴的な遺物としては、大部分の出土中国陶磁片がこの時期のものである。

第5期

この時期の最大のできごとは、スロソワン王宮の破壊である。現存する王宮跡は、まさしくこの時期に由来している。また最後の王宮として使われたカイボン離宮跡も、この時期のものである。

以上のラーマ全体の時期区分は、純粋に考古資料のみで確定されたものではない。とくに戦乱による焼土層や自然災害層などの、層位的データの有無などの問題は明らかにされていない。そこで発掘調査の中心であったスロソワン王宮跡については、発掘成果にもとづいたやや詳細な時期区分がなされている。

スロソワンはラーマの中心であり、旧バンテン川の左岸に接した王宮前広場の南東側に位置する。広場の西側には、現在も多くの参拝者で賑わうイスラム大寺院がある。

現在みられる王宮跡の城壁（高3m、最大幅14m、東西282×南北140m、内部面積約23,600平米）は四隅に稜堡をともなう長方形で、上述のように1680年に亡命オランダ人技術者が築造したものである。この城壁は基本的に土塁構造だが、外面には珊瑚石灰岩の切石が積まれている。またその内側にはレンガ積の外面もあり、少なくとも同一プランで2時期の構造が存在する。

内部空間で発掘調査されたのは、北西側の正門近くを中心とする一帯で、面積としてはまだ5分の1以下にすぎない。3基の半円形階段をもつレンガ積築の儀礼的な建物の一部・水浴場・上水施設などが検出されているが、いずれも確実に2時期以上の建物が重複している。

さらに、城壁北外側の調査でも、多くの建物基礎が確認されており、現城壁

建造以前の時期も当然存在する。

　城壁部分を中心とする発掘調査によれば、スロソワン王宮は次の時期区分があることが判明している。

スロソワン第1期

　　全体規模は小さく（100〜120m以内）、城壁は稜堡のない大型レンガ積であった。この城壁は防衛機能というより、境界としての意味が大きかったとされる。

スロソワン第2期

　　城壁には稜堡が付けられ、内部に防火用の壁が設置された。

スロソワン第3期

　　北側城壁内側に沿った部屋と防火壁に達する床面の増築、北門の改修がみられる。新たに南門設置するが、すぐに閉鎖された。

スロソワン第4期

　　城壁全体の外面を珊瑚石灰岩切石で補強し、北門と東門が改修される。

スロソワン第5期

　　城壁内側に沿った部屋の増設、城壁芯部の補修がなされる。使用レンガは小型化する。

　以上の区分のなかでは、第1期と第2期の間に決定的な差がある。現在も残る四隅の稜堡は明らかにヨーロッパ式築城法でなされたものであり、文献にみられる亡命オランダ人カルデール Cardeel による1680年の改修であることは間違いない。

　城壁は、土塁の外側をレンガで覆った内面と、その外側の珊瑚石灰岩切石を積んだ外面の2時期があることがはっきりしている。北門はそれぞれの時期に扉の位置が異なっている。この差は、第3期と第4期の区分であり、城壁全体の補強という点で大きな工事であった。

　そのため、調査所見の5期区分は、1期、2・3期、4・5期に大別することができる。第2期の開始は上記のように1680年と考えられ、第1期の開始は、初代ハサヌディン王あるいは2代ユスフ王の時期として16世紀中葉から後半が

想定されている。しかし、本当に16世紀代の創建であるかについては、十分な根拠は提示されていない。

1630年代後半に描かれたオランダの絵画資料（図10-1）では、わずかに広場側のみに木柵と小さな濠がみられるが、顕著な壁は確認できない。少なくともレンガ積構造を想定させるような壁は見出せない。そのため現状では、この資料より後に建造されたものが、第1期の城壁であったと考えた方が妥当である。

第2期以降、スロソワン王宮が外部から攻撃された記録は2回ある。最初が1682年のティルタヤサ大王とハジ王の内戦の際であり、2回目は1750年のキ・タパ反乱軍の攻撃時である。両次とも王宮は陥落寸前にまでいたっており、その直後に大規模に改修された可能性はある。しかし、前者とするとわずか2年の差しかなく、あまりに短期間すぎる。そのため現状では、第3期と4期の境は、1750年直後とするのが妥当であろう。また第5期の終わりは、オランダのダーンデルス総督によりスロソワンが破壊されたとされる1809年としておく。[18]

以上によりスロソワン王宮の時期区分は、次のように大別できる。

　スロソワン第1期以前（〜1630年代後半頃）
　スロソワン第1期（〜1680年）
　スロソワン第2・3期（〜1750年直後頃）
　スロソワン第4・5期（〜1809年頃）

3　絵画資料による時期区分

ラーマについては、ヨーロッパ人が描いたさまざまな絵画資料が残っている。それらを用いた都市空間の変遷の研究が、次のようにハルワニによってなされている（Hasan et al. op. cit）。

　1　ヒョウトマン来航時図（1596年）以前（図9）
　2　ブロウ Blaeu 工房図（1635〜39年）（図10-1）
　3　オランダ軍事情報図（1659年）（図15-1）
　4　ファレンティン F. Valentijn 図（1726年）
　5　ヒェイト J. W. Heydt 図（1759年）（図16）

6　セルリエル L. Serrurier 図（1900年）

そしてこれらの図より、都市空間変遷をおおむね次のように区分した。

第1期（1596年以前）

　　バンテン川河口近くの左岸に王宮・イスラム大寺院・広場を建設。デルタ地形をもって発達した市街地周囲を、ジグザグに細かく屈曲する外壁で囲み、東西の外側にはハンテン川分流を改修して堀とする。東城外には柵で囲まれた大市場、河口に近い西城外にはおなじく柵で囲まれた華人街がある。

第2期（1596～1659年）

　　外壁は改修されて簡単な稜堡が設置される。左岸内陸側に大きく外壁が拡がり、市街地の拡大がみられる。東城外の大市場前にも外壁が築かれる。

第3期（1659～1726年）

　　運河が増え、大市場付近で市街地が拡がる。ファレンティンの図には描かれていないが、河口にオランダのスピルウィク要塞が建設され、外壁が破壊される。

第4期（1726～1759年）

　　スロソワン王宮とスピルウィク要塞の周囲に堀が掘られる。王宮より南側はすでに市街地ではなくなっており、残存する市街地に新しい道路と運河がいくつもつくられている。外壁はすでに大部分がない。バンテン川による堆積のため、すでに海岸線は数百メートル後退している。

第5期（1759～1900年）

　　スロソワン王宮の南東で新旧バンテン川の分岐点に、カイボン宮殿が建てられている。スピルウィク要塞のなかに道路が抜けており、海岸線はすでに1キロ近く遠ざかっている。

以上が、ハルワニによる絵画資料からの時期区分である。それぞれの時期の終末年の図により特徴を描いている。

　このハルワニの時期区分には、大きな誤りがある。それは1726年のファレンティン図の解釈である。彼は、この鳥瞰図の作成を掲載された『新旧東インド

誌』の刊行年に近いものとして、上記の区分を行った。しかしギオーも指摘しているように、この鳥瞰図は明らかに北を上にした平面図であるブロウ工房図をみて、海側の北から南をのぞむ図に書き換えたものである。

1596年のヒョウトマン来航時図の時点で存在していたジグザクに走る外壁は、1659年のオランダ軍事情報図で一部が稜堡をもつ直線型に改修されており、以後70年代の海側からのスケッチではすべて直線状になっている。つまりファレンティン図ではジグザグの外壁になっており、17世紀の50年代末から60年代にかけて大規模な外壁改修が行われたことは間違いないはずなのに、それが18世紀前半になってまた元に戻ることはおかしい。さらにハルワニ自身が述べているように、1685年に築造されたスピルウィク要塞がまったく描かれていないことも、この図の情報がそれより古いことを示している。

そのような明らかな誤りを修正して考えれば、ハルワニの用いた方法でのラーマの空間変化の時期区分は、次のようであるべきである。

第1期（～1550/90年頃）

　　　ジグザグ走行外壁築城以前。外壁はイスラム王朝成立時からあったのではなく、16世紀中葉までのポルトガルの武力が大きかった時期から90年代初頭のマタラムの脅威が感じられるようになるまでの間につくられたと考えられる。[19]そのため、外壁のない期間をこの時期とする。

第2期（～1650年代後半）

　　　ジグザグ外壁の築造により、城内と城外の区分が生じる。華人街は、初期にはバンテン川河口城外にあったが、30年代後半までに南西の城外に移転した。東城外の大市場周辺も、市街化が拡大している。

第3期（～1680年代後半）

　　　外壁を稜堡をもつ直線状のものに改修する。また華人地区に隣接する南西側でそれまでの外壁の境界が広げられ、新たな市街地を取り込んだ形になる。外壁内の面積は、これにより5割近く拡がった。

第4期（～1750年代頃）

　　　河口にスピルウィク要塞が築かれ、また外壁の多くが撤去される。逆に

新たに堀で囲まれて王宮の城壁が厳重になる。この時期の終わりまでには、王宮以南の居住がなくなり、また堆積物による海岸線の後退が生じる。

第5期（～19世紀前半）

ハルワニ区分とおなじだが、終末はスロソワン王宮が破壊され、またカイボン宮殿も王国の消滅により使用されなくなった時点としたい。

以上の時期区分は、それぞれの絵画資料が作成された時点での情報にもとづいているが、絵画資料の特性として描かれた内容がどれくらいさかのぼるかについては、直接の情報はない。そのため、当然ここでの区分には、本来は明確な時間の境界線が引きにくい。

また現在、旧バンテン川の河口でスピルウィク要塞跡の対岸には、華人寺院観音寺がある。この観音寺は、上記絵画資料のどれにも描かれていない。そのため、単純に考えれば1900年以降の建立ということになる。しかし、寺内にはこの寺の創建と関係があると思われる乾隆19（1745）年銘の高氏墓があり、少なくとも18世紀後半になんらかの建物をもつ祭祀場となっていた可能性は高い。だがセルリエル図には、まったく何も記されていない。

残存地名を多く記録した同図には、現在もパチナン Pacinan（華人街）という地名が残るかつての華人地区については、記録対象外になっている。観音寺が記載されていないことと、それは関係があるのかもしれない。

4　陶磁資料による時期区分

1993・97年に日本のバンテン遺跡研究会とインドネシア国立考古学研究センターが、共同でラーマ出土の陶磁片約30万片（大部分はスロソワン王宮跡出土）の分類調査（大橋・坂井 1999）を行った。その結果から、バンテンに輸入された陶磁器個体数の量的変化はグラフ2-1のように判明した。[20]

ここで示した6期の区分の内容は、次のとおりである。

Ⅰ期　15世紀以前
Ⅱ期　16世紀前半～後半
Ⅲ期　16世紀末～17世紀前半

50

グラフ2　ラーマ出土陶磁片時期別産地変化

2-1　時期別総数変化

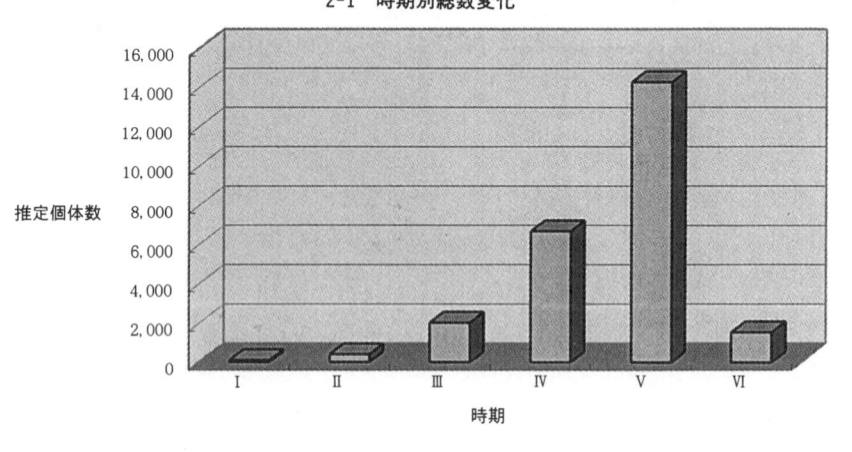

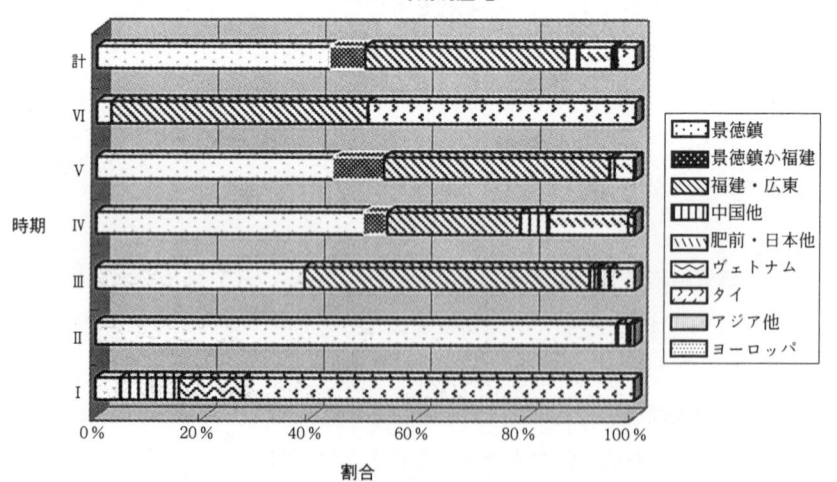

2-2　時期別産地

凡例：
- 景徳鎮
- 景徳鎮か福建
- 福建・広東
- 中国他
- 肥前・日本他
- ヴェトナム
- タイ
- アジア他
- ヨーロッパ

Ⅳ期　17世紀後半〜18世紀初
　Ⅴ期　18世紀
　Ⅵ期　18世紀末〜19世紀前半

　量的には全体の6割近くがⅤ期にあり、増加の傾向は最初からずっと高まっていて、このⅤ期の後に突然凋落する状態が明らかにある。全体を通じて中国の景徳鎮が最大で、福建・広東がこれに次ぐ。両者とも識別がつかないグループをまとめれば、総量の9割近くを占めている。

　しかし時期ごとに参入する割合は、大きく異なっている。量がきわめて少なかったⅠ期はタイが圧倒的に多く、ヴェトナムがこれに次いでいる。前期の4倍になったⅡ期は景徳鎮が急激に他を圧倒し、さらに5倍に膨れたⅢ期は突然参入した福建・広東が最大のシェアを占めた。3倍の増加率があったⅣ期になると、福建・広東の増加率が鈍った分に肥前が参入している。2倍強増えた最大のⅤ期では、肥前の凋落と福建・広東の急増が目立つ。そして1割に激減したⅥ期の主役は、福建・広東を越えてヨーロッパが現れた。

　また最終のⅥ期になって激減し中心がヨーロッパになったことは、それほど単純なことではない。量からみればⅥ期は突然の凋落であって、繁栄を誇っていた経済が急に衰退したことを示している。しかし、それが単にオランダによる王宮破壊という行為の結果ならば、前述のようになぜヨーロッパ陶磁が一定量存在するのかが問題になる。

　この調査結果をみると、全体の量的ピークがⅤ期にある点が、もっとも注目される。これは、1682年以降、オランダによりバンテン王国の政治・経済的な主権が制限された文献史での常識を考えると、意外なことと感じられる。前述の文献史の時期区分では、1682年以降はほとんど研究対象とすらなっていない暗黒時期の扱いである。

　この大きな齟齬の解明が、本書での中心課題である。

　なお資料の性格について言及すると、これら陶磁片資料のほとんどは、かつての王都であるラーマの中心に位置するスロソワン王宮跡の出土である。そのため、当然そのなかのかなりの部分は王宮内で使用されたものであろう。

しかし、ラーマには生田滋が指摘したように（生田 1992）、王宮と類似構造の貴族邸宅が複数存在し、いずれも物資流通路であるバンテン川に接していて、それぞれが自己完結する貿易を行っていた可能性がある。また最大の輸出品であるコショウについては、その集積場と考えられる場所がバンテン川の河口に地名として残っている。しかしその他の貿易商品を収蔵した専用の倉庫群地域があった証拠はない。

　そのため、王宮内施設の機能についてはまだ不明であるが、そこに再輸出用の貯蔵施設がなかったとはいいきれない。とくにV期の場合、直接飲食に使う器が大部分であり、一般にその個数は使用人数に比例すると考えるのが自然である。全体の王権が衰弱するなかで、市内どころか王宮内の人口が爆発した可能性はまったくありえない。したがって、これらの資料が王宮内出土品であるから、すべて内部消費のみであったとすることはできないといえる。

註
1) パジャジャラン王国の実態については、王都パクアンの正確な所在地も含めて不明の点が多い。ただボゴール周辺はチリウン Ciliun やチサダネ Cisadane など西部ジャワのいくつかの川の源流に近く、ジャワでもっとも古い5世紀のタルマヌガラ Tarumanegara 王国にかかわる碑文が多く発見されている。
2) 陳佳栄他 (1996) の説明には「錫蘭山港」について、ギランを領域とする現在のセラン Serang の音訳ではないかとしているが、明末の時点でセランの地名があったかは不確実であり、ギランそのままの音からとったとした方が自然だろう。
3) プロサリ山は中・東部ジャワの聖山のような円錐形をなしているわけではない。ラーマ側からまたギランにおいても、むしろより近く標高の高いカラン山の方が目立ってそびえている。ただし後述のようにプロサリ山中にはいくつかの巨石文化遺跡があり、ギラン期はもとよりラーマ期においても信仰されていた形跡がある。
4) バンテン川の上流には他にもまだ石窟があるが、いずれも内部には何も残っていない。ヒンドゥ期の修行場所とされている。また方形マウンドは縁辺に1段の石列がめぐっており、巨石文化の石積基壇遺構の系譜を引くとも考えられるが、建物基壇とみえなくもない。
5) 多くの石積基壇遺構と3個の環濠があり、陶磁器が散布するこの遺跡については後述する。

6) 世紀単位の区分がなされているが、数世紀にまたがった状態でしか年代特定できないものについては、単純に総数を該当世紀数で割った平均値で計算されている。
7) これは唐代の陶磁片という意味であろう。ラーマでの陶磁片調査では、筆者らは9世紀の長沙銅官窯水注片を確認しており、ギランの唐代の陶磁片とはそのようなものを含んでいるはずである。
8) もちろんいくつかの問題点もあるが、この報告書がインドネシア考古学のあらたな発展を模索し、また考古・文献資料を交えた方法で大胆に歴史復元を試みた好書であることは、大いに評価されるべきである。とくにより発掘調査が多くなされたラーマの報告書の刊行がいまだなされていないなかで、群島部港市遺跡の最大規模の調査報告書であることは確かである。従来、碑文などの文献資料によって検討されていた歴史像が決して十分でなかったことは、本書に記された記載の各所が物語っている。
9) これらは遺跡内の遺物展示所に展示されている。発掘調査資料ではないかもしれないが、遺跡の下限を考えるうえで重要な遺物であり、なんらかの形で言及すべきものだろう。
10) プロサリの南西麓には、石積基壇遺構のチタマン Citaman 遺跡もある。また平地部にはドルメンや列石遺構が少なからずみられ、南部のバドゥイ Baduy 山中にはレバツ・チベドゥツ Lebak Cibedug 遺跡のような大規模な石積基壇遺構も存在している（江上 2001）。
11) 元様式青花がまったく確認できない点から、最盛期の下限は14世紀中葉より古いと考えられる。
12) いわゆる香料群島（モルッカ諸島）。狭義の香料であるチョウジとニクズクの産地だが、オランダが独占するまでバンテンは直接取引を行っていた。
13) シャバンダルは貿易業務と外国人居留民を管理する職務で、群島部の港市では外国人がなることが多い。イスラム・バンテンでは16世紀には南インドのヒンドゥ教徒であるクリン Keling 人が当たっていたが、17世紀になると華人に替わっている。カイツとその後継者キアイ・ンガベヒ・チャクラダナ Kiai Ngabehi Cakradana も華人である。
14) 正式の王名は、アブンハスリ・アブドゥル・カハル Abunhasri Abdul Kahar だが、1671年と74年にメッカへ巡礼したため、巡礼者の称号であるハジの通称で知られている。
15) ラーマの調査は考古学センターが中心となってきたが、文化財管理事務所による整備のための調査も多くなされた。だが、1976年度の最初の調査報告 (Hasan et al.

1978) を除いて、いずれからも正式な発掘調査報告書は刊行されていない。
16) 人造湖タシッ・アルディ Tasik Ardi から2キロ直線で延びる暗渠水路が、スロソワン王宮に達している。途中3カ所のサイホン施設があり、飲用水の確保がむずかしいラーマに水を供給した大規模な施設である。
17) 明らかに中国銭の影響を受けて鋳造されたもので、少なくとも精粗の2種類が存在するが、銘はすべてムハンマド王の称号だけが記されている。
18) このときスロソワンは完全に破壊され、後の王はカイボン宮殿に移らざるえなかったといわれているが、実際にはスロソワンから一程度量の19世紀前半のヨーロッパ製品を中心とする陶磁片が出土している。それは廃虚に他から廃棄されたとするには量が多く、ここに何からの形での居住があった可能性が考えられる。しかし、文献史などからは、その実態はまだ不明である。
19) 1596年のヒョウトマンの記録（生田註 1981）では、すでに存在していた外壁は急速に拡大していたマタラム王国の侵攻の脅威により建設された、と記されている。しかし、リードも指摘しているようにポルトガルの武力が強かった16世紀中葉頃には、なんらかの祖形があったと考える方が自然だろう。
20) いくつかの誤りを修正したため大橋・坂井（1999）に記した数値とは少し異なっている。

第3章 バンテンの出土陶磁

　ギラン、ラーマ、ティルタヤサの3遺跡での出土陶磁のあり方は、文献による先行政治史研究が示していた説明では理解しにくいことが多い。前章で述べた時期区分を設定することが可能となった、出土陶磁片のあり方について具体的にみてみたい。そして各遺跡をまとめて、バンテン全体での陶磁器使用の特徴を検討する。

(1) バンテン・ギラン出土陶磁

　ギラン出土陶磁の種類・性格を、発掘成果より考える。とくに同時代の他遺跡の出土例と比較しながらこの遺跡での陶磁器消費の特徴を測り、また出土状態よりこの港市の歴史を推察してみる。

1　出土状況と時間的傾向
　ギランの陶磁片出土の概要を、再度まとめてみよう。
　ギランは、前述のようにラーマからバンテン川を13キロさかのぼった左岸にある。1527年頃に河口のラーマにイスラム教徒の勢力が確立されるまで、バンテン地方の政治的中心であったと考えられている遺跡である。ここは、バンテン川の蛇行が天然の要害地形をなしており、さらに中心部には二重の深い堀が巡っている。
　この環濠内を中心に住民の粘土採掘により大量の陶磁片が出土することは早くから報告されていたが、環濠部分の発掘調査がインドネシアとフランスの共同で1990～92年にかけてなされた (Guillot et al. 1996、坂井 1993・1997)。

この遺跡の存続期間は9〜17世紀と長いが、陶磁器輸入のもっとも中心をなすのは13世紀〜14世紀前半頃である。この頂点に向かって増大した輸入量は、その後減少し、16世紀以降はきわめて少ない。
　じつは発掘調査で出土したこの中心時期の遺物は、堀（深さ5メートル）の下層にある炭化物層中に集中して入っていたものであった。14世紀前半頃に大規模な火災があり、その復興の際に廃棄物を集中して堀内に投棄したことが考えられる。当然、これはこの遺跡そのものの存亡にかかわる、なんらかの大事件を反映している可能性がある。
　この堀で囲まれた楕円形の推定王宮地域（約200×100メートル）にどのような施設があったかは、前述のようにまったくわかっていない。ただその規模は決して広くなく、陶磁器出土量からイメージされるほどの人口密集があったとは思えない。逆にみれば、狭い地域であるにもかかわらず、大量の陶磁器を保有していたことになる。13世紀〜14世紀前半頃には、おそらくコショウ輸出の見返り商品としてのきわめて活発な陶磁器輸入を行っていたことは間違いない。

2　出土陶磁の産地と種類

　発掘調査報告書掲載のものに筆者の表面採集資料も加えた出土陶磁片を、時期ごとに形態別に分類すると次のようになる（グラフ3）[1]。
　　○10世紀（2個体）
　　　食膳具：越窯蓮弁文青磁碗（径19cm）2個体
　　○11世紀（4個体）
　　　食膳具：広東西村窯青磁碗2個体、広東西村窯列点文青磁皿1個体
　　　調度具：広東系緑釉クンディ型水差し0個体
　　　貯蔵具：広東系緑釉1個体
　　○12世紀（9個体）
　　　食膳具：広東系褐釉碗（径16〜20cm）8個体、福建系蓮弁文青磁碗（径18cm）1個体
　　○13世紀（10個体）

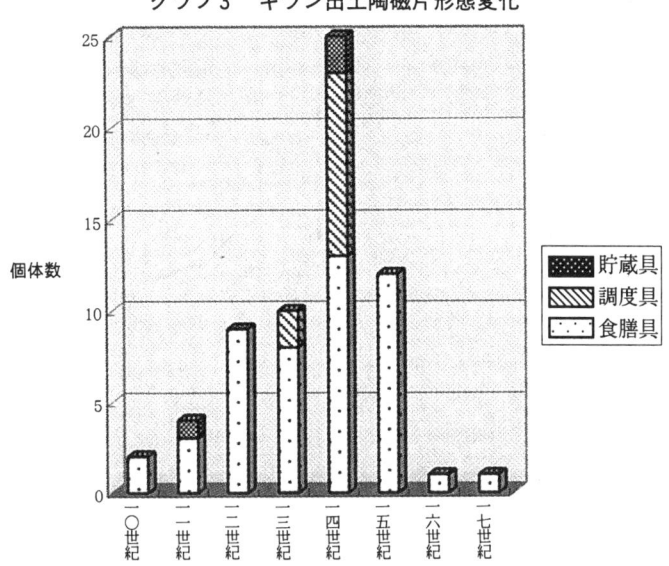

グラフ3　ギラン出土陶磁片形態変化

個体数

一〇世紀／一一世紀／一二世紀／一三世紀／一四世紀／一五世紀／一六世紀／一七世紀

凡例：貯蔵具／調度具／食膳具

　　食膳具：徳化窯櫛描文白磁碗0個体、竜泉窯画花文青磁碗2
　　　個体、華南系青磁碗1個体、景徳鎮窯印花文白磁皿1個体、
　　　景徳鎮系印花文青白磁皿3個体、竜泉窯画花文青磁皿1個体
　　調度具：竜泉窯蓮弁文青磁小壺2個体、泉州窯刻花褐釉壺0個体、泉
　　　州窯緑釉クンディ型水差し0個体

○14世紀（25個体）

　　食膳具：莆田窯印花青白磁碗（径22cm）1個体、莆田窯系釉剥ぎ青磁
　　　碗（径19cm）7個体、磁州窯唐草文三彩鉢1個体、竜泉窯双
　　　魚文青磁皿2個体、莆田窯系捻花文画花青磁皿1個体、景徳
　　　鎮窯蓮華文青花皿1個体
　　調度具：徳化窯唐草文白磁合子（径8～10cm）7個体、徳化窯花文白
　　　磁小瓶0個体、徳化窯白磁クンディ型水差し2個体、景徳鎮
　　　窯青白磁人形（高8cm）1個体
　　貯蔵具：広東系褐釉有耳壺0個体、広東系褐釉無頸銘印四耳壺（高37

cm) 2個体
 ○15世紀（12個体）
   食膳具：竜泉窯人形手青磁碗（径17cm）2個体、北部ヴェトナム系花
   文青花碗皿5個体、タイ系蓮弁文青磁皿5個体
 ○16世紀（1個体）
   食膳具：景徳鎮窯唐草文青花碗（径16cm）1個体
 ○17世紀（1個体）
   食膳具：福建・広東系青花皿1個体、肥前窯唐草文染付碗0個体

　ここで分類した報告書掲載写真の形態別分類の割合は、前述の破片数分布の割合とくらべて、13世紀のものと15世紀のものの数にやや大きな差がみられる。これは写真掲載例が全出土片の傾向を正しく反映していないためだけではない。報告者が行った破片数分布の算定方法が、前述のように特定の世紀に同定できない種類については、破片数を可能性ある世紀数で割るという方法をとったことにも起因している。

　ただ14世紀前半に頂点があることは間違いなく、そこから15世紀さらに16世紀と急落しつづける傾向であることは変わりない。

　13世紀にバンテン地方はすでにコショウの大産地として『諸蕃志』に記録されており、大量の陶磁器はその貿易の対価品と考えられる。このコショウ貿易は少なくとも18世紀までつづき、とくに16世紀後半からはさらに大きな活況をよび、ラーマへの膨大な陶磁器の流入につながる。

　16世紀以降急落することはラーマの成立によって理解できるが、14世紀から15世紀への下降はコショウ貿易の低落によっては説明できない。なんらかの形で陶磁器輸入条件の変化が起きたことは間違いない。

　14世紀までのあり方は、食膳具には上質のものに加えて莆田窯製品などの粗製のものがかなりまとまってもたらされたこと、そして調度具にはクンディ型水差しや合子など儀礼的な器物が多いという特徴がみえる。ところが15世紀の場合、北部ヴェトナムやタイの粗製の食膳具のみでほぼ構成される感じである。これらは、どちらかといえば、15世紀後半と考えた方がよいものである。

粗製製品の産地変化は、もちろん明の海禁の影響である。それと同時に、より具体的にみると、14世紀中葉の蓮華文青花皿から15世紀後半～16世紀初頭の唐草文青花碗の間の陶磁片が、きわめて少ない。

実際に、15世紀初頭の鄭和の艦隊は、東部ジャワ地域に寄港しているが、西部ジャワとくにバンテン地方に立ち寄った形跡はない。東部ジャワから西はスマトラ南部のパレムバンにとんでいる。またおもに15世紀初頭から16世紀前半までの明の海禁時に明と東南アジアとの仲介貿易を大々的に行っていた琉球船の動向をみると、スンダが登場するのは1510年代の2回だけで、15世紀前半は東部ジャワとパレムバン、後半はマラッカとスマトラ北端のサムドゥラ・パサイに集中している。[2] 少なくとも15世紀代において、ギラン周辺が活発な交易地だった証拠は、そこにはみられない。

そのような状況は、より実用的なレベルでの陶磁器輸入はそれほど大きくは変化しなかったが、儀礼的な製品の輸入がとくに減少したというように理解できる。

前述のように、ジャワ島西部のイスラム・バンテン以前の歴史は不明確なことが多いが、イスラム・バンテン成立直前には、ヒンドゥ教を奉じるパジャジャラン王国の勢力があり、その中心はバンテンから南東に100キロ以上離れた地域にあった。そしてこの神話に満ちた王国の確実な成立は、15世紀代のこととされている。15世紀にはギラン地域はこのパジャジャランの勢力下に組み込まれ、独自の政治的な権力の中心ではなかった。

にもかかわらず東南アジア大陸部からの実用的な陶磁器の輸入が一程度つづいていたということは、コショウ生産と輸出を管理していた在地首長層がその使用をつづけていた可能性が想定できる。また確実な遺構は不明だが、この遺跡はむしろなんらかの宗教施設を中心とした場所で、そこにコショウ貿易活動が融合していたとした方が適当ではないかと思われる。

3　同時代遺跡との比較

以上のようなギランの陶磁器流入の特徴について、同時代のいくつかの遺跡

の例と比較してみたい（図4）。

コタチナ Kota Cina 遺跡発掘調査・パヤパシール Paya Pasir 遺跡表面採集例

両遺跡は、マラッカ海峡北側に面した北部スマトラ東海岸に位置する。1973年から77年にかけてエドワーズ・マッキンノンらによって調査された11世紀末～14世紀中葉の仏教寺院遺跡である。発見された仏像の様式や土器の器形などに、南インドのタミール地方の影響が濃くみられる。ここでは13・14世紀の竜泉窯および福建諸窯の青磁と青白磁がまとまって発見されている。

1980年代になってコタチナに隣接し外港と考えられたパヤパシールの海岸で、大規模な砂採取がなされた。そしてそのため大量の陶磁片が姿を現した。ここでは、コタチナでの発掘資料およびパヤパシールでの採集資料についてエドワーズ・マッキンノンの報告（Edwards McKinnon 1977、エドワーズ・マッキンノン 1993）により、内容をみてみたい。

コタチナ遺跡発掘調査例[3]

○11・12世紀（15個体）

 食膳具：定窯白磁碗（11～12cm）2個体、定窯系蓮弁文白磁碗（径8～15cm）4個体、浙江系画花文青磁碗（径13cm）1個体、同安窯系青磁碗（径12～14cm）2個体、定窯系青白磁鉢（径22cm）1個体、定窯系青白磁輪花皿（径16～19cm）2個体

 調度具：竜泉窯青磁画花文大皿（径31cm）1個体、産地不明白磁大皿（径27～28cm）2個体以上、徳化窯唐草文白磁双耳小壺（高8cm）1個体、精製土器クンディ型水差し0個体

○13・14世紀（54個体）

 食膳具：定窯白磁碗（径14cm）1個体、華南系青白磁碗（径13cm）1個体、徳化窯白磁碗（径10cm）1個体、浙江系蓮弁文粗製青磁碗（径17cm）1個体、浙江系粗製青磁碗（径14～16cm）3種類3個体、浙江系鎬蓮弁文青磁碗（径16cm）1個体、浙江系青磁碗（径17～20cm）3個体、竜泉窯画花文青磁碗（径15cm）1個体、華南系天目釉碗（径10cm）1個体、竜泉窯蓮

第3章 バンテンの出土陶磁 61

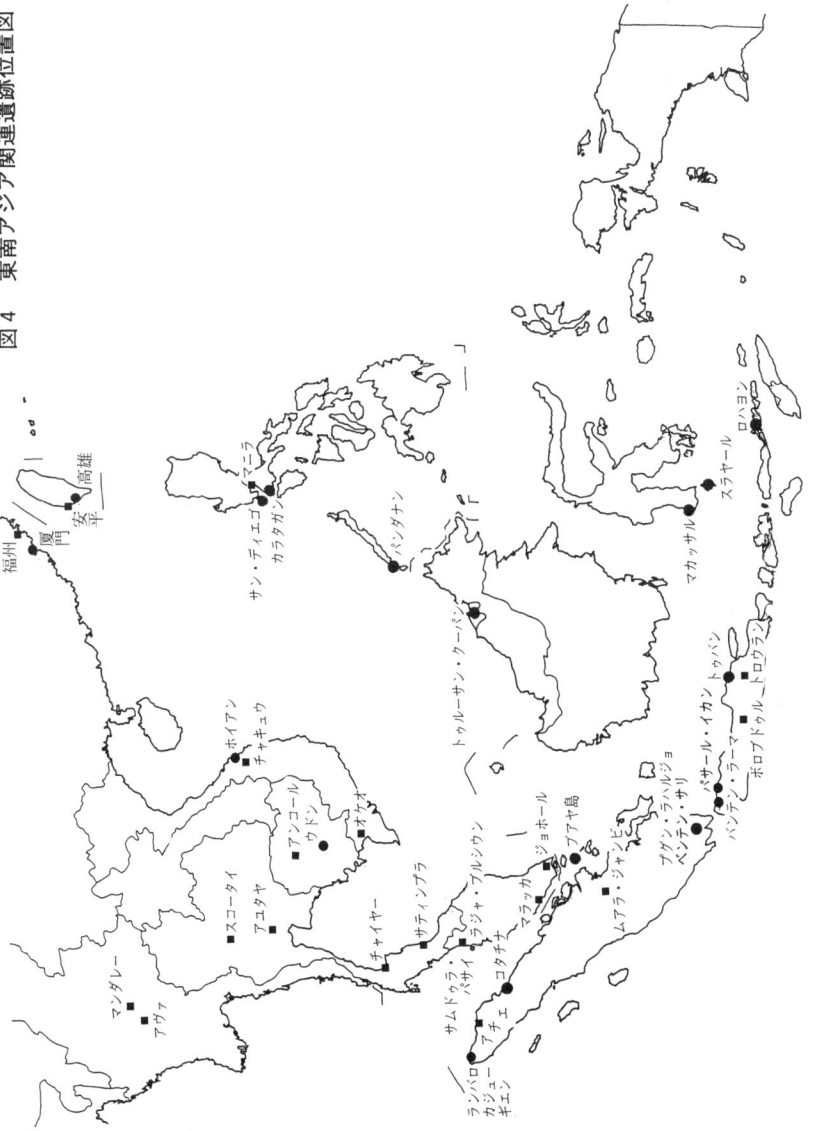

図4 東南アジア関連遺跡位置図

弁文青磁小碗（径10cm）1個体、産地不明褐釉小碗（径9cm）3種類3個体、華南系青白磁輪花鉢（径20cm）1個体、定窯白磁皿（径17cm）1個体、浙江系青磁皿（径20cm）1個体、竜泉窯双魚文青磁皿1個体、竜泉窯鎬蓮弁文青磁皿（径13～22cm）3種類6個体、竜泉窯青磁輪花皿（径16cm）1個体、竜泉窯青磁縁折皿（径12～26cm）2種類4個体、産地不明褐釉皿（径16cm）1個体、浙江系青磁小皿（径10～16cm）2種類6個体、竜泉窯青磁小皿（径9～12cm）2種類3個体

調度具：浙江系鴛鳥文青磁大皿（径29cm）1個体、竜泉窯青磁大皿（径32cm）1個体、定窯白磁合子（径9cm）1個体、華南系青白磁瓶（高31cm）1個体、産地不明白磁瓶（高26cm）1個体、竜泉窯青磁蓋付小壺（高14cm）1個体、泉州窯竜文緑釉クンディ型水差し（高16cm）1個体、泉州窯竜文褐釉クンディ型水差し1個体、産地不明褐釉小壺（高7cm）1個体、北部ヴェトナム系？鉄絵黄褐釉鉢（径33cm）1個体

貯蔵具：華南系竜文緑釉有耳壺0個体、泉州曽竹山窯無釉小口瓶（高18～35cm）2個体以上

パヤパシール遺跡表面採集例

○11・12世紀

食膳具：福建同安窯青磁碗、河南湖北系絞胎碗、広東西村窯褐釉鉢、広東西村窯緑釉鉄絵皿

調度具：河南做磁州窯様式緑釉黒花瓶、精製土器クンディ型水差し2種類

○13・14世紀

食膳具：福建莆田窯青磁碗、福建・広東系白磁碗（径16cm）、福建・広東系鉄斑文白磁碗、景徳鎮窯青白磁碗、景徳鎮窯青白磁高足碗、江西做磁州窯様式多彩碗、北部ヴェトナム系緑釉碗？

調度具：景徳鎮窯青白磁蓋物、竜泉哥窯青磁双耳小瓶（高8cm、底径

6cm)

　以上のように、両遺跡には相当広範囲な産地の陶磁器がもたらされたことがわかる。数量的に多いのは、コタチナでは竜泉窯と浙江系青磁、パヤパシールでは福建・広東系の粗製製品であるが、少数ながら上質の北方系陶磁も含まれている。また精製土器クンディ型水差しは後述のように、タイ南部または東部ジャワが産地と考えられており、広域に運ばれた貿易品である。

　報告者は上質のものがある理由を、ここが単に仏教寺院とその外港ということだけではなく、内陸部に産出する黄金や竜脳のような貴重な商品の貿易拠点だった可能性を指摘している。そしてその貿易は、広州までつながった南インドのタミール商人のネットワークの大きな関与を示唆した。

　コタチナでは12世紀から13世紀の間に大きな発展があるようだが、最初の時点から調度具が入っている。調度具はクンディ型水差しのように、宗教儀礼に使われる可能性の大きなものがみられる。一方、東南アジア各地に運ばれた泉州曽竹山窯小口瓶は華南から運ばれたなんらかの液体の容器と思われるが、かなり普遍的に出土するものであり、単純に宗教施設に限定された使用目的ではないだろう。その場合コタチナの性格は、単なる寺院とだけはいえない可能性も生じる。

　パヤパシールでは全時期を通して精粗二種のものがあるようであり、また調度具も食膳具に併行して存在している。精粗の使用者を想定すると、むしろ上質のものはコタチナの寺院聖職者の儀礼用に使われた可能性が考えられるが、数多く入っていた粗製のものの域外での使用者はまだわからない。

　一般に港市の寺院の役割は対外貿易の安定を図ることが大きいと思われ、またその港市の成立する基盤は対外貿易と内陸取引のルートが交わるような立地条件が重要である。マラッカ海峡北部に位置し、内陸に貴重な交易品の産地をひかえるということは、まさにそのような条件に適合している。もちろん支配層は当然存在したのだろうが、ここでの陶磁器の存在理由はそのような港市としての商業的な理由によると考えた方がよいだろう。あえて推定すれば、港市管理者としての寺院聖職者そして内陸の産物生産地首長が上質の陶磁器を使用

し、商人層が粗製の陶磁器の使用者とすることが可能かもしれない。

13・14世紀のギランのあり方は、精製品と粗製品の組み合わせが、この両者の資料とかなり類似している。精製品とともにクンディ型水差しのような宗教的な調度具も含まれている。そのためギランの性格がコタチナのような寺院を中心とする港市であったと想定できると思われる。

トゥバン Tuban 沖沈没船引き揚げ品例

ジャワ島東部北海岸のトゥバンは、13世紀頃から17世紀頃まで栄えた港として知られている。『諸蕃志』にはスンダに次ぐコショウの産地であると記され、東のグレシッ Gresik とならんで中世東部ジャワを代表する貿易港であった。

このトゥバンの現在の港沖合で、1980年から海底より大量の陶磁器が漁民により引き揚げられるようになった。82年になってようやく国立考古学研究センターの手で初めて学術的な水中調査がなされたが、船の残骸などは発見されずまた陶磁器散布範囲もかなり広いため、一隻の船というよりは複数の船の沈んだ港跡の可能性が高い。なんらかの形で学術的な調査が行われた引き揚げ陶磁器には、次のものが含まれている（Abu Ridho et al. 1983）。

　○13世紀
　　　食膳具：竜泉窯鎬蓮弁文青磁碗、竜泉窯画花文青磁碗、莆田窯系青磁碗
　　　調度具：泉州窯緑釉クンディ型水差し
　○14世紀
　　　食膳具：竜泉窯印花文青磁碗、景徳鎮窯唐草文青花碗、中国産枢府白磁碗、中国産蓮華文枢府白磁皿、竜泉窯青磁折縁皿
　　　調度具：徳化窯白磁合子、竜泉窯蓮弁文青磁小壺、景徳鎮窯貼花文青白磁小壺？、産地不明黒釉小壺
　　　貯蔵具：泉州曽竹山窯無釉小口瓶、中国産無釉瓶、中国産褐釉有耳長胴瓶、中国産黒釉有耳小口壺
　○15世紀
　　　食膳具：北部ヴェトナム系唐草文青花碗、シーサッチャナライ窯青磁

碗、スコータイ窯鉄絵皿
　　調度具：北部ヴェトナム系青花合子
　これらと同種のものは13世紀の一部を除いて、内陸に80キロ離れたヒンドゥ・ジャワ最後の王朝マジャパイト Majapahit の王都跡といわれるトロウラン Trowulan 遺跡から出土している[4]。元青花の小品が多くみられるのもトロウランの特徴であるが、その搬入経路がこのトゥバンであったことを十分にうかがわせる。
　そのため14世紀代の各種貯蔵具は、当然トロウランへ運ばれる商品の容器であったはずで、小形品ながら種類が多いことはその貿易の活発さを感じさせる。
　ギランと比較すると、枢府白磁や元青花がみられる点や、14世紀代の貯蔵具の種類が多いことに特徴がある。14世紀後半を中心とする政治拠点トロウランの外港としてトゥバンがあったことを考えると、ギランの凋落は14世紀前半に起きており、それ以降パジャジャランなど離れた政治中心の外港的な機能もはたしていなかったことになる。

ベンテン・サリ Benteng Sari 遺跡表面採集例（p.203 図18 119〜149）
　ベンテン・サリ遺跡は、スマトラ島南端のラムプン地方スカンプン Sekampung 川流域にある環濠遺跡である。ラムプン地方の最大のこの川沿岸一帯には、深い濠と土塁で囲まれた遺跡が多くみられる。ギランも含めて、これらの遺跡は南部スマトラに重要な本拠をもつ後期スリウィジャヤ王国（三仏斉）の影響下で形成されたものとみられるが、その性格については軍事的機能以上に宗教施設機能も多く単純なものではない。文化的にも先史巨石文化から、スリウィジャヤ的な仏教文化、そしてイスラム文化までの遺構・遺物が併存しており、それを同時併存の文化複合としてか、あるいは時間的な長さでとらえるのかは簡単には判断できないものがある。ただ多くの遺構は、大量の陶磁片をもっている。
　ここで紹介する本遺跡の陶磁片は、筆者がかつて表面採集して報告したものである（坂井 1995）。
　　○13世紀（1個体）

食膳具：竜泉窯青磁碗1個体
○15世紀（3個体）
食膳具：竜泉窯青磁碗1個体、景徳鎮窯青花碗0個体、タイ系青磁碗1個体
調度具：竜泉窯青磁盤0個体、福建・広東系青磁大皿1個体、福建・広東系青磁蓋物0個体、福建・広東系白磁蓋物0個体
○16世紀（6個体）
食膳具：景徳鎮窯青花皿1個体、景徳鎮窯青花碗1個体、福建・広東系青花皿1個体、福建・広東系青花碗2個体、北部ヴェトナム系青花皿1個体
貯蔵具：福建・広東系褐釉有耳壺0個体、タイ・メーナムノイ窯壺0個体
○17世紀前半（1個体）
食膳具：福建・広東系青花皿1個体
○17世紀後半（2個体）
食膳具：福建・広東系青磁鉢2個体
○18世紀（1個体）
食膳具：福建徳化窯型抜き白磁皿1個体
○19世紀（0個体）
食膳具：福建・広東系青花碗0個体
○時期不明　タイ系鉄釉鉢0個体

　以上のようにこの遺跡の陶磁片は、13世紀から19世紀までの長期間ほぼ間断なくみられるが、主体をなすのは15世紀から16世紀にかけてである。この時期には個体数が多いだけでなく、産地も多彩で、種類も調度具と貯蔵具が加わっている。一定度の貿易活動がなされていたことを、十分に裏づけるものといえる。上記陶磁片とともに北宋銭3枚と洪武通宝1枚を採集できたことも、それを補強している。
　巨石文化の影響のある大きな石積基壇遺構が多数ある近隣の環濠遺跡プグ

ン・ラハルジョ（11～17世紀頃、出土陶磁 図18-118）[5]と異なって、この遺跡の濠内部には地上に現存する顕著な遺構は2基の長大なイスラム墓だけである。このイスラム墓の上限は16世紀と推定され、それ以前にここにどのような施設が内部にあったのかは、まだ不明としかいえない。

　ポルトガル人トメ・ピレスは『東方諸国記』のなかで、16世紀初頭のこの地域について、大量の木綿・米・肉・魚・酒・果物そして良質のコショウを産し、支配者も住民も非イスラム教徒であったと記録している。木綿はインドからの輸入品であり、コショウは各地への重要な輸出品であった。

　ここは古くは南部スマトラのスリウィジャヤ、そして16世紀後半以降はラーマ時代のバンテンの影響下にあったコショウ産地だが、少なくともそこの小首長たちには上記のような陶磁器が渡っていたことを、これらの資料は示している。

　問題の15世紀についてみれば、ギランではあまり確認できなかった景徳鎮青花の食膳具や福建・広東系青磁・白磁の調度具がみられる。発掘調査資料と表面採集資料という違いを考えるなら、この差はさらに大きいと思われる。トメ・ピレスが報告したコショウ貿易港市の出発が、すでに15世紀にあったことは間違いない。

　なお環濠内の規模はギランよりは大きく、一定度の住民がその内部にいた可能性が考えられる。

サムドゥラ・パサイ Samudera Pasai 遺跡表面採集例

　スマトラ島最北端のアチェ地方は、群島部で最初のイスラム港市国家が誕生した地域として知られている。その中心がサムドゥラ・パサイで、1297年に亡くなった最初のイスラム王マリカッサレ Malik'asaleh 以来、16世紀初頭にいたるまでイスラム港市として大きな意味をもっていたとされる。イスラム・バンテンの建設者ファディーラ・ハーンは、このサムドゥラ・パサイ出身のイスラム学者だった。

　この遺跡で筆者はこれまで何回かの表面採集を行ったが、そこで確認できた17世紀初頭までの陶磁器のあり方は次のとおりである（坂井 1991・1995）。

○13世紀（計1個体）

　　食膳具：同安窯青磁碗0個体、竜泉窯青磁鉢1個体

○14世紀（計4個体）

　　食膳具：竜泉窯系青磁碗1個体、徳化窯系白磁小碗1個体、竜泉窯系青磁鉢1個体、景徳鎮窯青花皿0個体、徳化窯系白磁皿1個体

○15世紀～16世紀初頭（計9個体）

　　食膳具：竜泉窯青磁碗1個体、景徳鎮窯青花碗3個体、産地不明青磁碗1個体、北部ヴェトナム系鉄絵碗0個体、タイ系青磁碗0個体、中国製白磁碗小杯2個体、竜泉窯青磁皿0個体、北部ヴェトナム系青花皿1個体、タイ系青磁皿0個体

　　調度具：竜泉窯青磁大皿0個体、中国製白磁大皿0個体、タイ系青磁大皿0個体、景徳鎮窯青花瓶1個体

　　貯蔵具：中国製灰釉小型壺0個体

○16世紀（7個体）

　　食膳具：産地不明青磁碗1個体、産地不明白磁碗1個体、景徳鎮窯青花碗小杯5個体、景徳鎮窯青花皿0個体

　　貯蔵具：タイ系黒釉壺0個体

○17世紀前半

　　食膳具：景徳鎮窯青花碗0個体、景徳鎮窯青花皿0個体

　これらの資料はいずれも、この遺跡の港跡と思われる現在の養魚池底にあったものである。以上のように13世紀から17世紀前半までの陶磁片がみられるが、分布の中心は15世紀から16世紀にかけてである。この時期には個体数が多いだけでなく、産地が増え、また食膳具以外の器種も現れている。

　サムドゥラ・パサイは、15世紀初頭まではインド北西部のグジャラート地方との交流が盛んで、同地方産の優美な大理石石棺が15世紀初頭のナフリシャーNahrisyah女王墓に使われている。その直後に鄭和が来航して明との交流がはじまり、1460年代には琉球船も少なくとも3回渡来して大量の青磁をもたらし

6)
た。

　そのようなこの港市国家の流れに、上記のような15世紀を頂点とする陶磁片のあり方は合致している。しかし、衰退したとされる16世紀以降も激減していない状態がはっきりみられる。16世紀中葉に現在のバンダアチェ Bandaaceh を本拠とするアチェ王国に併合されて独自の政治的権力が消滅した時点においても、アチェ王国内の伝統的港市としての役割が、マラッカ海峡により近い戦略的な位置のために残存していたためと思われる。

　そうであるなら、ここでの16世紀以降の陶磁器の使用者は、離れた地にいるアチェ王国の最高支配者階層ではなかった可能性も考えられる。また海峡を握るイスラム港市国家としての独自の地位は、すでに15世紀中葉にはマラッカ王国に譲っていた。そのようななかで、上記のような陶磁器流入のピークがあるということは、この港市国家商業層にもその時に陶磁器が広く流通していた可能性が考えられる。実際にこの遺跡での陶磁片散布は膨大で、密集している部分では陶磁片を踏まずに歩けないほどの量がある。15・16世紀には、かなり広範な範囲で陶磁器が使われていたか、再輸出活動が活発であった、ということが考えられる。

　ギランの場合は、15世紀のパジャジャラン、あるいは16世紀のイスラム・バンテンの勢力下に入るたびに、陶磁片の量は激減した。15世紀以降のギランの役割、とくに陶磁器使用者の存在を想定するとき、サムドゥラ・パサイとの差はかなり意味があるだろう。

パンダナン Pandanan 島沖沈没船引き揚げ例

　本沈没船は、フィリピン南西部のパラワン Palawan 島南端とパンダナン島の間に位置する狭いパンダナン水道で1993年に発見された。1995年にフィリピン国立博物館によって行われた水中考古学調査により、総数4,722点の遺物が引き揚げられている。その内容は、次のとおりである (Loviny 1996、森村 1996)。

　　食膳具：ビンディン窯青磁碗3,228個、景徳鎮窯八宝文青花碗 (径15cm)、景徳鎮窯梅樹文青花碗、景徳鎮窯山水文青花碗、景徳鎮窯牡丹唐草文青花碗、北部ヴェトナム系青花碗 (径17cm)、北部ヴェトナ

ム系小坯・小皿・小壺191個、竜泉窯青磁小壺・小坯12個、スコータイ窯鉄絵魚文鉢（径24cm）、竜泉窯青磁輪花皿・稜花皿113個、景徳鎮窯麒麟文青花稜花皿

調度具：景徳鎮窯鳳凰麒麟文青花大鉢（径30cm）、景徳鎮窯魚藻文青花大皿（径35cm）、景徳鎮窯葡萄麒麟文青花大皿（径37cm）、景徳鎮窯双鳳凰文青花輪花大皿（径32cm）、竜泉窯草花文青磁稜花大皿、竜泉窯青磁菊弁文青磁大皿、北部ヴェトナム系蓮華文青花大皿（径36cm）2個、北部ヴェトナム系鳥文青花合子（径15cm）、北部ヴェトナム系山水文青花合子（径15cm）、北部ヴェトナム系獣面文瓶、北部ヴェトナム系山水文青花瓶、北部ヴェトナム系窓絵草花文青花小壺（高6cm）、北部ヴェトナム系草花文四耳小壺、景徳鎮窯菊唐草文青花小壺、ビンディン窯褐釉小壺（高9cm）、景徳鎮窯青白磁瓢形水注、土器クンディ型水差し

貯蔵具：壺甕173個　内大甕79個（高50～96cm）
ビンディン窯褐釉甕（高13～96cm）75個、タイ・メーナムノイ窯黒釉製四耳壺（長39cm）63個、中国系甕（褐釉双竜文六耳壺）3個、東南アジア系甕6個、産地不明甕26個、北部ヴェトナム系唐草文青花四耳壺（高23cm）

調理具：土製竈3個

その他：中国製鉄鍋60個以上、鉄鉈・鉄小刀、ジャワ製瘤付銅鑼「ゴン」1組（5個）、小砲（長27.1～30cm）2門、釣り針・銅環・銅鏡・円盤・銅製合子・重り・ランプ、銅銭（永楽通宝含む）、長方形白石・磨石・砥石21個、ビーズ玉数千個

　以上の積荷が引き揚げられたこのパンダナン沈没船沈没の時期は、15世紀中葉頃であることはほぼ間違いないだろう。
　そして陶磁器の7割がゴサイン Gosain 窯をはじめとする中部ヴェトナムのビンディン Binding 陶磁であることから、この船の直接の出帆地が当時まだチャムパ王国の拠点であった同地方であったことは確実である。もう一つ重要な

引き揚げ品は、ジャワ製の瘤付銅鑼「ゴン gong」のセットである。これはジャワの伝統音楽ガムランの中心をなす楽器で、この発見が現状ではもっとも古い事例になっている[7]。

当時のジャワはマジャパイト王国の末期で、新しいイスラム勢力が誕生しつつあった時代である。この新興イスラム勢力はなぜかチャンパ由来との伝承を残しており、少し後にビンディン地方を併呑した北部ヴェトナム黎朝聖宗期の銅銭が、マジャパイトの王都のトロウランで出土している。また北部ヴェトナム産の特注青花タイルの出土も、初期イスラム寺院を含め東部ジャワでは少なくない[8]。

その点を考えれば「ゴン」の存在は、チャンパからマカッサル海峡を経て東部ジャワへ向かう貿易船に、乗り組んでいたジャワ人が使った船内儀礼具のようなものであった、という推定をすることもできる。

すなわち、この船積荷の目的地はフィリピン群島ではなく、南のジャワであった可能性が高いと思われる。もちろん、途中マカッサル海峡南端の要衝である、スラウェシ島のマカッサルあたりに寄港する可能性は十分考えられる。事実、南スラウェシではビンディン陶磁の出土がある[9]。マカッサル海峡地域は、早くも4世紀頃にはインド系文化の影響を受けた国家が成立しており、この時期にもなんらかの形でマジャパイトに似たインド化した社会が存在していたに違いない。

再度パンダナン沈没船の積荷を考えると、陶磁器以外でもっとも特徴があるのは中国製と考えられている60個以上あった大型鉄鍋である。これはもちろん一般消費用のものではなく、常時大量の宴会などの調理を必要とする階層用であり、王侯貴族向けと考えてよいだろう。そのため積荷の大半を占めるビンディン陶磁は、ジャワの新興イスラム系貴族層あるいはマカッサル海峡沿岸の首長層が購入者であった可能性が一つ想定できる。さらにトロウラン地域では元青花の出土がきわめて多いことも、積荷の骨董的な元青花の存在との関連性を想定しうる。

現在までギランの出土陶磁のなかには、まだビンディン陶磁の存在が確認さ

れていない。それは存在しないことを意味しているわけではないが、大量に存在した可能性は少なく、そのため15世紀中葉のこのような貿易船の目的地としてギランがあったとは考えにくい。この時点で、ギランの貿易上の価値が下がっていたことを示す資料とすることができる。

（2） バンテン・ラーマ出土陶磁

1 出土陶磁の産地と種類

前述した1993・97年の日本・インドネシア共同調査（大橋・坂井 1999）における成果（図5）を、さらに細かく検討してみたい。

種類の変化

両次調査で分類した約30万片の陶磁片は、推定個体数24,990個体をかぞえ、種類は193品目となった。これを冒頭で述べたような基本的に用途に応じた方法で、種類分けをした。ラーマでの豊富な種類をも理解すべく、器種全体を次に提示したい。

  食膳具：皿・小皿・手塩皿・三足皿・鉢・蓋付鉢・蓋付大鉢・鍔付鉢・耳付鉢・小鉢・碗・蓋付碗・小碗・小坏・猪口・塩入れ・蓮華・急須・土瓶・カップ

  調度具：大皿・髭皿・蓋物（大合子・合子）・段重・瓶・手付瓶・ガリポット・小壺・水差し・クンディ型水差し・手付水差し・置物・人形・魚形・植木鉢・ミニチュア・涼炉

  貯蔵具：甕・蓋付甕・耳付壺・壺

  建　材：タイル

  その他：耳付鍋・ハマ[10]

この器種に釉薬種類を加えたものが品目で、上記のように193品目となる。青花（染付）の場合、描かれた図柄の差も、とくに皿や碗などの基本的なものではかなり大きいが、ここでは分類対象としていない。分類種類ごとの時期別変化を表したのがグラフ4である。

第3章 バンテンの出土陶磁 73

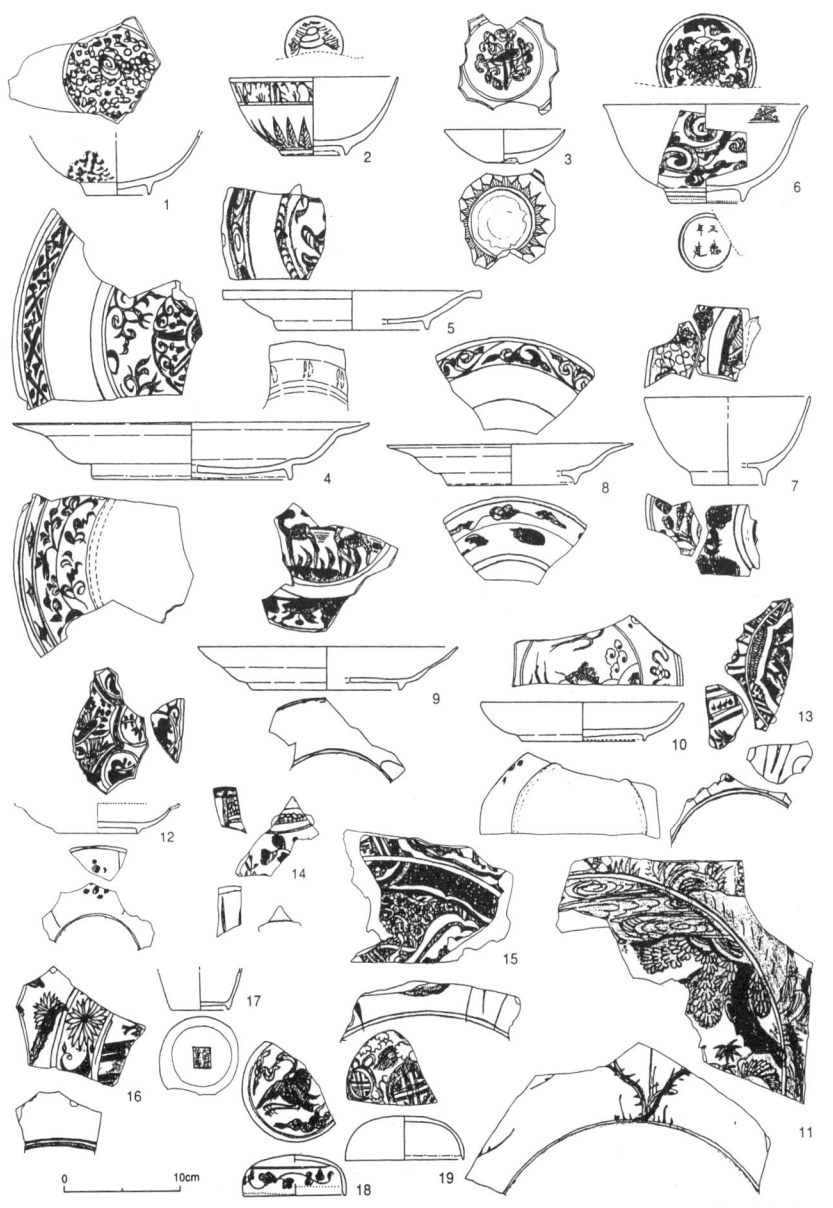

図5-1 ラーマ出土陶磁―中国磁器①（大橋・坂井 1999、以下図5-16まで同じ）

74

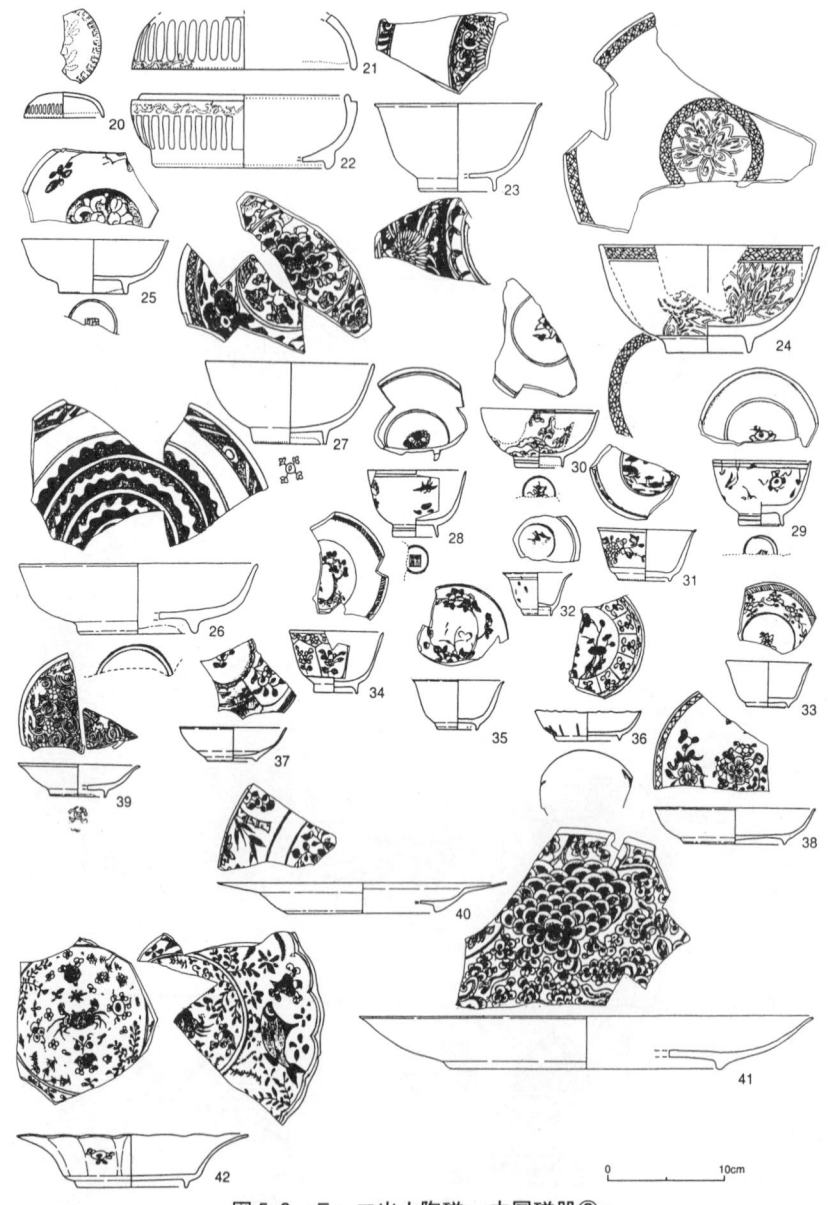

図 5-2　ラーマ出土陶磁―中国磁器②

第 3 章　バンテンの出土陶磁　75

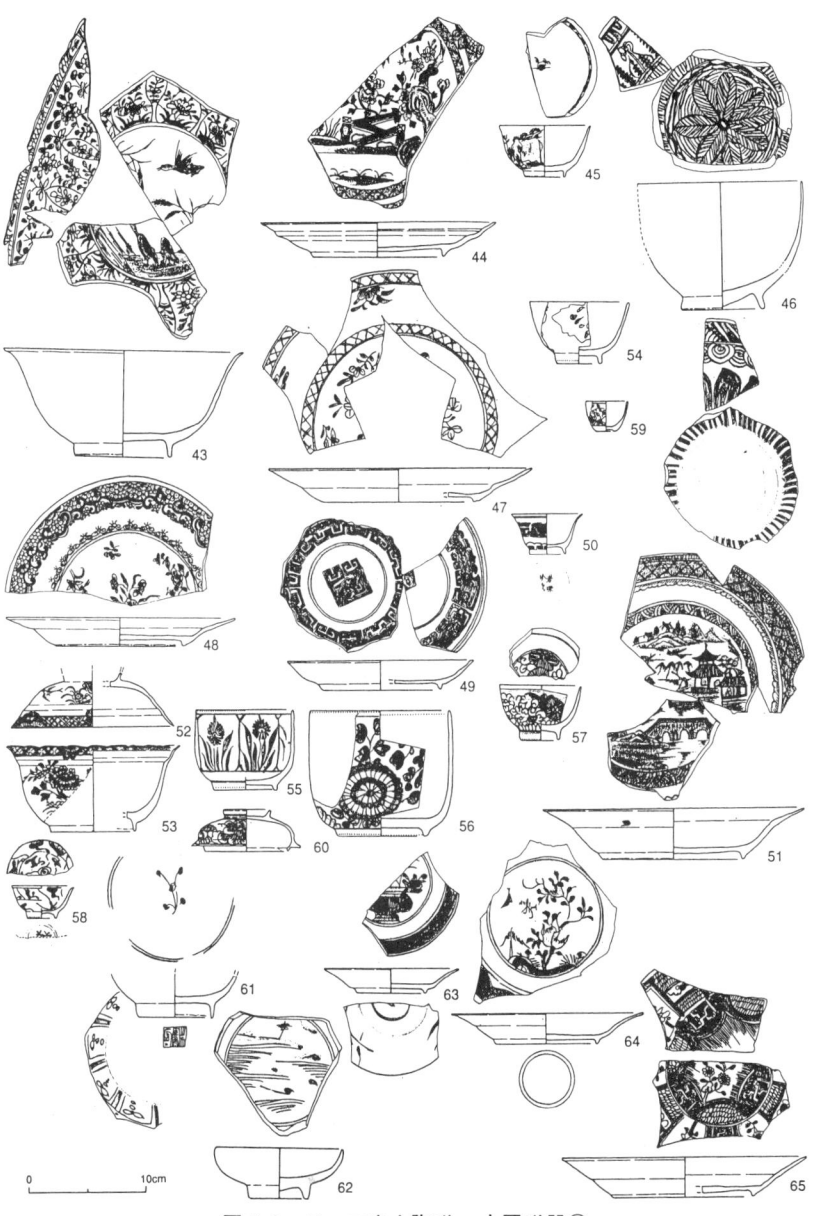

図 5-3　ラーマ出土陶磁—中国磁器③

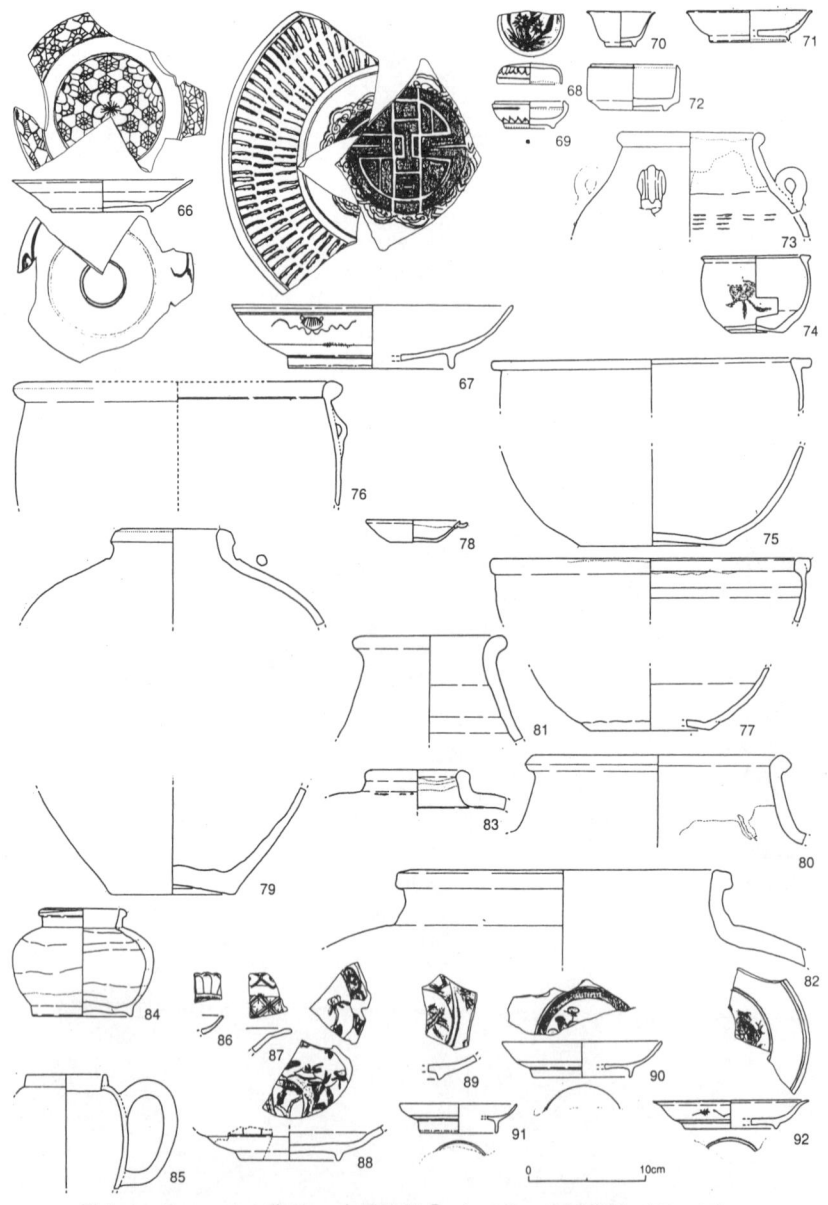

図 5-4 ラーマ出土陶磁―中国磁器④（～74）、中国陶器（75～85）、肥前磁器①（86～92）

第3章　バンテンの出土陶磁　77

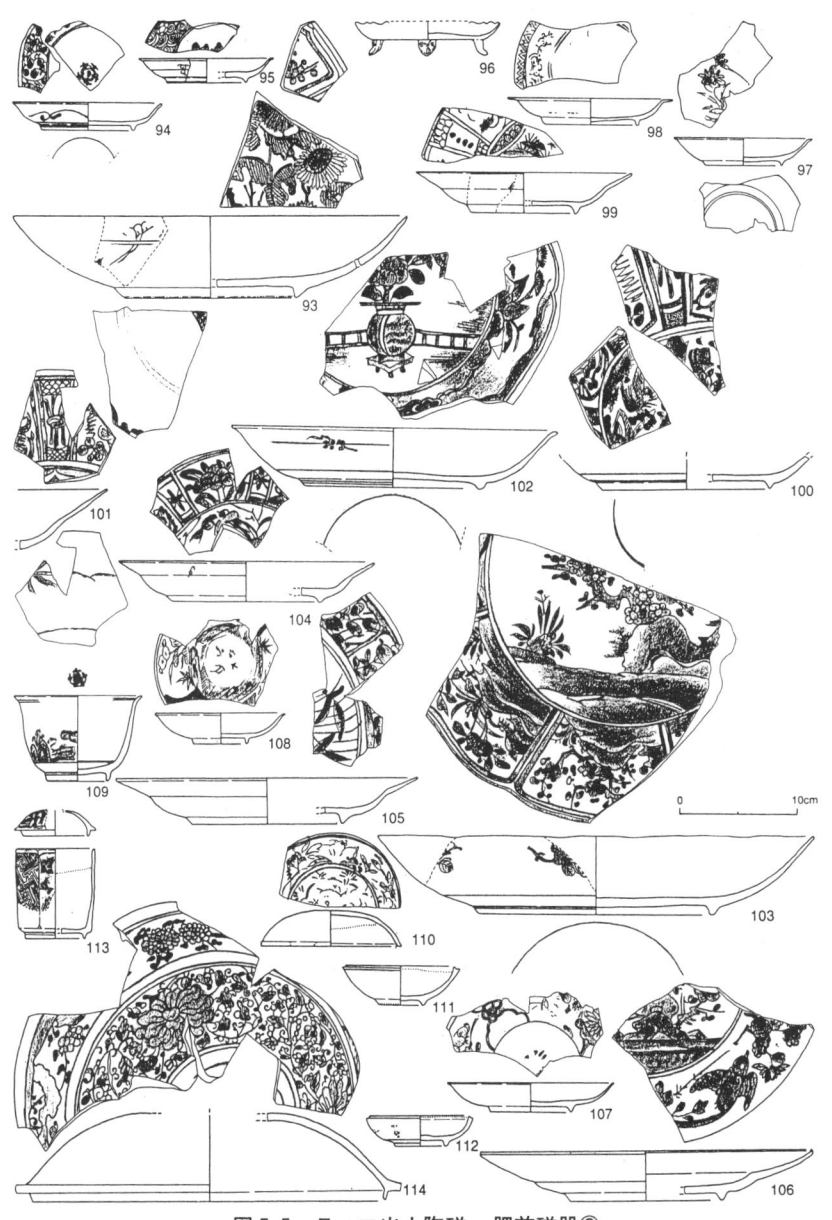

図5-5　ラーマ出土陶磁―肥前磁器②

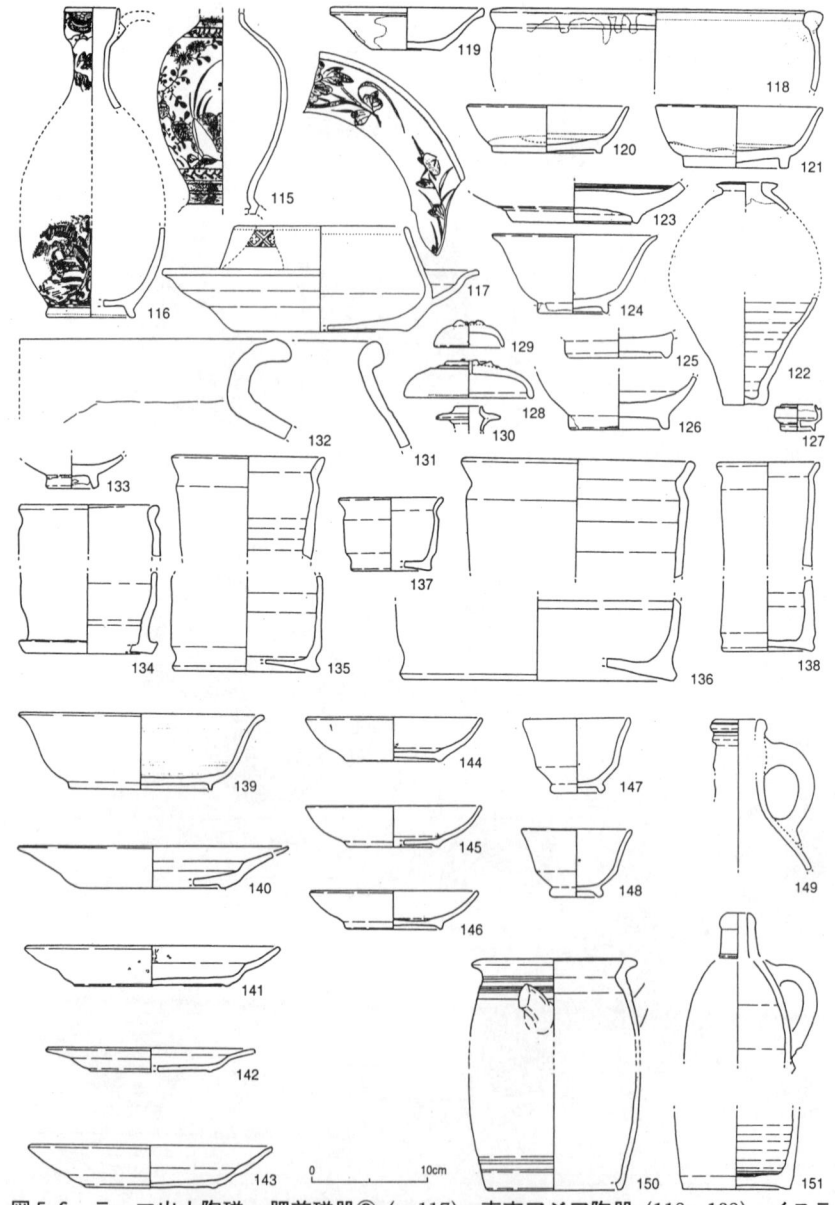

図5-6 ラーマ出土陶磁—肥前磁器③（〜117）、東南アジア陶器（118〜138）、イスラム・ヨーロッパ陶器（139〜151、120以降の図は模様があっても入れていない）

第3章　バンテンの出土陶磁　79

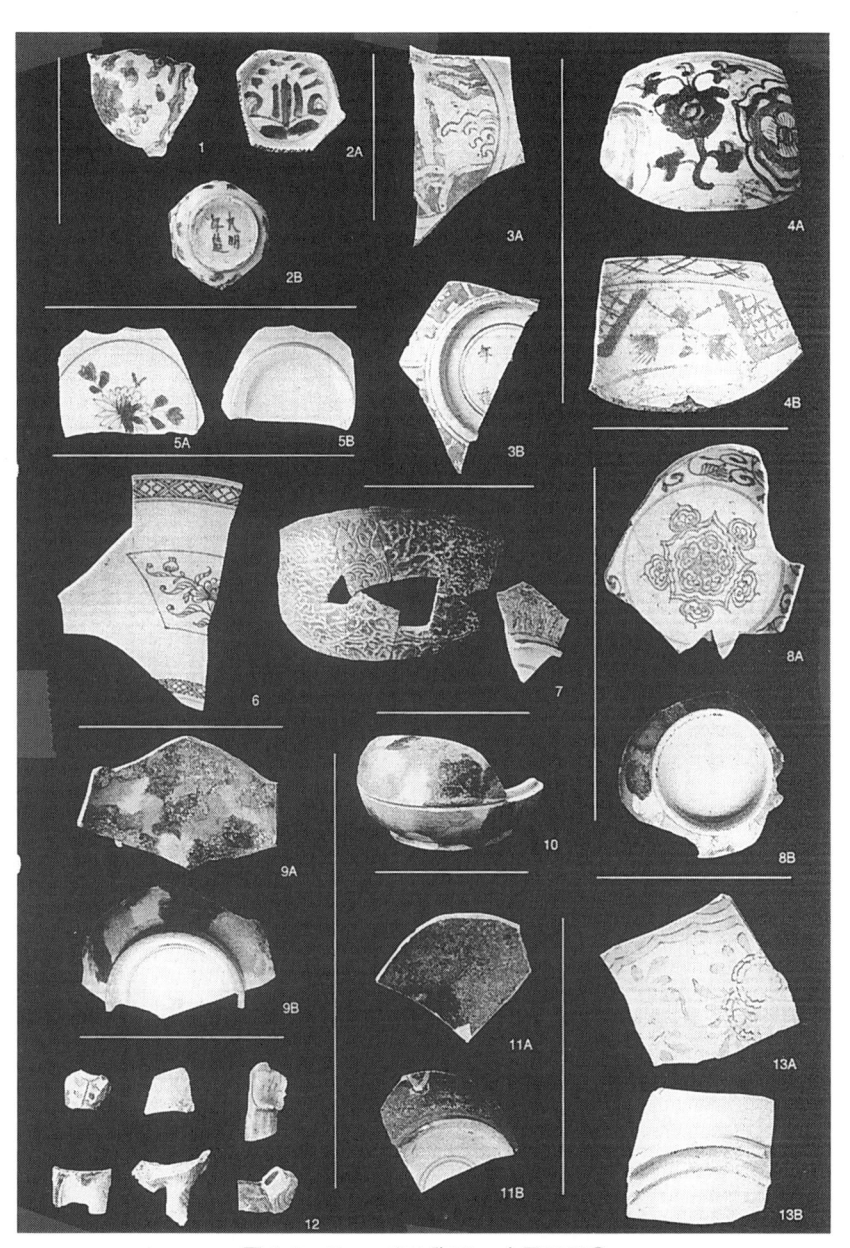

図5-7　ラーマ出土陶磁—中国磁器①

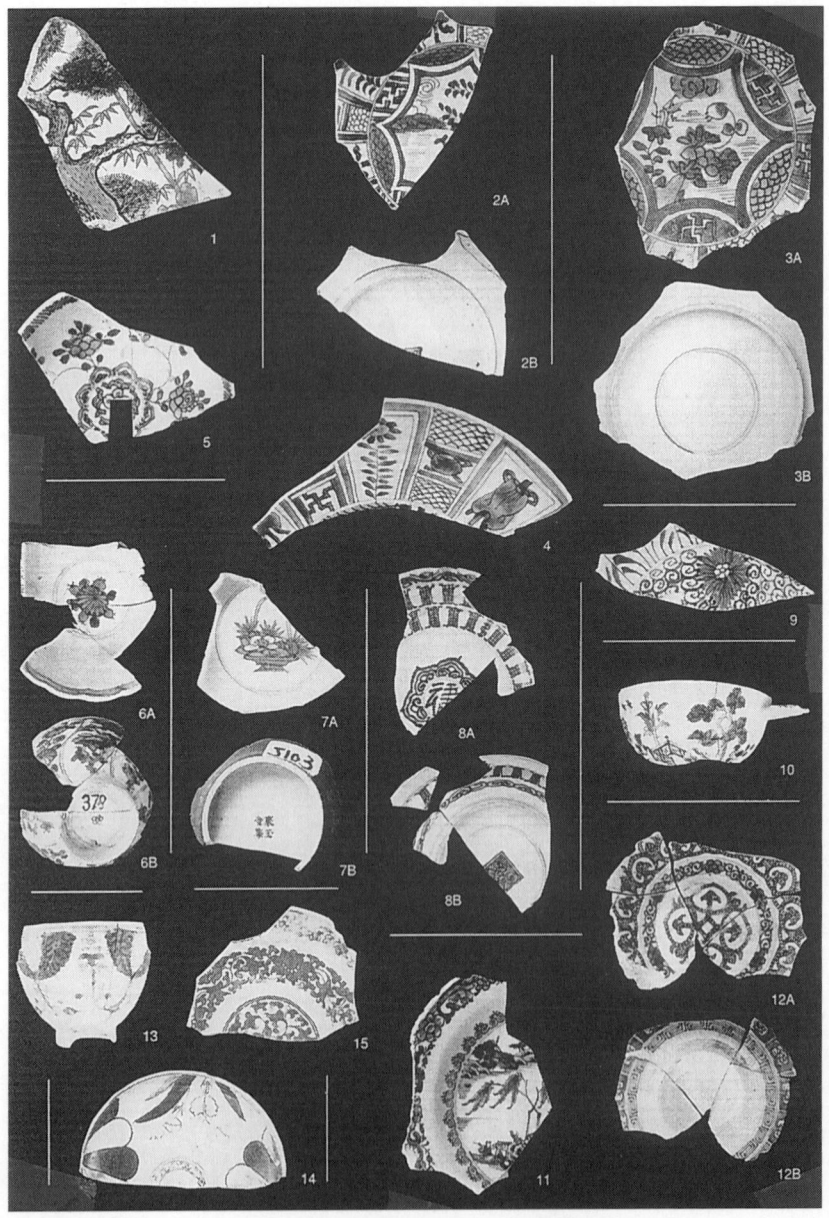

図 5-8　ラーマ出土陶磁―中国磁器②

第3章　バンテンの出土陶磁　81

図 5-9　ラーマ出土陶磁—中国磁器③

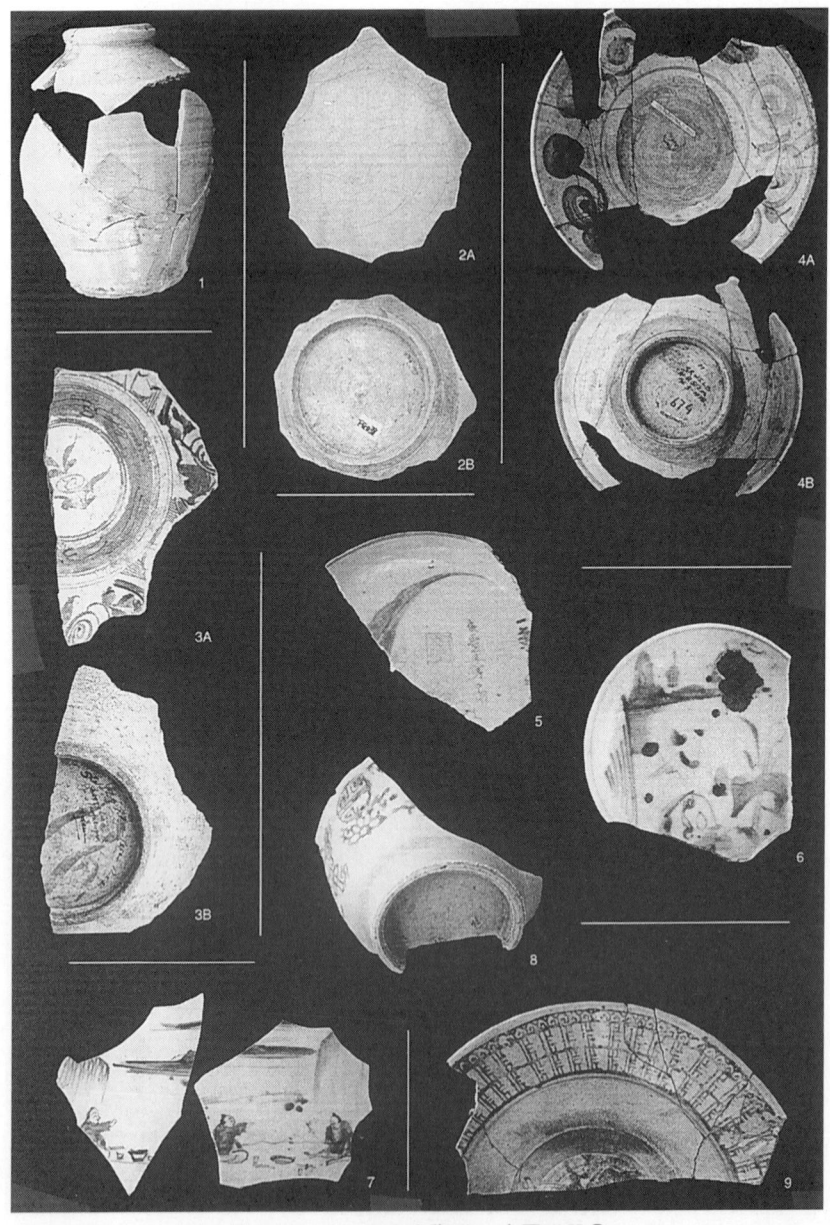

図 5-10　ラーマ出土陶磁—中国磁器④

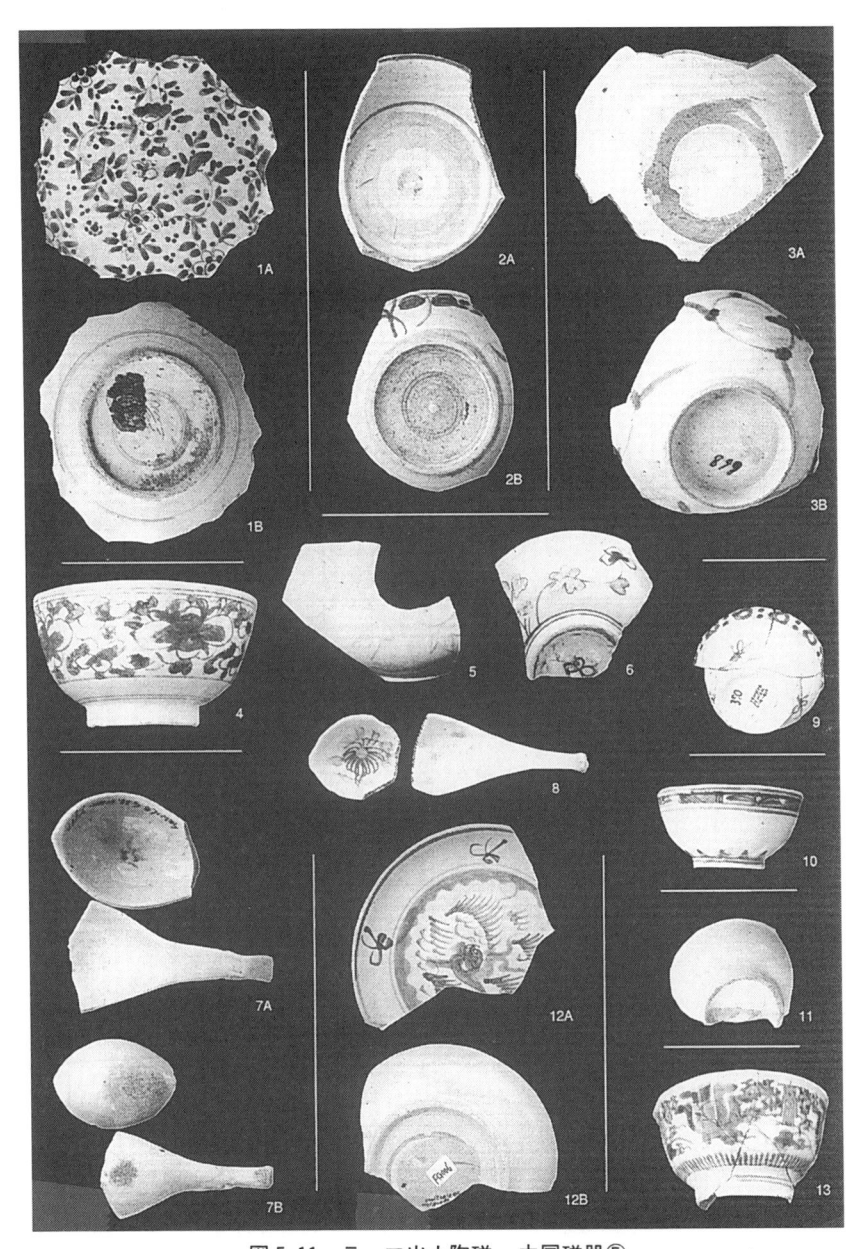

第3章　バンテンの出土陶磁　83

図 5-11　ラーマ出土陶磁―中国磁器⑤

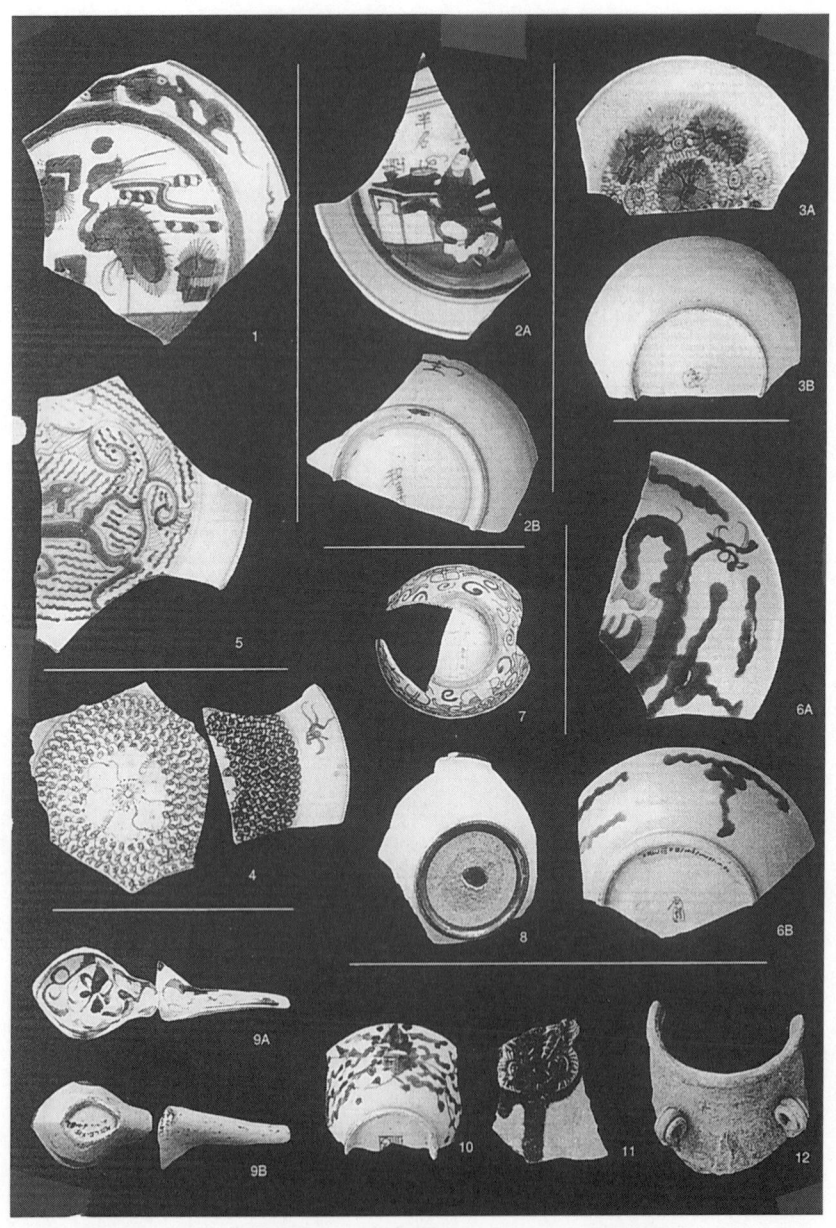

図 5-12　ラーマ出土陶磁―中国磁器⑥（1〜11）、中国陶器①（12）

第3章 バンテンの出土陶磁 85

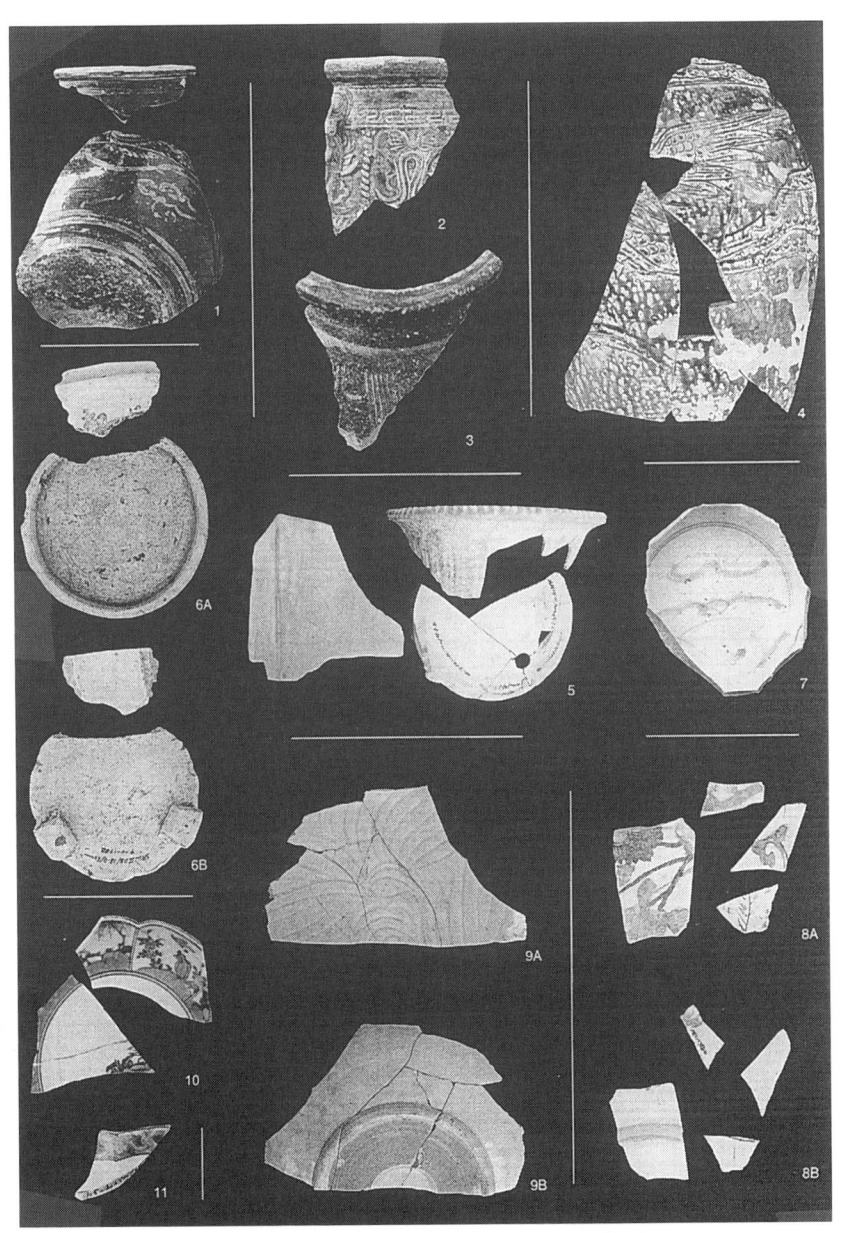

図 5-13 ラーマ出土陶磁―中国陶器②（1～7）、肥前磁器①（8～11）

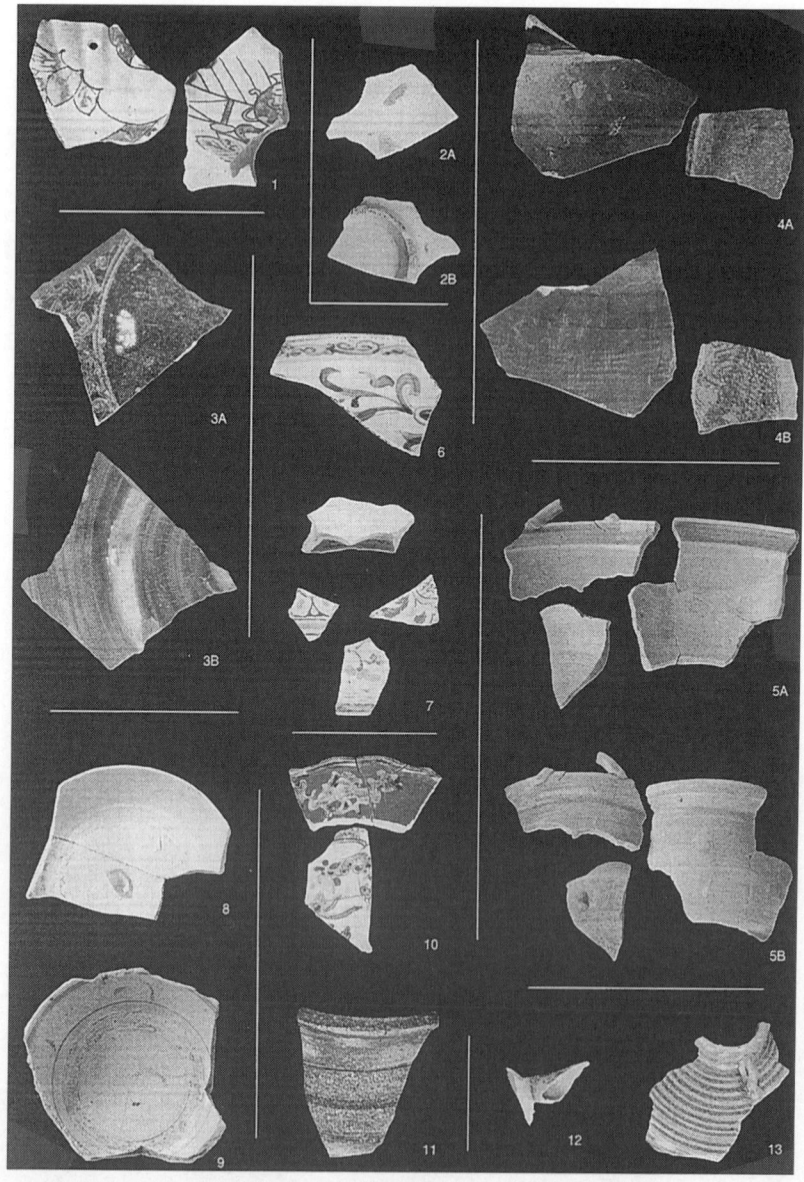

図5-14 ラーマ出土陶磁―肥前磁器②（1、2）、肥前陶器他（3～9）、東南アジア陶器①（10～13）

第3章　バンテンの出土陶磁　87

図5-15　ラーマ出土陶磁―東南アジア陶器②（1〜10）、イスラム・ヨーロッパ陶器①（11〜15）

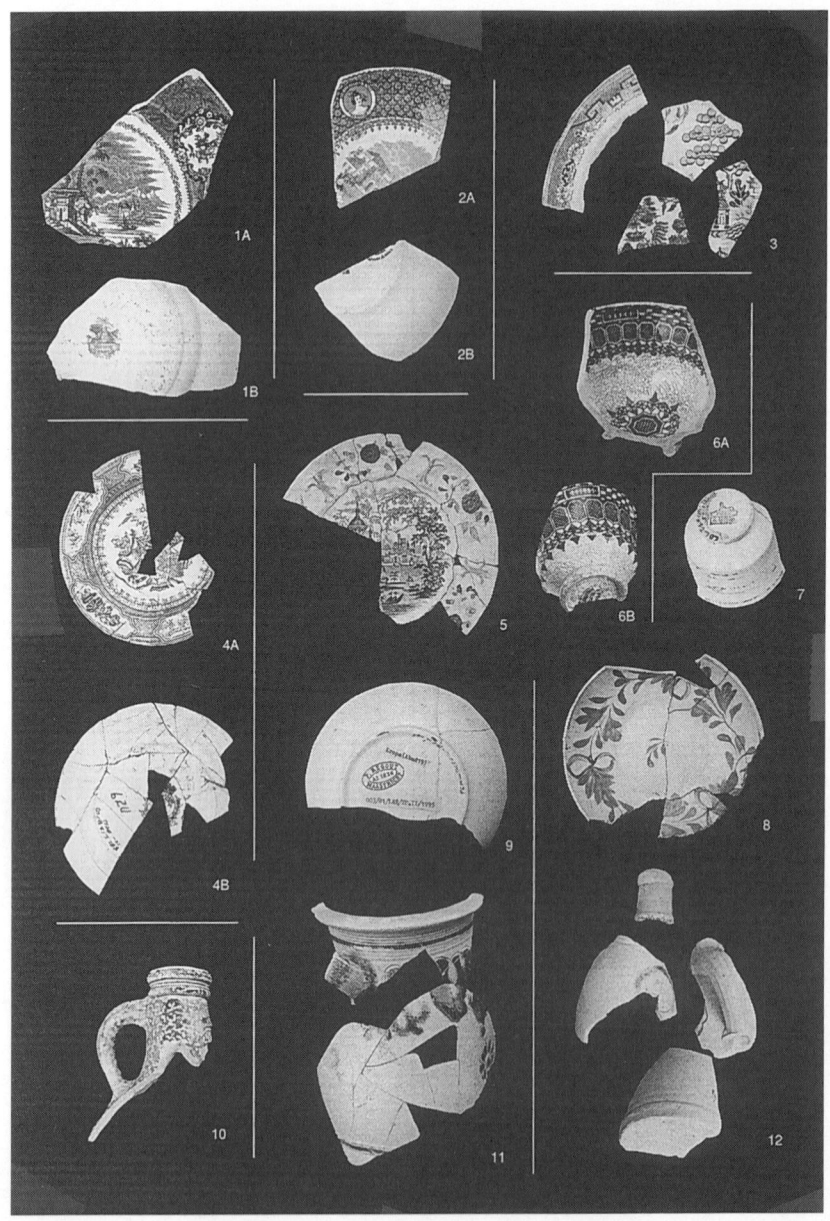

図 5-16　ラーマ出土陶磁—ヨーロッパ陶器②

第3章 バンテンの出土陶磁

グラフ4　ラーマ出土陶磁片形態変化

4-1　個体数

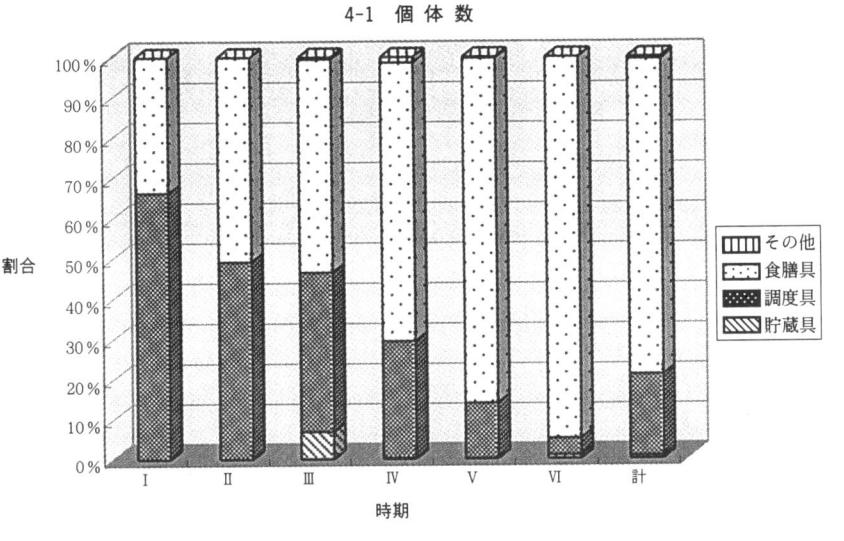

4-2　品目数

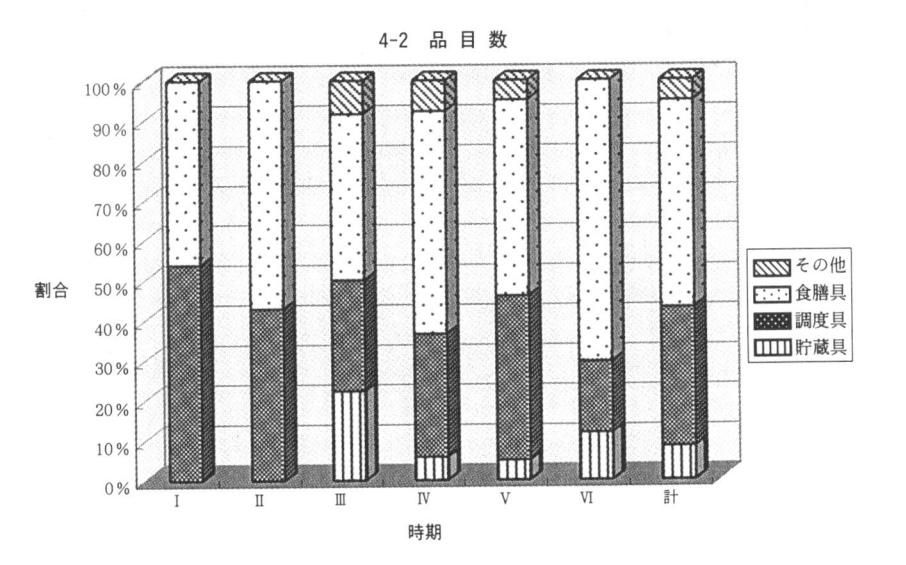

グラフ5　ラーマ出土陶磁片食膳具の器種変化

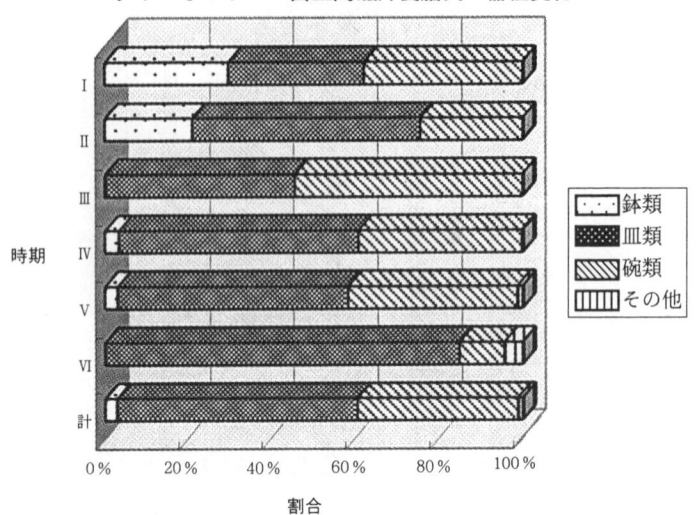

凡例：
鉢類
皿類
碗類
その他

縦軸：時期（Ⅰ、Ⅱ、Ⅲ、Ⅳ、Ⅴ、Ⅵ、計）
横軸：割合（0%〜100%）

　全体をみれば、食膳具が8割近くに達して圧倒的に多い。つづいて調度具が2割強、さらに貯蔵具は1％程度である。しかし、それはつねにおなじだったのではなく、調度具はⅠ期からⅣ期では割合が多い。Ⅰ期とⅡ期は絶対量が少ないために省くと、Ⅲ期・Ⅳ期とⅤ期の間の差が顕著になってくる。

　すなわち、貯蔵具はⅢ期にもっとも多くみられ、その他の建材はⅢ期・Ⅳ期にしかない。Ⅲ期からⅣ期にかけて貯蔵具の減少はあったものの、調度具は食膳具と同程度近くの比率で増えた。しかしⅤ期への圧倒的な増加は、食膳具のみだったことがわかる。これを品目数との関係で考えると、調度具は1品目あたりの個数はⅣ期とⅤ期の間で減少傾向があるのに対し、逆に食膳具はおなじときに1品目あたりの個数は3倍近くに増加している。

　産地別に考えてみれば（p.50　グラフ2-2参照）、貯蔵具はⅢ期ではヨーロッパとタイが中心で、Ⅳ・Ⅴ期は中国その他が大半を占めている。調度具はⅢ期では福建・広東、次に景徳鎮が多いが、Ⅳ期では景徳鎮が激減する。その分を肥前が埋めている。しかしⅤ期になると肥前と福建・広東はきわめて低くなる。食膳具では、Ⅲ期に景徳鎮と福建・広東がほぼ同率で分け合っていたものが、

IV期では後者が減った分に近く肥前の割合が増えている。ところがV期なると、III期と同様の傾向に戻っている。

絶対量の多い食膳具は、調度的要素の強い鉢類と実際の日常的食事の利用が高い皿類・碗類・その他に分けて、時期別の個数変化の割合を考えてみた（グラフ5）。

鉢類はII期まで2～3割を占めているが、III期以降は5％以下になってしまう。産地をみれば、鉢類は時期によって異なっているが、皿類は圧倒的に景徳鎮の比率が高い。碗類は基本的に福建・広東のものがIV期を除けば高い割合を占めている。

またI期とIII期を除いて、碗類が最大になったことはなく、皿類の比率がつねに高かった。食生活の問題もあるが、碗にくらべて皿の方がはるかに調度具的使用があることにも起因していると思われる。皿類は爆発的に絶対量ならびに1種類あたりの個体数が増えたV期に最大割合をもち、そして急速に凋落したVI期においても割合が増えつづけたことは興味深い。

全体としては、タイのものが多いI期と福建・広東のものが大量に登場したIII期を除いて、碗類が最大になったことはなく、皿類の比率がつねに高かった。景徳鎮と福建・広東以外の産地としては、I期でタイ、IV期鉢類の肥前、さらにVI期皿類のヨーロッパが目立っている。

陶磁貿易の傾向

以上をまとめると、次のような傾向が認められる。

最大の特徴は、前述のように18世紀のV期にずばぬけて大きな量的ピークがあることである。

その内容をみると、全体として調度具が減り、食膳具が増える傾向があるが、なかでも17世紀中葉以降食膳具は顕著に増加する。また貯蔵具の割合の変化も、このIII期とIV期の間にみられる。18世紀の傾向は、17世紀中葉からの延長線上にあり、それが極端に高まった状態とみることができる。

またそのような全体の量のなかでは目立たないが、II期にミャンマーが、III期とIV期に西アジアが現れていることは興味深い。ミャンマー陶器とは、バゴ

写真1　ラーマ出土ミャンマー白釉皿

写真2　ラーマ出土トルコ系青花皿

写真3　ラーマ出土ペルシャ青花皿

ン Bagon 地方が産地と考えられる白釉系の皿(写真1)である。この時期にバンテンとの取引があったことが事実として裏づけられた。また西アジア陶器とは、Ⅲ期がトルコ系陶器の可能性がある青花皿(写真2)、Ⅳ期はペルシア青花皿(写真3)である。トルコ系の図柄が描かれた前者は、トルコ以外のアジア各地の出土品にはこれまでほとんど確認されていない。[11]圧倒的な中国陶磁など東方系のものの洪水のなかで、微量ながらこれらの存在が確認できたことの意味は決して小さくない。

なお全体として産地をみると、16世紀末の福建南部漳州窯の輸出本格化より18世紀までバンテンにもたらされた磁器は、伝統的産地である景徳鎮の割合がつねに5割程度で、残りを福建・広東系と肥前が分ける状態がつづいていた。

つまり個体数のみでみるならば、17世紀後半における肥前の突然の登場とは、福建・広東系磁器の絶対数不足状況を補うものだったことになる。そしてそれは鉢類などを中心とする調度的要素の強いものに集中していた。[12]

なお最近明らかになった1822年沈没のジャンク、テッシン Tek Sing 号の積荷と推定される引き揚げ陶磁片のなかには、福建・広東系を中心とする少なくとも7種類のⅤ期の製品と同種もしくは関係の深い図柄の製品がみられた。[13] そのためもしこの年代が正しければⅤ期の下限をその時期まで下げる可能性も考えられる。そうなるとⅥ期と重なる部分も出てきて、Ⅴ期からⅥ期への変化はややスムーズになる。ただし、18世紀以降の政治的退潮期に陶磁貿易が大発展したという現象そのものは変わらない。ジャンク貿易については、5章で詳述する。

2 出土地による差異

前述のように93・97年の調査で扱った陶磁片の大部分は、スロソワン王宮跡の出土である。しかし数量的には確認できないが、ラーマの他の遺跡から出土したものも確実に存在した。その資料も含めて、これまでのナニッらによる研究成果もまじえ、ラーマ全体での陶磁器の出土傾向をみてみたい。[14]

地域的には後述のような1630年代までの図に描かれた外壁で囲まれた部分を城内とし、その外側を華人街のあった西城外、そして大市場のあった東城外に分ける。また城内については、南東から北西に貫流するバンテン川を境にして、王宮やイスラム大寺院のある左岸、そして海に面した右岸に区分して検討する（図3参照）。

産地別の分布

ナニッによるラーマ各地の陶磁器出土状況（エコワティ他 1993）は、産地別に両岸でくらべてみると次の差が認められる（表2）。

　　左岸：ペルシャ陶器出土

　　右岸：ヴェトナム陶器出土遺跡多い（西城外にもあり）

この比較は、量的な要素はまったく考慮せず、単純に出現状態の有無のみを

表2 ラーマ地区別出土陶磁（ナニッ 1993による。VN ヴェトナム、PS ペルシャ、ER ヨーロッパ）

遺跡名	位置	中国	タイ	VN	PS	日本	ER	初現世紀	備考	伝承機能
スロソワン	左岸	○	○	○	○	○	○	16	弾丸硬貨生産	王宮
カパンデアン	左岸	○	○	×	×	○	○	17		金属職人地区
パジャントラン	左岸	○	○	×	×	○	○	17		織物職人地区
カバレン	左岸	○	○	×	×	○	○	16		バリ人地区
カロラン	右岸	○	○	○	×	○	○	16		ロル公邸宅
カワンサン	右岸	○	○	○	×	○	○	16		ワンサ公邸宅
パンジャリンガン	右岸	○	○	○	×	○	○	17		漁民地区
カイボン	右岸	○	×	○	×	○	○	18		王母宮殿
パベアン	西城外	○	×	○	×	○	○	16	陶磁器倉庫	税関
パマリチャン	西城外	○	×	×	×	○	○	16		コショウ収蔵庫
パチナン	西城外	○	○	×	×	○	○	16		華人街
カランガントゥ	東城外	○	×	×	×	×	○	17		外国人地区
パンジュナン	東城外	○	○	×	×	×	○	17		土器職人地区
カゴンガン	東城外	○	×	×	×	×	○	18		金属楽器職人地区

現している。この場合の各産地別の該当年代は、概略次のとおりである。[15]

　　　中　　国：16～19世紀

　　　タ　　イ：16・17世紀

　　　ヴェトナム：16・17世紀

　　　ペルシャ：17・18世紀

　　　日　　本：18世紀

　　　ヨーロッパ：17～19世紀

　このうち、中国陶磁とヨーロッパ陶磁はすべての遺跡で出土している。また日本の肥前陶磁は、東城外以外の遺跡でみられる。タイ陶磁は、両城外での出土遺跡は少なく、ヴェトナム陶磁は右岸での出土遺跡が多い。ペルシャ陶磁は、左岸のスロソワンでしか出土していない。

　一方、西城外のパベアン Pabean（税関伝承地）では、中国陶磁の集積状態が

第3章　バンテンの出土陶磁　95

表3　ラーマ18世紀肥前陶磁の出土地（ナニッ 1993による）

遺跡名	位置	皿	碗	鉢	蓋物	瓶	壺	植木鉢	クンディ	備考	機能伝承
スロソワン	左岸	○	○	○	○	○	○	○	○	弾丸硬貨生産	王宮
カパンデアン	左岸	○	×	×	×	×	×	×	×		金属職人地区
パジャントラン	左岸	○	×	×	×	×	×	×	×		織物職人地区
カバレン	左岸	○	×	×	×	×	×	×	×		バリ人地区
カロラン	右岸	○	○	○	×	○	×	×	○		ロル公邸宅
カワンサン	右岸	○	○	×	×	○	×	×	○		ワンサ公邸宅
カイボン	右岸	○	○	○	○	○	○	○	○		王母宮殿
パベアン	西城外	○	○	○	×	○	×	×	×	陶磁器倉庫	税関
パマリチャン	西城外	○	○	○	×	○	○	×	×		コショウ収蔵庫
パチナン	西城外	○	○	○	×	○	○	×	×		華人街
パンジュナン	東城外	○	×	×	×	○	×	×	×		土器職人地区

検出されており、ここに陶磁器の倉庫があった可能性が考えられている。左岸と右岸の差は、ヴェトナムとペルシャ陶器の有無に現れているが、右岸の状況は西城外に似ている。ペルシャ陶器はすべてがそろっている左岸のスロソワン王宮跡でしか発見されていない。[16]

　パベアンの陶磁器倉庫が輸入陶磁の再輸出のための拠点であったと仮定すると、タイ陶磁を除いてそれと直結する産地別構成が右岸の多くの遺跡でみられたことになる。

18世紀肥前陶磁の分布

　18世紀（Ⅴ期）肥前陶磁の遺跡ごとの器種別分布からは、次のような点がみられる（表3）。

　　左　岸：全器種のあるスロソワンと皿しかない他の遺跡との差が大きい。
　　右　岸：全体に器種が豊富で、とくにカイボンは左岸のスロソワンと同様に全器種をもっている。
　西城外：碗皿はすべての遺跡でみられ、鉢・壺も多い。

東城外：皿しかない。

　ここに示した日本陶磁は、18世紀前半のものを中心としている。この時点では、右岸と西城外での種類の豊富さが確認できる。

　これらを器種別にみてみると、食膳具は左岸ではスロソワンのみ、右岸では3遺跡すべて、そして西城外でも3遺跡でほぼそろっている。調度具の場合、多くみられる蓋物は、左岸のスロソワンを除くと、右岸の3遺跡と西城外のパベアンで出ている。パベアンは、前述のように陶磁器倉庫があった可能性がある場所である。また、調度具のなかでも宗教的機能の濃いクンディ型水差しは、スロソワンと右岸3遺跡でしか出土していない。

　以上より、全器種をそろえたスロソワンに類似した調度具を含む出土状態は、王族・貴族邸宅跡の伝承をもつ右岸3遺跡でみられる点が注目される。

　一般に18世紀前半の肥前陶磁のはたした役割は、日常品というよりは奢侈品的な要素が中国陶磁全体にくらべれば強くなったと考えられる。おなじ方法での中国陶磁の出土状態との比較がないため不十分な資料ではあるが、少なくともこの時期において王宮跡であるスロソワンと似た性格の施設が右岸に複数存在したことを示している。

出土陶磁の時間変化

　出土陶磁片の全体的な時期別の種類変化からは、次の点が指摘できる(表4)。

　　左　岸：開始時期15世紀以前。中心時期18世紀前半。
　　　　　　当初から調度具が食膳具に加わっており、とくにスロソワン王宮の城壁内外で多い。ただし調度具は、17世紀後半までは城外の方が圧倒的に多い。
　　右　岸：開始時期16世紀前半。中心時期16世紀末から19世紀前半。
　　　　　　種類では食膳具よりも調度具で多数輸入されたものの出現が、左岸より少し高い。とくにカイボンでは16世紀末からが多い。また貯蔵具も16世紀末〜17世紀前半には少しまとまっており、全体としては左岸にくらべ、食膳具の出現の割合がやや小さい。
　　西城外：16世紀末から現れ、17世紀後半に高まって18世紀までつづく。

表4 ラーマ出土陶磁の地点別個体数

位置	遺跡名	種類	I期	II期	III期	IV期	V期	VI期	計
不明	JRT	調度	1						1
右岸	カイボン	調度	3		22	191	23	29	268
		食膳		43	16	122	14	274	469
		貯蔵			11				11
		建材				7			7
右岸	スピルウィク	食膳		1	1	1	74	28	105
		調度			10		4		14
右岸	パコジャン	貯蔵			22				22
		食膳						1	1
		調度				1			1
小計									898
左岸	カバレン	食膳	7		3	3	61	104	178
左岸?	スカジャヤ	食膳		8					8
左岸	スロソワン城壁外	食膳	7	50	209	478	1,802	241	2,787
		調度	23	1	49	1,032	111	33	1,249
左岸	スロソワン城壁内	調度	1	1	163	301	1,322	1	1,789
		食膳		86	296	1,973	3,842	118	6,315
		建材			2				2
		貯蔵				14	1	1	16
左岸	スロソワン不明	食膳	1	3	1	72	718		795
		調度			19	18			37
		貯蔵			46				46
小計									13,222
西城外	パベアン	食膳			4				4
		調度			1				1
		貯蔵			5				5
西城外	パムリチャン	食膳						2	2
西城外	パチナン	調度			2	44			46
		食膳			1		22		23
小計									81

資料自体が少ないが、パチナン（華人街伝承地）では17世紀後半に調度具が、18世紀には食膳具のみが出土している。

これは、全調査陶磁片の出土状態の比較ではなく、1片でも存在が確認された種類について、推定個体数を比較してみたものである。そのため、絶対的な割合の検討を行うことはできず、また圧倒的多数が左岸のスロソワン王宮での頻繁な調査で出土したものであるため、なおさらくらべることはむずかしい。

しかし、スロソワン以外については、少なくとも出土の存在が確認できたことは間違いない。とくに伝承では19世紀初頭の建造とされるカイボンではるかに古い陶磁片がみられること、またスロソワン城壁外で17世紀後半まで調度具の出土が多いことは興味深い事実である。

また全体の推定個体数は、16世紀後半より急激に増加して18世紀前半に全体の7割近い最大点に達し、以後急落する傾向を示している。スロソワンの状況はまさしくそれを現しているが、右岸では、16世紀末〜17世紀前半にもうひとつのピークがあった感じがみられる。

アンピン壺の出土状態

食膳具・調度具以外の陶磁器には、貯蔵具がある。貯蔵具のなかで唯一全破片の出土状態の調査を行ったのがアンピン壺である。後述のようにアンピン壺とは、なんらかの液体商品の容器と考えられる福建産の粗製白磁で、陶器の容器類にくらべ容量が小さいが、17世紀代に東南アジア全域に運ばれている。

ラーマでの調査破片の状態は、次のようになっている（表5）。そこには、両岸での差が若干認められる。

　　左　　　　岸：スロソワン遺跡に各種器形種類がそろっている。
　　右岸・西城外：小型のみみられ、面取り口縁破片が大部分をしめる。

器型による年代観は、おおむね大型が17世紀初頭前後、小型・中型が同中葉〜後半とすることが現状では妥当である。また口縁の状態では施釉したものが面取りより古く、底部の凹底は後者と組になっている。

とすれば、このアンピン壺の分布は、17世紀初頭前後に左岸のスロソワンにまずもたらされ、その後右岸のスピルウィク、カイボン両遺跡および西城外の

表5　ラーマ出土のアンピン壺（破片数）

遺跡名	位置	小型口縁片		中型口縁片		大型口縁片		小型底部片		大型底部片				計
		面取り	施釉	面取り	施釉	面取り	施釉	凹底	平底	凹底	碁筒底	輪底	不明	
スロソワン	左岸	3	6	7	11	4	1	12	7	2	1	1	1	56
スピルウィク	右岸	2												2
カイボン	右岸	3						1						4
パチナン	西城外	1	1											2
地区不明		3	2	1	1	1	1		1			1		11
計		12	9	8	12	5	2	13	8	2	1	2	1	75

パチナンへ広まった状況と考えられる。アンピン壺によって運ばれた推定福建産液体の商品については、残念ながらまだ特定できていない。しかし、それが何であれ、この破片の存在はその貿易商品取引の証であることは間違いない。

　この分布状況は奢侈的な器物の有無ではなく、実際の貿易活動の状況を多少なりとも示しているということができる。

陶磁器倉庫の問題

　以上の陶磁片の地域的な出土状況は、部分的な地域ごとの特徴の推定はできるものの、残念ながら現在のところさらに内容のあるなんらかの決定的な成果を出しうる条件にはない。

　これはすでに述べたように、陶磁片全体の地域別出土状況を把握していないこと、そしてこれまでの発掘調査そのものがスロソワン王宮跡に偏っているからでる。

　ヘリヤンティも指摘しているように（Heriyanti 1999）、ラーマは一つの都市であり、当然地域によって居住者および産業の性格は異なり、それにともなって出土陶磁の様相も差がみられるはずである[17]。しかし、現在の条件のなかでは、これまでみてきたこと以上を考えることは基本的にむずかしい。

　しかし、一点だけ本陶磁片の資料的性格を考えるうえで、検討しなければならない問題がある。それが、かつてパベアン遺跡の調査で発見された陶磁器倉庫の問題である。

パベアンは、バンテン川旧河口の左岸に位置する。これまで述べてきた区域では、西城外にあたる。

現在、華人寺院観音寺のある周辺で、1596年には柵で囲まれた華人地区だった。後に華人街は南に移り、1630年代後半までには、バンテン川が外壁と交差する地点に水門が設けられ、小舟に積み替えられた輸入品の計量と課税をする場所になった。この税関としての機能は、1760年代以降に観音寺が建立されるまでつづいていたはずである。

ここでの発掘調査で、積み重ねられた状態で数多くの陶磁器が検出された。そのような出土状態は、ラーマの他の遺跡では検出されたことがなかった。ここに税関があったことも考慮に入れて、それは陶磁器を収納した倉庫の一部が現れたと考えられたのである。

残念ながら調査報告が刊行されていないため、具体的にどのような集積状況であり、それがどんな陶磁器であったのかについては明らかでない。そのため、実際には詳細に考えることはできない。しかし、これまで検討した各点より、西城外のこの地区の性格は次のようにまとめることが可能である。

　　1　他には埋葬遺構が検出されている
　　2　タイとペルシャ陶磁の出土はない
　　3　18世紀の肥前陶磁は食膳具が中心で一部調度具がある
　　4　アンピン壺の出土はない

確実に出土した陶磁器の種類は、いずれもIII期の次のものである。

　　食膳具　福建徳化窯白磁稜花皿（型作り）
　　　　　　東南アジア産褐釉内渋鉢
　　調度具　華南系三彩耳付壺（トラデスカント）
　　貯蔵具　福建・広東系褐釉鳳凰文甕
　　　　　　華南産褐釉甕（マルタバン）

これらはラーマ出土の同時期のもののなかでは粗製品として考えられるものだが、容器の機能もある三彩耳付壺も含めて貯蔵具的なものが多い点が目立つ。

輸入品が税関の近くのなんらかの施設に収蔵されるためには、このような容

器のままでなされると考えるのは自然である。そのような容器が蓄えられた倉庫があった可能性は高い。また粗製の白磁稜花皿が、大量に保管されていたこともありうる。

つまり、出土が判明している陶磁器の種類を考えても、ここに倉庫があったことは十分想定しうる。

しかし逆にここ以外に一程度の量の陶磁器を保管する場所がなかった、とはいえない。とくに輸入品の容器ではない食膳具や上質の調度具などが、すべて最終使用者まで直接運ばれたと考えるのはむずかしい。逆にスロソワン王宮も含めて他の出土地がそのような保管場所でなかったとは断言できない。とくに王国そのものが直接貿易を行った17世紀後半ではなおさらである。

まとめれば、パベアンには少なくとも16世紀末から17世紀前半の時点で、陶磁器を容器とする輸入品あるいは粗製食膳具の貯蔵施設があった可能性は高い。だがそれは、ここがラーマ唯一の陶磁器倉庫だったことを意味するわけではない。

3　ラーマの陶磁器使用者

これまで判明した事実を踏まえて考えれば、ラーマ出土陶磁の使用者について次のように想定することが可能だろう。

17世紀前半までと17世紀中葉以後では、量・質ともに大きな変化がある。17世紀前半までにラーマにもたらされた陶磁器は、一部さらに輸出されるものもあったがそれはあまり大きな割合ではなかった。また輸入されたものの種類は、王宮での中心的な使用が考えられる調度具の比率が高かった。

ところが17世紀中葉以降、輸入量が急速に増えた。それは経済力を強めた支配層や増大した港市人口の需要を満たす国内消費用のものも多かったが、同時に再輸出されるものも増えたと思われる。港市バンテンの人口は17世紀後半の10～15万人がピークだったとされるため、この時期の増加傾向は再輸出もあるものの、内部での消費もかなり多かったことは間違いない。王宮跡以外での発掘調査はそれほど進んでいないため資料上の制約はあるが、量的な点からみれ

ば支配層以外のこの町の住民のなかにも、とくに城内右岸ではある程度の陶磁器が日常具として使われていた可能性が十分考えられる。

　そのようななかでさらに量的に爆発した18世紀の姿は、基本的には同一種類の数量が増えた景徳鎮の皿類と福建・広東の碗類という日常食器が主体だった。これらは同時期の肥前とは異なり、ヨーロッパ市場にはまったく運ばれていないものである。反対に後述のように、そのような日常食器の一部はアチェの各遺跡やヌサトゥンガラ Nusa Tenggara 列島東部の遺跡でも発見され、あるいはタイのロプブリ Lop Buri 遺跡（Chandavij 1989）や台湾の左営遺跡（臧振華他 1993）、さらにトルコのトプカプ・コレクションにも同種のものが存在している。この時期に、飛躍的にバンテンの人口が急増したとは考えられないため、[18)]この大量の食器の存在は前代の調進品とは異なったレベルでの再輸出がさらに活況を呈していたとしか考えられない。前述のようにこの現象は、バンテン王国が滅ぼされる19世紀初頭近くまで余波がつづいていた可能性がある。

　すなわち18世紀以降においても器種の相違こそあれ、基本的には17世紀後半と同じ構成である。支配層が弱体化した分だけ、再輸出用およびそれを支える中間層の住民の使用した分が増えたのではないだろうか。この問題は、第5章で詳述する。

（3）　ティルタヤサ出土陶磁

　ティルタヤサ遺跡はバンテン・ラーマの東20キロに位置する17世紀後半の離宮跡遺跡で、使われた時期は1663～82年ときわめて短期間である（Guillot 1990による）。しかし日本国外の遺跡のなかではもっとも多量の肥前磁器が出土する遺跡として知られている。

　1997・99・2001年に筆者を含む日本のバンテン遺跡研究会とインドネシア国立考古学研究センターが共同発掘調査を行ったが、97・99年の第1次成果報告書（坂井・Naniek編 2000）を中心に出土陶磁の状況をみてみよう。

1 出土状況と時間的傾向

　遺跡はティルタヤサ村役場の東側に広がっている。役場の北北東約100mにはティルタヤサ大王廟があり、この大王廟の南側の南北に長い長方形の空間（90×50m以下西側）が「大王の土地 tanah Sultan」とよばれている。さらに南北に走る低地（幅約15m）を隔てた東側にはより広い南北に長い長方形の空間（130×90m以下東側）がある。ここは現状では、周囲いずれもが低地に囲まれている。とくに北と東はそのまま広大な水田地帯につながっている（図6）。

　現在93年の調査成果にもとづいてバンテン文化財管理事務所が認定している遺跡の範囲は、上記二つの空間である。西側がまったくの露地であるのに対し、東側がタマリンドなどの巨木の林になっている差はあるが、ともに村民の共同墓地として使われている点に変わりはない。

　東側には、北西隅部に土塁（下幅5m、高さ1m弱）で囲まれた長方形の空間（50×25m）がある。また北東隅と南東隅近くにはそれぞれイスラム聖者の墓がある。さらに中央南寄りには、数個の加工状況がみえない石（長1mほど）が集中している場所がある。

　一方、西側の内部にはまったく顕著なものはみられないが、村役場の西隣には周辺でもっとも高い小丘グヌン・セウ Gunung Sewu がある。オランダ人が描いたティルタヤサ離宮攻略図（図12）には、城内の中央に旗が立てられた三角錐形の丘が描かれている。現状でこの旗の丘を捜すとするなら、グヌン・セウ以外には考えられない。さらにグヌン・セウのさらに西60mほどのところには、ティルタヤサ村のイスラム寺院がある。このイスラム寺院の改築工事の際に、地下に珊瑚石灰岩の構造物基礎がみられたといわれている。

　東側から現在の村道を挟んだ南側には、精米工場跡地の多角形状の空間（約120×120m）がみられる。西側と南側は屈曲する小川が境をなしている。この南端には「王道 jalan Sultan」とよばれる旧道が南東へ向かっている。この「王道」の北西側への延長方向で国立中学の近くからは、かつて大量の中国銭が発見された。

　また、これら遺跡地とティルタヤサ村集落の西から南にかけて、ウジュン川

104

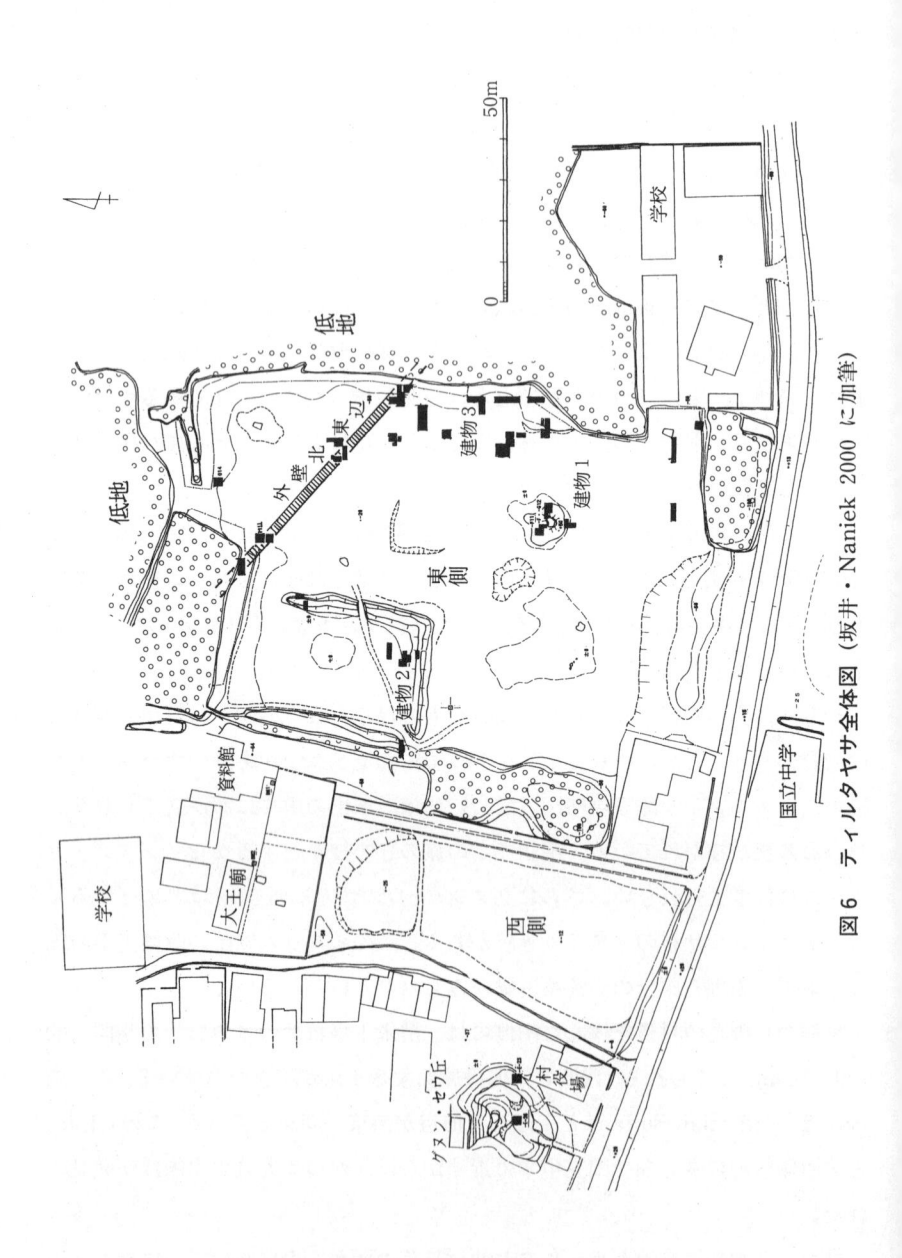

図6 ティルタヤサ全体図（坂井・Naniek 2000に加筆）

Ci UjungとドゥリアンЛЛ Ci Durianを結ぶティルタヤサ大王時代築造とされる運河が走り、さらにウジュン川に向かうものが分岐している。

このような遺跡地と周辺で表面採集調査を行ったところ、陶磁片がもっとも濃密に採集できたのは東側であった。

そのため東側を中心に、3回の発掘調査で、われわれは延べ27カ所の調査坑を設けた。すなわち東側北東部では遺跡範囲を探るために外壁基部検出を目的として4地点11調査坑を対象とした。そして東端部でも同様の目的で3地点7カ所の調査坑を発掘した。また東側中央南寄りの小さな高まりでは造墓により大量の陶磁片が散乱していたので、その出土状態を把握するため延べ6カ所調査坑を設けた。後述のようにここは建物跡であることが判明した。さらに地上に残る最大の遺構の可能性があるグヌン・セウにも調査坑を2カ所設置した。

陶磁片の出土状況について鈴木裕子は、同報告書のなかで次のようにまとめている。

 1 年代 : （前略）17世紀前半とされる製品は20個体弱である。17世紀末〜18世紀の中国磁器はごくわずか、また18世紀末〜20世紀に入るものはヨーロッパ産の銅版転写皿がこれもごくわずかであり、他の9割以上は17世紀後半におさまる製品である。このことから、もともと使われていなかった土地に突然出現した建物群であり、建物建築時に17世紀前半のものももち込まれたと考えられる。17世紀後半がこの遺跡の主要展開時期であることは明瞭である。肥前磁器の中心年代1660〜80年代にさらにしぼりこむことが可能である。この後はまたこの土地は使用されなくなる。以降の年代の陶磁器が極端に少なくなることがそれをものがたる。（後略）

 2 調査坑ごとの出土接合量 : （前略）－F11調査坑は後述のように種類・量とも豊富であり、また大形の破片が多いこと等1個の倉庫様の建物を想定した方がよいであろう。他の遺物量の多い調査坑も、城壁を構成する位置にあり、その構築材のなかに（あるいは構築材として）入っていた遺物であり、小さめの破片が目立つ。

接合も同調査坑中では上下関係なく接合する傾向があるが、離れた調査

坑では接合しない。これは調査坑内の遺物の廃棄年代がほぼ同時であること、また廃棄された遺物自体が大きく動かされていないということになろう。(略)

城壁外に位置する調査坑では遺物数が激減する。(略)城壁内調査坑とは同じ意匠のものはなく、城壁内が特別な空間(たとえば上質な製品の収納庫的役割)であった可能性もあろう。

　3　器種：　主要食器である碗と皿で、陶磁器全体の82％を占める。これに合子を加えれば、容器(大型の壺)を除く陶磁器のほとんどすべての器種が網羅される。器種自体が少ないのは特徴の一つに上げられよう。バンテン・ラーマ遺跡全体では、陶器の多いのが目につく。本遺跡では17～18世紀とされる灯明皿・小壺・半胴甕・鉢等がみられない。これを年代差とみるか(これらの出現時期が遅い)、本遺跡の性格とみるか(収納庫的な機能の方が強い)は今後の問題としておきたい。(後略)

　4　生産地：　陶磁器は輸入品であり、主要生産国は中国と日本である。地元供給品の土器は陶磁器と競合しない用途の器種である。中国のなかでもおもな生産地は江西省景徳鎮で全体の37％を占める。生産窯の特定できない福建・広東省と推定されるものが17％(窯名の判明するものに漳州窯と徳化窯があり、どちらも一定量の出土が認められる)、中国産製品だけで50％以上の高率である。日本の肥前磁器は33％。17世紀後半は、バンテン・ラーマ遺跡内でも肥前磁器の占有率が高いとされており、これを補強する数字となっている。日常用の食器の生産地には、これら二大生産地の他にベトナムが加わる(1％)。インドシナ半島西側のタイ・ミャンマーから舶載されるのは大型の容器(有耳壺)である。土器はクンディの一部を除けば、在地産である。素材の特性から土鍋(端反容器)や竈等の器種がみられる。

すなわち、年代的には、17世紀前半のものなど古いものもやや含まれており、また新しいものも微量混じるが、基本的には遺跡の存続期間と一致する17世紀後半のものが大部分である。また陶磁片の大部分は、倉庫跡の可能性もある建

物の倒壊後の廃棄坑（-F11地点）から出土している点に特徴がある。他に城壁の芯材として使われた廃棄物もあるが、城壁外からの出土はほぼ皆無である。

器種では、食膳具の皿・碗、そして調度具の合子が大部分を占めている。また産地は、表面採集遺物のあり方と同様に肥前が全体の3割強になり、日本国外の遺跡ではもっとも高率になっている。しかし景徳鎮と福建・広東系をあわせた中国陶磁は、依然として5割を越えている。この遺跡の存続期間が、中国大陸からの海外貿易が禁止された清の遷界令と合致していることを考えると、この比率は予想外に大きく、遷界令そのものの実効性を疑わせる資料であるともいえる。この問題については後述する。

2　出土陶磁の産地と種類

日本・インドネシア共同発掘調査で検出した陶磁片（図7、グラフ6）を詳細に分類すると、次のとおりである。[19]

○時期別陶磁器個体数

17世紀前半	17種類	23個体	（平均1.4個体）	6.1%
17世紀後半	72種類	252個体	（平均3.5個体）	66.7%
18～19世紀	4種類	1個体	（平均0.3個体）	0.3%
不　　明	26種類	102個体	（平均3.9個体）	27.0%
計	119種類	378個体	（平均3.2個体）	

○時期別陶磁器産地割合

	肥前	景徳鎮	福建・広東	その他
17世紀前半	0%	8.7%	87.0%	54.3%
17世紀後半	53.2%	44.0%	1.2%	1.6%
18・19世紀	0%	0%	0%	100%
不　　明	0%	37.3%	43.1%	19.6%
計	35.4%	40.0%	17.7%	6.9%

○形態別個体数（%は陶磁器総数に占める割合）

　食膳具　碗　　42種類123個体（平均2.9個体）32.5%

図7-1 ティルタヤサ出土陶磁―景徳鎮（001～022、坂井・ナニッ 2000、以下同じ）

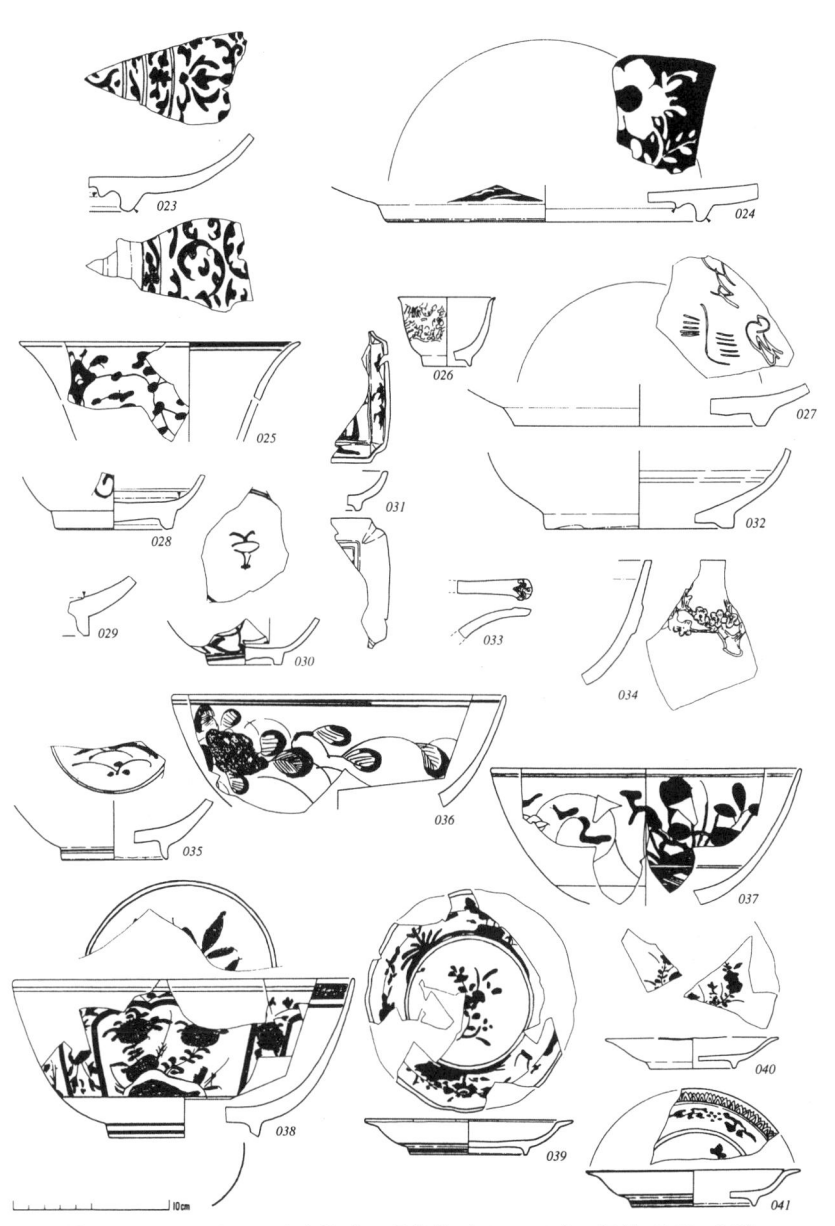

第3章　バンテンの出土陶磁　109

図7-2　ティルタヤサ出土陶磁―景徳鎮（023〜034）、肥前（035〜041）

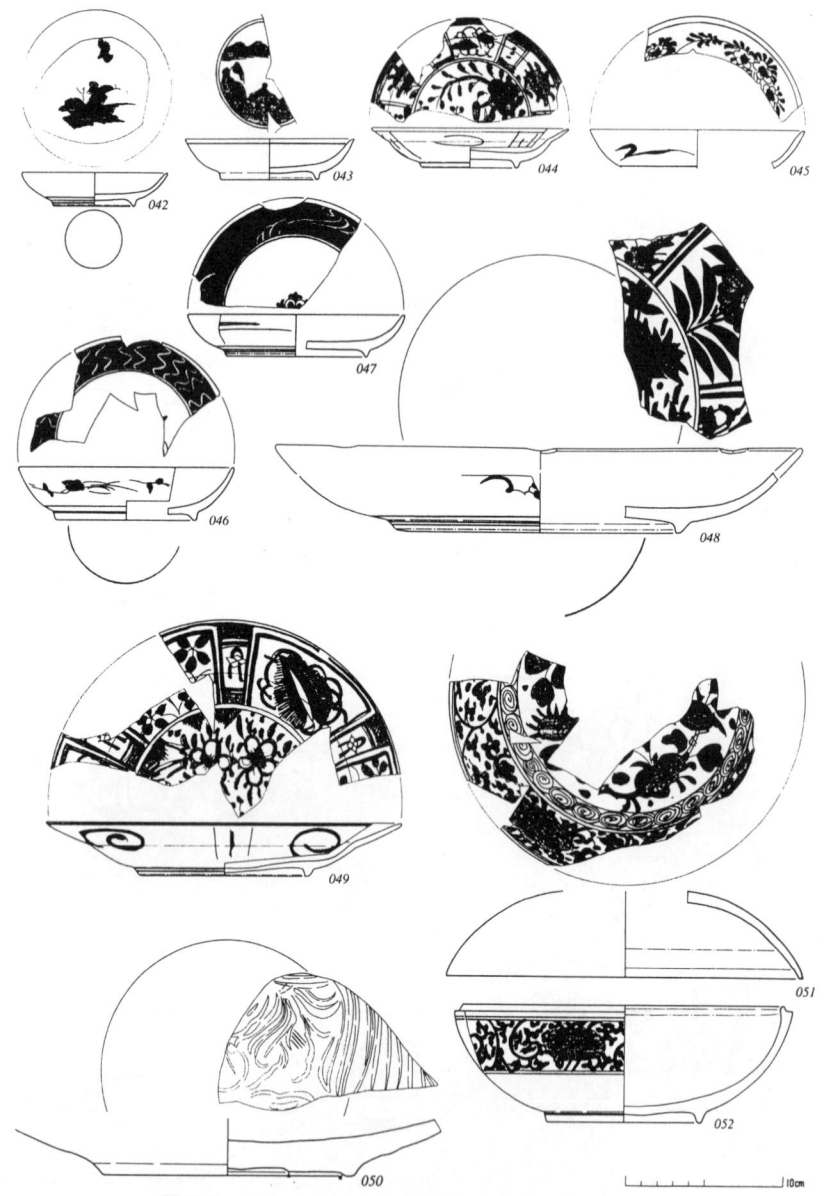

図 7-3 ティルタヤサ出土陶磁―肥前 (042〜052)

図7-4　ティルタヤサ出土陶器―肥前（053、054）、ヴェトナム（055、056）

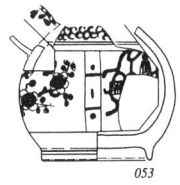

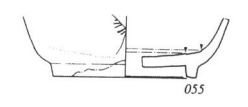

```
                ※　鉢12種類6個体含む
         皿      38種類157個体（平均4.1個体）41.5%
         その他   1種類　1個体
         計      281個体
 調度具  合子類   20種類35個体（平均1.8個体）9.3%
         大皿    7種類33個体（平均4.7個体）8.7%
         瓶類    5種類5個体（平均1.0個体）1.3%
         計      73個体
 貯蔵具  大甕    4種類23個体（平均5.6個体）6.1%
 その他  不明    2種類1個体
```

　以上のように本遺跡出土陶磁は、時期的には17世紀後半のみに限定されるものが圧倒的多数である。そのようなものを全体として形態別にみると、食膳具が最大をなしている。調度具は2割弱で、食膳具74.3%にくらべて3分の1以下である。

　1種類あたりの個数をみると、大皿を除いた皿類の個体数のみが大甕とともに平均を上回っている。大甕の個数自体は全体のなかではかなり少ないことを考えると、皿類の個体数がもっとも突出していることになる。

　ここで興味深いのは、後述のように皿3種類と碗3種類のもの（計64個体）が、トルコのトプカプ宮殿収蔵品もしくはトルコ国内伝世品と共通している点である。これらは出土個体数の多いもので1種類の平均は10.7個体になり、陶磁器全体のなかでも16.9%に相当するものである。これは前述の同時期のラーマ出土品に占めるトルコ共通種の割合5.4%にくらべてはるかに多い。

　本遺跡出土陶磁のなかで個数体の多いものが、トルコにあるものと共通して

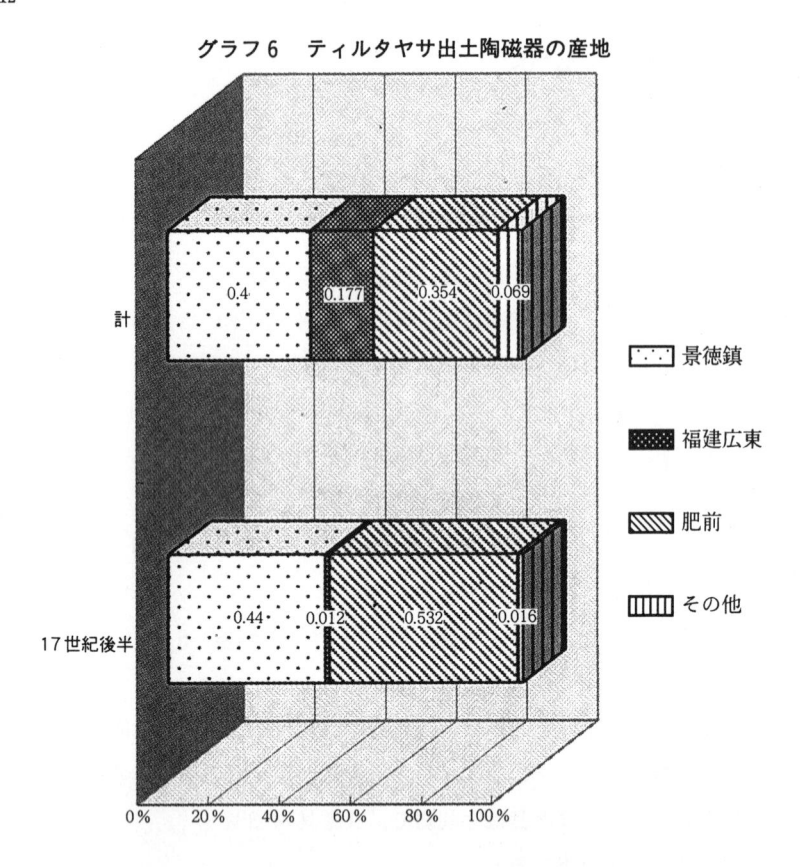

グラフ6　ティルタヤサ出土陶磁器の産地

	景徳鎮	福建広東	肥前	その他
計	0.4	0.177	0.354	0.069
17世紀後半	0.44	0.012	0.532	0.016

いることになる。

　この6種類のうち5種類は、景徳鎮製品である。5個体以上出土した景徳鎮製品は7種類しかなく、そのなかで緑釉碗と三彩皿を除いた5種類がそれである。この遺跡の存続期間は1663年から82年で、前述のようにちょうど清の遷界令の期間（1661〜83年）にあたっている。内陸の景徳鎮窯産の陶磁器の輸出は全面的に不可能なはずであった。[20] しかし現実には沿岸部の福建・広東系製品とともに景徳鎮磁器も大量にここに輸出され、またオスマン帝国にまで運ばれていた。

　当時の状況を考えるなら、遷界令を破るという反清朝の動きのなかで、福建・

広東系陶磁とともに景徳鎮製品も大量にティルタヤサ遺跡に運ばれていた。そしてここへもっとも多くもたらされた景徳鎮製品がオスマン帝国中枢にもあるということは、ここから再輸出された可能性を想定させる。

海との交通が便利な運河の分岐点に建設されたこの遺跡は、貿易基地としての可能性もある離宮である。ただ、当時すでに150年以上の歴史をもち10万人程度の人口があったラーマのような港市社会がそこに形成されていたとは考えにくい。また同時期のラーマ出土陶磁片とくらべると、調度具の割合が低い。これは調度具を内部消費するような施設がはるかに少なかったこととつながる。[21]

つまり、ここで出土した陶磁器の使用者は、遺跡の建設者であり居住者であるバンテン王のティルタヤサ大王とその家臣である貴族層にかぎられており、また再輸出用商品の貯蔵であった部分もかなり多いと思われる。実際、オランダとの戦いで1682年にティルタヤサ大王が敗北し離宮機能がなくなって以後、ここにもたらされた陶磁器は微々たる量しかなかったことも、そのことを示している。

(4) バンテン出土陶磁の全容

1 出土陶磁による時期区分の問題点

すでにみたように、各研究方法での時期区分は、出土陶磁によるものとでは次の差がある。

ギラン
・陶磁片による区分
　　第1期（草創期）　　9世紀以前
　　第2期（成長期）　　10〜12世紀
　　第3期（発展期）　　13〜14世紀前半
　　第4期（衰退期）　　14世紀中葉以降
・文献史による区分
　　第1期　ジャワ文化王国期　10世紀前半〜10世紀後半

第2期　スリウィジャヤ従属期　10世紀末～12世紀末
　　　第3期　独立王国期　13世紀初頭～14世紀
　　　第4期　パジャジャラン従属期　15世紀～1527年頃
　両者の適合性を考えてみると、次のような併行関係となる。
　　　陶磁第1期
　　　陶磁第2期――文献第1・2期
　　　陶磁第3期――文献第3期
　　　陶磁第4期――文献第4期
　この関係をみると、文献第1期の成立する以前にすでに陶磁第1期が存在しえていた。つまり、中部ジャワ的な碑文あるいは石像を生み出す王国が成立する以前に、すでに中国陶磁の輸入があったことになる。これは、直接には5世紀の初期インド文化王国であるタルマヌガラのなんらかの影響が残存していたとみることができる。そして最初の中国とのコショウ貿易が、すでにこの時点で開始されていたのかもしれない。

　陶磁第2期と文献第1期以降は、おおむね対応している。しかし重要なことは、他地域勢力の従属期とされた文献第2期と第4期の差である。文献第2期は陶磁第2期後半に、文献第4期は陶磁第4期に対応している。だが、実際には陶磁第2期と陶磁第4期では、内容に大きな違いがある。陶磁第2期は第3期に向けて、輸入陶磁器の量が増えつづけているのに対し、陶磁第4期は頂点の第3期からくらべて輸入量が激減している状態である。

　政治的には、同様に他地域の影響下にあったとされながら、中国との陶磁・コショウ貿易は後者の期間のみ激減している状態である。他遺跡との比較ですでにみたように、この激減は単に明の海禁に起因するものではない。明らかにこの地域の貿易そのものの衰退を現している。

　そして少なくとも16世紀初頭には、ふたたび貿易戦略的な重要度が回復し、それがイスラム・バンテンの興起につながっている。

　この14世紀中葉～15世紀の貿易減少については、さらに十分な検討を要する必要がある。

ラーマ

　前述のように各研究方法によるラーマの時期区分はいくつかみられる（p.34 表1参照）。

　まずギオーおよびハルワニによる文献史研究では、次のようにまとめられる。

　　文献A1期　初期イスラム国家期（1527年頃～1596年）
　　文献A2期　政治経済危機期（1596～1628年）
　　文献A3期　経済回復期（1628～51年）
　　文献A4期　ティルタヤサ大王期（1651～82年）
　　文献B1期　安定期（1682～1750年）
　　文献B2期　衰退期（1750～99年）
　　文献B3期　終末期（1799～1832年）

　ハッサンによる考古的な区分も、基本的にほとんどそれと変わらない。A2期とA3期の境をバタヴィア建設の1619年に置き、B3期をスロソワン破壊の1811年で細分する程度の差であるため、上記文献区分に含めることができる。

　一方、発掘調査の進展したスロソワン王宮跡独自の時期区分は、次のようにまとめられる。

　　スロソワン0期（16世紀後半～1630年代）
　　スロソワン1期（1630年代～1680年）
　　スロソワン2・3期（1680～1750年）
　　スロソワン4・5期（～1809年頃）

　また絵画資料による区分は、次のとおりである。

　　絵画1期（～1590年頃）
　　絵画2期（～1650年代後半）
　　絵画3期（～1680年代後半頃）
　　絵画4期（～1750年代頃）
　　絵画5期（～19世紀前半）

　それらに対して、陶磁片での区分は次のものとなった。

　　陶磁Ⅰ期（15世紀以前）

陶磁Ⅱ期（16世紀前半〜中葉）

陶磁Ⅲ期（16世紀末〜17世紀前半）

陶磁Ⅳ期（17世紀後半〜18世紀初）

陶磁Ⅴ期（18世紀）

陶磁Ⅵ期（18世紀末〜19世紀前半）

以上の各時期区分の併行関係は表1のようにかならずしも整合しないが、おおよそ次のように整理できる。

陶磁Ⅰ期

陶磁Ⅱ期──文献A1期　　　　　　　　　　　──絵画1期

陶磁Ⅲ期──文献A2・3期　──スロソワン0期──絵画2期

陶磁Ⅳ期──文献A4・B1期──スロソワン1期──絵画3・4期

陶磁Ⅴ期──文献B1・2期　──スロソワン2・3期──絵画4・5期

陶磁Ⅵ期──文献B3期　　　──スロソワン4・5期──絵画5期

このように、陶磁区分が他の時期区分とおおむね整合するのは、Ⅱ期までとⅥ期である。Ⅲ期からⅤ期は、文献・スロソワン・絵画のいずれとも一致していない。Ⅲ期の終末については、スロソワン区分を除いて他とあまり大きな差はない。しかしⅣ期からⅤ期の境界は、1680年代前半とする他の区分とくらべると20年以上の開きがある。

さらに時期区分上の最大の結節点を考えると、文献では独立か半独立かということで、1682年とされる。またスロソワン王宮の遺構では、ヨーロッパ風の稜堡式築城を取り入れて飛躍的に堅固になった1680年が最大の分岐になる。都市構造を考える絵画資料では、具体的な直接資料にもとづくわけではないが、外壁の破壊がはじまる1680年代後半頃となる。

しかし、陶磁器区分でのもっとも大きな分岐は、上昇カーブが突如急落する18世紀後半に考えざるをえない。

この差が生じる理由は、何であろうか。その回答はそのまま本書の中心的な論究課題にも重なる。ただそれぞれの時期区分の意味するところをみれば、陶磁器区分は輸入状況を現す経済的な状態を示していることは間違いない。それ

に対し、文献史区分はもちろん政治的な権力のあり方によっている。スロソワン王宮の構造による区分も、王権のあり方を直接反映したものである。絵画資料にもとづく都市空間機能による区分は、王権の状況と社会経済状態が重なったものといえる。

つまり、これらの時期区分の差は、簡単にいえば政治状況と経済状況の不一致とすることができる。しかし前述のように政治上のあり方をみても、バンテンの王位にオランダが直接介入するのは1740年代になってからである。1684年のオランダとの条約でコショウ貿易はオランダの独占を許すことになったが、その他の貿易についてはそのようなことにはなっていない。[22]

バンテンにとってコショウ貿易は最大の経済的要件であることは確かだが、本当にそれだけがすべてであったのかについては、後に検討したい。いずれにしても、表面的な政治状況の変化と経済的な動向の差こそが、大きな問題点といえる。

なお、各時期区分を整理して検討した筆者の新しい時期区分については、第7章で提示したい。

2 消費傾向

ギランは、港市であると同時に、あるいはそれ以上に宗教センター＝寺院遺跡としての様相が濃い。

寺院群と墓地から出土した陶磁器は、共通する性格をもっている。それは、最終目的が器種の差にかかわりなく容器としての実用性がなくなり、精神的価値が与えられたことである。一般的にみるなら、陶磁器の寺院での使用は宗教儀礼の価値を高める荘厳財としての意味が少なくないだろう。また墓地への納入は、どんな意味でも死者とともにのみ存在しつづけることを目的としており、実用的な使用は停止されたことになる。

残念ながらコタチナなどの寺院群出土のものは、正確にいえば、多くの場合は寺院群そのものとの直接の関係は不明である。宗教建築物跡から確実に出土したかどうかについては、断定することはできない。直接には石窟以外に宗教

遺構の検出がないギランを含めて遺跡の性格が寺院群を主体に考えられるだけであって、そこで出土した陶磁器のすべてが宗教儀礼で使われていたとは考えられず、またさらに搬出される可能性すら想定できる。

ギランと同時期の北スマトラのコタチナでは、出土陶磁器のなかで個体数の判別するものの2割が調度具である。これは前述のラーマの種別割合とくらべた場合、少なくとも17世紀のものからみて決して多いとはいいがたい。しかしその中身をみると、報告されたものだけでも、クンディ型水差しが目立っている。クンディ型水差しは後述のように、群島部できわめて好まれた儀礼具である。コタチナの入り口であるパヤ・パシールでも当然それは発見され、またムアラ・ジャンビ Muara Jambi 寺院群への航海が推定されているブアヤ Buaya 島沖沈没船（Abu Ridho et al. 1998）でも、クンディ型水差しの割合は小さくない。

一方、ギランでは、もっとも中心の時期である14世紀前半代をみると、調度具が合子を中心に4割確認できる[23]。そこにはクンディ型水差しも含まれているのだが、それ以降の活動が弱まってきた時期の資料にはそのような調度具はない。

これらの例から、寺院群遺跡の陶磁器（精製土器も含める）にはクンディ型水差しを代表とするような儀礼的な調度具が少なくない傾向があると考えることができる。もちろんすべての陶磁器そのもののもつ荘厳財としての意味はあるわけで、宗教センターにはとくに上質の陶磁器が多いことは一般にいいうる。

イスラム大寺院を中心に成立し、王がイスラム聖人の子孫を称したラーマの場合、逆にそのような儀礼的な調度具の割合は少ない。これは、ヒンドゥとイスラムの差も多少関係はするが、それ以上に使用者あるいは使用目的の多数が非宗教関係であったからだろう。ともに宗教センターを中心としながらも、ラーマはギランにくらべより世俗的な様相が強かったことになる。

中・東部ジャワのイスラム寺院に使われたタイル[24]の場合は、役割としては特注された荘厳財そのものである。儀礼自体に使うのではなく、儀礼空間の神聖度を強調した建材といえる。これは、ヒンドゥ王朝のマジャパイトの王宮にあ

ったものの転用の可能性が強い。また皿類などを建築材の装飾として転用するのはラーマやチレボンなどジャワの他の王宮でもみることができ、これらの王が宗教的権威であることも含めて、特定の宗教というよりジャワを中心とする群島部の王権の性格と密接な関係がある。

トゥバンのイスラム聖人墓の門のような墓との関係も、墓そのものが儀礼の対象になったがために生まれたものだろう。17世紀の南部スラウェシの王墓には、地上に露出した石蓋に数多くの皿類をはめこむ例が確認できる。彼らの大部分はイスラム教徒で、基本的な埋葬方法はイスラム教にのっとってなされてはいるが、この皿類の貼り付けはイスラムとは関係ない。同地の王墓のなかには正統イスラムでタブーとなっている偶像の石彫で石蓋を飾った例もあるからである[26]。

しかし、ラーマでは陶磁器を装飾として使用した墓は、現存するもののなかには存在しない。また発掘調査された墓で、陶磁器を副葬品とした例も報告されていない[27]。ここでの陶磁器のもつ役割は、より実用的な要素が強かったためといえる。

つまりラーマはもちろんのことギランでさえ、粗製品を中心とした多くの陶磁器は、寺院の荘厳財や王宮など支配者の日常具とは考えにくい。それらは第5章で後述するように遠距離他国への再輸出、また国内後背地への搬出が想定される商品であろう。またラーマの場合はとくに、居住している中間層の自己消費分が出土陶磁のなかである程度含まれていることは間違いない。

註
1) あくまでも報告書に掲載された写真から個体数を推定したため、破片数にもとずいたグラフ1とは結果が少し異なっている。なお個体数は、底部の残る破片数をもって1とし、0個体とは底部以外の破片が掲載されているものを指す。以下同。
2) 『瀛涯勝覧』(小川訳 1969)に記された鄭和艦隊訪問地の記載は、旧港(パレムバン)と爪哇(マジャパイト)の間の地域はなく、また『歴代宝案』(那覇市 1986)に琉球船の渡航先として巡達(スンダ)が登場するのは1513年と18年である。
3) 個体数は報告書に記された記載より判断したもので、出土破片すべてに対するも

のではない。

4) トロウランでは80年代以降継続的に発掘調査されているが、残念ながらまだ報告書は刊行されておらず、またさまざまな出土陶磁片調査の成果も未報告である。これは、トロウラン遺跡博物館やジャカルタ国立博物館などに展示されている資料にもとづく。

5) おなじスカムプン川流域の環濠遺跡であるプグン・ラハルジョから出土した陶磁片については、11〜15世紀の広泉西村窯鉄絵水差し、竜泉窯青磁碗、景徳鎮窯青花皿などを同遺跡遺物展示所で確認した。しかし本格的な表面採集はなされておらず、全容はまだ不明である。

6) 『歴代宝案』によれば琉球船は、1463・67・68年の3回サムドゥラ・パサイに来航している。それぞれの機会に少なくとも青磁皿碗2,420個を献上し、それよりはるかに多い量を取引したはずである。また現在アチェ州博物館に収蔵されている中国製鉄鐘チャクラ・ドゥニア cakra dunia は、明の成化年号が記されているとされており、琉球船が青磁とともにサムドゥラ・パサイに運んだ可能性が考えられる。

7) ゴンを含めるガムラン音楽の金属製打楽器は、先史時代の銅鼓との関係が想定されるが、現状ではこのパンダナン例より確実にさかのぼる例はない。また16世紀末にはバンテンそしてマルクにゴンがあったことは確実で、少なくともマルクのものはジャワ島から運んだものであるのは間違いない。

8) よく知られている中部ジャワ、ドゥマッのイスラム寺院内のもの（繭山 1977）以外に、同種のタイルはトゥバンのイスラム聖人スナン・ボナン Sunan Bonan 廟の門にもはめられている。

9) スラウェシ南部地区文化財管理事務所および国立考古学研究センターマカッサル分室収蔵品を2001年に筆者らは実見。

10) 焼成時に窯内に重ねて積まれた製品どうしの溶着を防ぐために用いられる窯道具。本来輸出時には製品からはずされるはずだが、消費地のラーマまで運ばれていた。産地景徳鎮からラーマまで複数が詰められた俵や箱などの荷のままで運ばれたことを示している。

11) ラーマ出土の青花皿はトルコのイズニーク風のデザインでなされているが、現在まで産地は特定できない。ただトルコ陶器のアラビア海以東での出土は、東京の加賀藩邸跡遺跡で出土したイズニーク五彩（写真9）が知られるのみで、ラーマのトルコ風青花片との関係が大きな問題となる。

12) 直接には三藩の乱で福建・広東地方が戦場になったことに起因すると思われる。東南アジアの他地域では18世紀になると肥前は姿を消すが、ラーマでは日常食器の

皿類が依然としてもたらされていた。

13) 同積荷引き揚げ品の競売カタログ（Nagel Auctions 2000）には、景徳鎮青花ウィロウパターン折縁皿（149個体）、福建・広東系青花梵字文皿（80個体）同文小碗・同仙芝祝寿文皿（7個体）・同印判梵字文蛇の目釉剥皿（50個体）・同竜文型押し皿（245個体）・同丸点文型押し小碗（166個体）、宜興窯無釉手付水注（10個体）がある。ただし船体の状態など水中考古学的な資料は公表されておらず、そのため逆にこれらの陶磁器の存在により、全体が同一の船からの引き揚げ品でない可能性も指摘されている。

14) 調査した陶磁片にはすべて出土地点と層位の注記がなされているが、主目的が分類と個体数把握にあったため、それらの注記は1種類について1片しか確認していない。そのため、圧倒的に多いスロソワン王宮跡以外の遺跡の場合、最低限の存在は指摘できるが、実際の出土頻度がどれくらいなのかについては不明である。

15) これは筆者らの陶磁片調査以前の研究によるもので、17世紀後半の肥前陶磁の存在などは確認できていない段階のものである。

16) パベアンの陶磁器倉庫の可能性については、後述する。

17) ヘリヤンティは、陶磁器はラーマの全域で出土しており、陶磁器使用が一般化されていたことを前提として、その他に寺院壁への陶磁器添付などの特殊用途があったとしている。そして出土地による差をみると、王宮の上質品は華人商人などの贈答品であるのに対し、王宮以外は量産品であるが、それはスピルウィク周辺の小商店での販売や陶磁器・繊維製品とコショウとのバーターなどの記録を裏づけているとした。

18) 後述のように18世紀初頭の調査では4万人に達していなく（Heriyanti 1999）、1670年代からは3分の1以下に減少している。ただその激減は1682～83年の戦乱にあったと考えられ、90年代以降は少しずつ回復傾向はあった。

19) すべて合計で50平米に満たない調査坑から出土したものである。伝世品と遺跡存続時期の搬入品を識別するため、産地別の計測値は報告書の数値を修正した。

20) 清朝の遷界令が肥前磁器輸出最盛期をもたらしたことは、すでに広く知られている（大橋 1990）。

21) 貯蔵具がラーマよりここで多くみられる原因も、新しい貿易拠点としての理由からかもしれない。ただし一般に大甕類は年代観をしぼることがむずかしいため、統計上の所属誤差がラーマでは出ていることもありうる。

22) 一般に第1次保護条約ともよばれるこの条約の条文には、オランダに対する高額の賠償金の支払いおよび他の外国勢力との条約締結禁止条項以外には、具体的な貿

易・経済問題についての規定がない。実質的にはこの後、コショウ貿易はオランダがバンテン王を通じて輸出独占する形になったが、その他の貿易は不明である (Heriyanti 1998 などによる)。

23) もちろんこれは具体的な集計値ではなく報告書から筆者が計測した数である。

24) 前述のように、これらはヴェトナム青花の特注品である (繭山 1977)。

25) ラーマにもなんらかの陶磁器を装着した壁が存在した (Heriyanti 1998) が、皿類をはめこんだものはチレボンの王宮やイスラム・バンテンの始祖とされるスナン・グヌンジャティの廟にもみられる。

26) 三上次男はサラワクのクチン博物館内に移築されているダヤッ族の木柱墓に多数の磁器碗がはめ込まれている例を指摘し、それは東アフリカの15・16世紀のイスラム社会に多くみられた中国陶磁を使った壁面装飾の流れとして紹介した (三上 2000)。たしかにマジャパイト王宮にあったヴェトナム青花タイルは、すでに15世紀の同王宮にイスラム教徒がいた可能性もあるため、イスラムの影響がまったくないとはいえない。しかし、これらのタイルは西アジアのものと違って単独使用である点が、異なっている。またクチンの例は、南部スラウェシとおなじようにイスラムとは無関係のものだろう。ダヤッ族の多くは非イスラム教徒である。

27) 一般にイスラム墓は副葬品の納入は認められていない。しかし南スラウェシを含めるインドネシア東部では、イスラム化以前から多量の陶磁器を副葬する習慣があり、イスラム時代にも継続していた可能性はある。なおラーマの調査でも積極的にイスラム墓を発掘することはなかったが、すでに墓地の記憶がなくなっていた場所が発掘されたことは少なからずあった。

第4章 バンテンの都市構造

バンテン遺跡群には、発掘調査されたおもな遺跡としてバンテン・ギラン、バンテン・ラーマそしてティルタヤサがある。前二者はそれぞれ港市遺跡であり、後者はラーマ期の離宮遺跡である。いずれも大量の陶磁器の出土がみられるが、それがどのような生活空間のなかで存在していたのかを検討するため、ここではそれぞれの遺跡の都市構造を、そしてとくにラーマの変化を考えてみたい。

(1) 初期港市の構造——バンテン・ギランと環濠遺跡

1 環濠遺跡の特徴

ギランおよび同様の環濠遺跡である、スマトラ南部ラムプン地方のプグン・ラハルジョ遺跡の空間的特徴をみてみよう。

ギラン

ギランの防衛構造と都市としての認識については、ギオーらの発掘調査報告書（Guillot et al. 1994）が次のように提示している。問題点もあわせて、それをみてみる（P.26 図2参照）。

発掘成果からの直接的な資料を基礎にして、都市空間復元が検討されている。その中心の考えは、ギランは王宮区画であり、港は後のラーマに近接する下流のオデル Odel 遺跡とするものである。[1] 両者はバンテン川およびそれに平行する「王道 jalan Sultan」でつながっていたとする。

ここでの大きな問題は、内堀と外堀の関係、そして王宮区画とされた堀で囲まれた部分の性格である。

ギランの中心部は、北側と東側にバンテン川の狭く深い谷が鍵手状に走っている。この谷のみでも十分に要害を形成しているが、谷に沿った部分も含めて深い堀が、平面楕円形状にめぐっている。全体としては、バンテン川の蛇行による凹凸を切って、まとまった隅丸方形的な空間の形成を企図するようにみえる。

堀が二重になっているのは、前述のように川に沿わない西側と南側である。内堀内（最大 320×250m）と外堀内（同 430×250m）の空間は、決して広くない。とくに中心をなすのは、上記隅丸方形の北側の部分（200×200m ほど）である。

断面V字形の二つの堀は、かなり深い。土塁もあわせて考えれば、ふつうにみればかなり堅固な防衛施設とみることができる。そのような堀で囲まれたあまり広くないこの空間は、どのような性格をもつのか。そして二重の堀は、とくに西側でなぜほとんど近接しているのか。これは筆者のみならず、この遺跡を訪れたすべての研究者が抱く疑問である。

残念ながら堀の内側は、開墾により大きく削平されてしまっているため、遺物を表面採集することはできるが、遺構の検出はむずかしいと考えられてきた。報告書の結論では、堀の内側は「王宮区画」という呼称でとらえられている。しかし、それを裏づけるような遺構は、まったく報告されなかった。

そして、堀の北外側に接する川の蛇行部分を祭祀場所（現在遺物展示所があるキ・ジョンジョ Ki Jongjo の廟）、さらにバンテン川の下流 2 カ所に防衛拠点（祭祀場所対岸のアセム・レゲス Asem Reges と北方左岸のカルンジュカン Kalunjukan。それぞれバンテン川の蛇行部分を堀で区切っている）の存在を指摘している。

おなじような蛇行部分を堀で区切った狭い区画が、祭祀場所と防衛拠点と区別されるのはやや合点がいかない。前者の場所に現存する廟の成立時期についての検討がないかぎり、不十分な指摘といえる。ただ前者については、隅丸方形状の空間を堀によって区切ろうとして結果的に生じた可能性があるのに対し、後者は蛇行突出部のみを短い堀で区切って意識的に狭い区画を設けている。そ

こから考えれば、少なくとも後者が防衛拠点である可能性はないとはいえない。

　港については、バンテン川河口近くのオデル遺跡周辺と想定された。もとより外洋船はバンテン川に入ることはできない。そのため10キロ強離れたオデル周辺になんらかの拠点があったことは、十分ありうる。ただおもに先史時代の遺物が出土したオデルが、ギランの時代に直接バンテン湾に面していたかについては証拠がない。

　ギランの堀内側「王宮区画」の面積的な狭隘さ、そしてラーマ出土のギラン時期の陶磁片の存在からみても、河口のラーマ周辺に何の港湾施設もなかった[2)]と考える方が不自然である。そしてその関係はむしろ、政治機能領域としてのギラン、貿易機能領域としてのラーマの存在としてとらえられ、後述のように東南アジアの群島部港市における双子都市＝二重機能領域並立の典型として考えられる。

　ただ、次に述べるスマトラ南部ラムプンのプグン・ラハルジョ遺跡にも共通するが、堀が異常に深いことの意味は単純には理解できない。なぜなら、バンテン川という深い自然の要害地形がある北側と東側にも堀が巡っており[3)]、単純な防衛機能の点からはこの部分の堀は不必要な構築物とせざるをえない。まして、時期的な前後関係は確定できないが、東側では堀の法面に石窟が掘られている。

　それらの点を考えれば、かなり深いにもかかわらずこの堀は、むしろ内外を人為的に識別する境界としての機能の方が理解しやすい。その点で、二重の堀の意味も、西側での二条の異常な近接状態から、階層的な境界の役割とすることができる。聖域的な空間を外部と識別するための施設である。

　なお報告書では二重の堀を、14世紀中葉頃に同時に埋没した並立のものとしてとらえている。しかし大量の陶磁器を含む炭化物包含層が、内堀と対応する部分での外堀でも検出されたのかについては、明記されていない。

　筆者はこの堀について、東側部分の対岸でやはり堀で区画されたバヌサリBanusari地区を含めた「王宮区画」の拡張としてとらえた。当初、内堀だけであったものが、外堀および対岸の堀の造成により、バンテン川を境界とする構

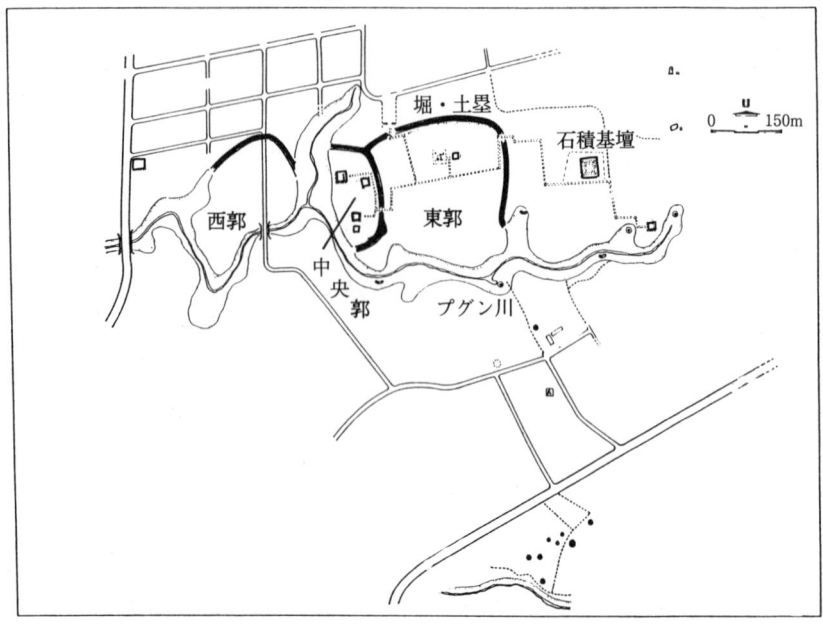

図8　プグン・ラハルジョ遺跡全体図 (Haris 1979)

造から川を内部に取り込む構造へ変化したのではないかと想定した。

　この点について、二条の堀の時期差の問題がほとんど明確には報告されていない以上簡単に結論を出すことはできず、依然として検討を要する課題と考えられる。

　また「王宮」の内容が明らかでない点は、きわめて残念なことである。

プグン・ラハルジョ

　この遺跡は、スンダ海峡の対岸スマトラ島南端のラムプン地方にある。同地方で最大の川スカムプン川の中流左岸に位置し、河口からは45キロの距離である。

　西流するスカムプン川の支流プグン川の北側に展開する遺跡は、東西1キロ、南北300mほどの広がりがある。そのうち、西よりの3分の2は3個の環状の堀が連結している。西郭と中央郭の間には谷が入るが、東郭は中央郭に対してかなり大きく、新設したような状態になっている（図8）。

ここでは11～17世紀の中国陶磁を中心とする舶載陶磁が、大量に出土している。

現存する遺構の状態をさらに細かくみると、プグン川の右岸に連結する環状の堀は、次のとおりである（Haris 1976・79）。

東郭の堀（上幅約10m）は、内側の土塁（高約2～3.5m）の上から5m以上の深さがあり、断面V字形をなすと思われる。西郭は、東側と南側が川の本流と沢でかぎられている。確認されているのは、北側堀・土塁の約200mのみでしかない。中央郭は、川と沢に沿う部分を除き隅丸方形（東西約100m、南北約220m）の状態で堀が巡っている。最大の東郭は、中央郭から北辺と南辺の土塁と堀が分岐し、内部は隅丸方形（東西320m、南北220m）に近い。

ここで特筆すべきことは、先史時代の巨石文化的な石積基壇遺構が中央郭内部に6基、東郭内に2基、東郭東外側には5基（最大のものは一辺12×12m、高7m）みられることである[4]。東郭内には、方形環状列石（一辺8m）も存在している。

このように、この遺跡のあり方はかなり複雑である。出土陶磁片の示す年代以上に使用時期がさかのぼる可能性が高い。もっとも注意すべきは、堅固な堀と土塁による防衛区画外にも石積基壇遺構群が拡がっている点である。とくに三段築造の最大遺構は、プグン川に入り込む湧水地上の台地に造成されている。水源信仰的なものが出発になった様相が強い。

そのため、堀・土塁の建設以前にこれらの巨石文化の大規模遺構群が存在していた可能性はきわめて高い。とすれば、なぜ、またいつこれらの堀・土塁は築造されたのだろうか。

発掘調査がまったくなされていないため、明確なことは不明といわざるをえないが、計13基の石積基壇遺構のなかで最大のものを含む5基が環濠内にないということは、環濠を築く行為が石積基壇遺構への信仰とは完全には一致していないことになる。またギランとは異なって、環濠は完全な環状ではなく、要害を形成するプグン川沿いや沢の上の部分にはみられない。さらに3個の環濠は、ギランのような同心円配置ではなく並列的な位置にある。とくに東郭の堀

は、中央郭の堀に接合した地点で止まっている。少なくとも中央郭と東郭の間に時期差があることを十分に想定させる。

そのような状況から考えられるのは、プグン・ラハルジョの環濠は、巨石文化の後の時代に一程度の時間をかけながら築造された可能性が高い。そしてその築造目的は、石積基壇遺構への信仰観念とは少し異なった性格が考えられ、とくに防衛的な要素がなかったとはいいきれない。この点は、ギランとはやや違いがみえる。

大量の舶載陶磁器の存在は、コショウ貿易の盛行を想定させる。巨石文化の宗教センターからコショウ貿易拠点への変化のなかで、環濠群は築造されている。しかしコショウ貿易の時代にも、巨石文化の宗教的要素が完全になくなったわけではなかった。そのため環濠内にあったものは、巨石文化以来の信仰伝統を色濃く残したコショウ貿易管理者の居宅であったと推定できる。

2　港市遺跡としての性格

ギランは、ヒンドゥ教国家の中心部で、発掘調査により二重の環濠が確認された。川を防衛線とする内堀段階から、対岸部を内部に取り込む外堀段階への変化が想定できる。また前述のように、堀を利用した石窟の存在と川沿いにも堀がめぐることから、ここの深い堀は純粋に防衛目的のみの施設とは考えにくい。

ギランから遠くないスマトラ島南端のプグン・ラハルジョは、基本的にはギランと同時代の遺跡である。3個の連結する環濠区画内外にも広がる巨石文化のピラミッド型宗教遺構群は、堀・土塁の建設以前から存在していたと思われる。

ギランの最初の堀は、少なくとも12世紀には確実に存在していた。そしてそれは、コショウ貿易の確立との関係が想定できる。とすれば、多少の機能の差はあるもののプグン・ラハルジョの堀も同時代に成立していた可能性がある。

現在まで同様の環濠遺構は、ベンテン・サリなどプグン・ラハルジョ周辺地域を除けば、東南アジア群島部では15世紀以前のものは、スマトラ北端のサム

ドゥラ・パサイとマレー半島北部西海岸のラジャ・ブルシウン Raja Bersiung、そしてタイ南部東海岸のサティンプラ Satingpra やチャイヤー Chaiya で確認できる。

その概要は、次のとおりである。

サムドゥラ・パサイ

スマトラ島北端に位置する13～17世紀の港市遺跡である。中国陶磁を中心とする大量の舶載陶磁が出土し、インド系の墓石が残っている。外洋に接する潟湖の沿岸に立地する。

潟湖は砂嘴で外洋と分けられている。潟湖の南岸の「王宮丘 cot istana」（高約5m、広さ200m四方以上）は傾斜が緩く、頂部（一辺100m以上）には礎石状の石（径50cm以上）が10個ほどみられる。陸側に濠（幅約3m）と土塁が一部確認できる。

東南アジア最初のイスラム王マリカッサレ王の墓（1297年銘）、またナフリシャー女王の大理石の墓（1428年銘）などの初期イスラム王墓が残っている。

ナフリシャー女王の墓は、「王宮丘」の東に数百m離れたパサイ川河口近くにある。他の20～30基ほどの墓とともに墓地（約20m四方）を形成し、周辺では大量の陶磁器を採集できる。マリカッサレ王の墓は、「王宮丘」から内陸側に数百m離れた水田際に位置する。また「王宮丘」の北西側の潟湖北岸に、10基ほどのイスラム墓群がある。「王宮丘」は、これらの3群の墓地のほぼ中心にあたる。

潟湖に沿った環濠・土塁のある「王宮丘」は、港サムドゥラの中心部と推定できる。主要な王墓は、防衛区画以外の場所にある。政治中心と考えられるサムドゥラから離れた都市パサイの遺跡は不明で、堀・土塁などがあるかはわからない。

ラジャ・ブルシウン

マレー半島西海岸のクダー Kedah 地方に位置する。ムダ Muda 川の河口から36キロほど上流の右岸にあたる。

中国陶磁を中心とする舶載陶磁とインド系玉類が近隣で出土している（森本

1991)。

アブドゥル・ハリム・ナシールによれば (Abudul Halim Nasir 1990)、長方形の平面形（約200×100m）で土塁（高3m）と堀（上幅15m、底幅3m、深約5m）が巡っている。堀はムダ川までつづくとされるが、川沿いに堀があるかは不明である。内部にはレンガ積の建物跡が残り、堀に接して貝塚（貝層厚40～80cm）がみられる。

内容に不明な点が多いが、川に近い幅広い濠に囲まれた長方形の小規模区画は、広い構造のなかの中心部のみなのかもしれない。

年代不明の貝塚集落が発展した可能性もある。5世紀には成立していた仏教寺院跡遺跡群で13世紀頃までの舶載陶磁も出土した、ブジャン Bujang 渓谷遺跡群の南端に含まれる立地である。

サティンプラ (P.159 図14-1 3)

タイ南部東海岸に位置し、ブジャンと同時代の存続期間である。

中国陶磁を中心とする舶載陶磁が出土し、また東南アジア各地に輸出されたクンディ型水差し白色土器の窯がある。また外洋に通じる運河が走っている。

海と潟湖の間をつなぐ運河（全長3.5km）の北側（海岸から500m）に、正方形区画がある。これが濠跡で、北東側がやや突出した形状（西辺190m、東辺220m、北辺200m、南辺210m）である。

濠内側の北西と北側の発掘調査 (Stargardt 1983) で、レンガ城壁（幅3m、高7m以上）が確認されている。発掘調査では西門の南で、象の頭蓋骨を埋葬したレンガ積の墓を検出した。濠内側には、長方形の建物基壇（約20×10m）と溜池跡（約50×30m）の存在が、電磁探査で推定された。

濠の外側に10カ所のレンガ積基壇跡と大小9基の溜池跡が、南北900m東西600mの範囲にまとまっている。南辺の濠の南100mには、レンガ積のワット・サティンプラ Wat Satingpra 寺院跡がある。

潟湖と海を結ぶ運河をはさんで、南北両側に防御施設のない区域が広がる。運河につながって、正方形状の濠とレンガ城壁に囲まれた区画があり、城壁の内外に建物跡と溜池跡が多くみられる。

チャイヤー (P.159 図14-1 4)

タイ南部東海岸に位置する。

川の北側に正方形に近い堀で囲まれた一画（一辺約800m）がある。濠の内外に寺院群が等間隔でならんでいる。また西辺の濠の西約800mには、現存するワット・プラ・タート Wat Pra That 寺院がある（千原 1982）。

中心寺院をやや広い正方形で濠が囲む。近くのポー岬 Laem Pho では9世紀の中国陶磁が出土している（Ho 1991）。

以上のように、群島部の15世紀以前の環濠遺跡は、その大部分が近くで舶載陶磁が出土する貿易拠点である。またインド系の宗教施設が少なからずみられるが、環濠内部にかならずそれらがあるわけではない。

一方、14世紀に栄えたジャワ島東部の政治都市トロウラン（P.159 図14-1 7）は、マジャパイト王朝の王都である。格子状に運河網が巡るが、明確に防御的な濠は確認されていない。一部残るレンガ塀も全体を囲んでいた可能性は低い。運河と川との連結により外洋世界と深くつながっている。

全体としてこの時期の港市には、内部にやや堅固であまり広くない区画が共通するが、宗教施設（権力者の墓の可能性大）は区画外にも分布している場合が多い。そのためすべての中枢施設が厳重に防御されていたのではなく、むしろ外界と象徴的に区分されていた感じが強い。

（2） 発展期港市の構造

1 考古学調査成果による領域機能

ラーマは、後述するオランダのブロウ J. Blaeu の地図（1635〜39年に製作、Guillot 1990, 図10-1）にもっともよく構造が示されている。それによれば、河口近くのバンテン川左岸に接する王宮前広場を中心に、東西に長い長方形状の外壁で囲まれている。

城内は、南東から北西に流れるバンテン川（現在の川幅約10m）によって大きく二分されている。外壁際にバンテン川から引いた濠が巡っており、そこで

城内と東西の城外に区分される。

考古学調査成果

1976年以降本格化した発掘調査は、城内左岸のスロソワン王宮跡でもっとも集中的になされている。また王宮跡以外でも城外も含めて部分的な調査は、右岸のスピルウィク要塞跡およびカイボン離宮跡などを中心に行われてきた。しかし調査面積は左岸の王宮跡が圧倒的に多く、その他の地域は部分的なものにすぎない。

陶磁器の地域ごとの出土状況については、すでに前章でみてきたが、ここではその他の調査成果をまとめてみたい。

後述するが、1900年にセルリエルは36の伝承地区名を収録した。だが、これまで行われた発掘調査は、ようやく次の15地区の遺跡にすぎない[5]（ハッサン1993）。

城内左岸
  カパンデアン Kapandean（金属職人地区）
  パジャントラン Pajantran（織物職人地区）
  カイボン（王母宮殿）
  スロソワン（王宮）
  カバレン Kabalen（バリ人街）
  カゴンガン Kagongan（銅鑼職人地区）
城内右岸
  カロラン Kaloran（ロル公邸宅地）
  カワンサン Kawansan（ワンサ公邸宅地）
  パンジャリンガン Panjaringan（漁民居住地）
  スピルウィク（オランダ要塞）
東城外
  カランガントゥ（大市場・マレー人街）
  パンジュナン Panjunan（陶器職人地区）
西城外

パベアン（税関地区）
　　パマリチャン Pamarican（コショウ集積地）
　　パチナン（華人街）
　地上に現存する廃虚のなかで、スロソワン王宮跡以外に発掘調査されたのは、おもに次のものである。

・カイボン宮殿跡
　スロソワン王宮跡から南東約500m離れ、現バンテン川放水路と旧バンテン川流路にはさまれた地域にある。19世紀初頭に建立された最後の王の王母宮殿といわれ、割れ門が連なるレンガ積壁とイスラム寺院跡そして本殿の一部が現存する。しかしバンテン川の流路変遷が重なったため、全体構造を把握することはむずかしい。
　ここで発見された陶磁片は、17世紀代のものも少なくない。17世紀には、バンテン川が城内に入る右岸地点にあたっており、当時のなんらかの施設が存在した可能性がある。

・スピルウィク要塞跡
　スロソワン王宮跡の北西に約800m離れた旧バンテン川の河口部右岸に位置する。この要塞はオランダが1685年に築いたもので、変形四角形（一辺約100m強）の構造をなし、珊瑚石灰岩をおもな構築材料としている。興味深いのは、この要塞内部にラーマの外壁（下幅約1.5m、高さ約4m）が取り込まれて残っている点である。
　旧バンテン川河口の対岸のパベアン（税関地区）は、現在18世紀後半以降に建立された華人寺院観音寺がある。その対岸ともに要塞築城以前においてもラーマのなかでも、重要な経済活動拠点であった。

・華人街跡（パチナン）
　スロソワン王宮跡の西約600m方向で、イスラム寺院跡そして19世紀前半の華人墓が残っている。牛頭装飾を施したレンガ積建物跡が、最近地中から発見されている。この地域は旧西城外にあたるが、ここが華人地区になったのは少なくとも1630年代以降で、1590年代の木柵に囲まれた華人地区は現在の観音寺

のあたりにあった。

・バリ人街跡（カバレン）

スロソワン王宮の北側に隣接し、現在の遺跡博物館と考古学センター遺物研究所にあたる。バンテン川旧流路左岸に隣接し、17世紀には王宮兵器庫などがあったとされる地域である。博物館および考古学センター施設の建造にともない調査された。

・大市場跡

スロソワン王宮跡の北東約700mに位置する。現在も活気があるカランガントゥ港とその市場にあたる。発掘調査は、現在の市場の南側のパンジュナン遺跡で行われた。16世紀末には東城外にあたり、「第一の市場」として最大の国際貿易地だった。現在遺跡博物館に展示されている青銅巨砲「キ・アムッ」は、今世紀初頭にはここにあったといわれている。

考古学資料からみた両岸の差

発掘調査の頻度は、地区ごとに大きな差がある。また右岸側の橋周辺（パンジャリンガン遺跡あるいはジュムバタン・ランテ Jumbatan Rante 遺跡）でも発掘調査はなされているが、橋そのものの構造を解明する資料は公表されていない。

それらの条件を前提として留保しながらも、バンテン川両岸の差について以下の状況を知ることができる。

王宮のある左岸と橋を越えた右岸では、発掘成果全体にはたして違いがみられるだろうか。その点について、これまでの発掘調査で検出された各種の遺物から得られた遺跡ごとの相対的な性格の相違を示してみた（表6）[6]。

調査遺跡を両岸および東西両城外にまとめると、その差は次のようなことが挙げられる（ハッサン 1993）。

左岸：金属器生産（右岸・東城外にもあり）・陶器生産（東城外にもあり）・照明具出土（西城外にもあり）・武器出土（東城外にもあり）

右岸：漁具出土（東城外にもあり）・埋葬（人間墓は西城外にもあり、動物墓は東城外にもあり）

表6 ラーマ地点別出土遺物と性格（ハッサン 1993, Halwany 1989による。○有り、×なし、－不明）

遺跡名	位置	生産		農具	漁具	照明具	装飾品	銭		玩具	埋葬		武具	初現世紀	備考	機能伝承
		金属器	土器					舶載	在地		人間	動物				
スロソワン	左岸	×	×	×	×	○	○	○	○	○	×	×	○	16	弾丸硬貨生産	王宮
カバンデアン	左岸	○	×	×	×	×	○	－	－	×	×	×	×	17		金属職人地区
パジャントラン	左岸	×	○	×	×	×	○	－	－	×	×	×	×	17		織物職人地区
カバレン	左岸	×	×	×	×	×	○	－	－	×	×	×	×	16		バリ人地区
カロラン	右岸	×	×	×	×	×	○	○	－	○	○	○	×	16		ロル公邸宅
カワンサン	右岸	○	×	×	×	×	○	○	－	○	○	○	×	16		ワンサ公邸宅
パンジャリンガン	右岸	×	×	×	○	×	○	－	－	×	○	○	×	17		漁民地区
カイボン	右岸	×	×	×	×	×	○	－	－	×	×	×	×	18		王母宮殿
パベアン	西城外	×	×	×	×	×	×	－	－	×	×	×	×	16	陶磁器倉庫	税関
パマリチャン	西城外	×	×	○	○	×	×	－	－	×	×	×	×	16		コショウ収蔵庫
パチナン	西城外	×	×	×	×	×	○	－	－	×	×	×	×	16		華人地区
カランガントゥ	東城外	×	×	×	×	×	×	－	－	×	×	×	○	17		外国人地区
パンジョナン	東城外	×	○	×	×	×	○	－	－	×	×	×	×	17		土器職人地区
カゴンガン	東城外	○	×	×	×	×	○	－	－	×	×	×	×	18		金属楽器職人地区

左岸での金属器生産は、内容が判明しているものではスロソワン遺跡（王宮）で弾丸と硬貨の鋳造がなされている。これは、右岸や東城外で生産された金属器には含まれていない。

　照明具は、左岸以外では西城外でしか発見されていない。照明具を必要とする建物があったことの現れだが、出土はそのように偏っている。

　一方、漁具は右岸と東城外でみられるが、左岸がまったく海岸に接してないことからみれば、当然である。だが埋葬関係（地上に墓石類を残していない一般的な埋葬）[7]が、左岸以外にみられる点は興味深い。

　また、共通要素のなかで各遺跡の初現年代から考えると、金属器生産では左岸が、動物埋葬では右岸が、武器出土では左岸が古く、他の地域は後出している。

　以上の各考古資料を第3章で述べた出土陶磁の年代観も考慮すれば、18世紀後半までのバンテン・ラーマの変遷、とくに両岸の性格の状態は次のように概観することが可能である。

　　1　左岸スロソワン地区での貿易市場の形成：16世紀前半
　　2　右岸市街地の形成　　　　　　　　　：16世紀後半
　　　　外壁と三市場の形成　　　　　　　　：16世紀後半
　　　　右岸での貴族邸宅の形成　　　　　　：16世紀後半
　　3　右岸と西城外での貿易の盛行　　　　：17世紀中葉〜18世紀

とくに、右岸の形成発展とそれにつづく外壁の築造は、左岸での拠点の成立から遅れて16世紀後半になされた点が、重要である。また右岸の最上流にあたるカイボン地区がすでにその時点で、発展を始めていたことも見逃せない。

2　絵画資料による領域区分

　ここでは絵画資料により、ラーマの都市構造の機能差を検討してみたい。

A　ヒョウトマンの記録　1596年

　1596年にバンテンに到着した最初のオランダ人ヒョウトマンの記録に付された図（図9、生田註1981、Guillot 1990）によれば、各地区のおもな施設は次

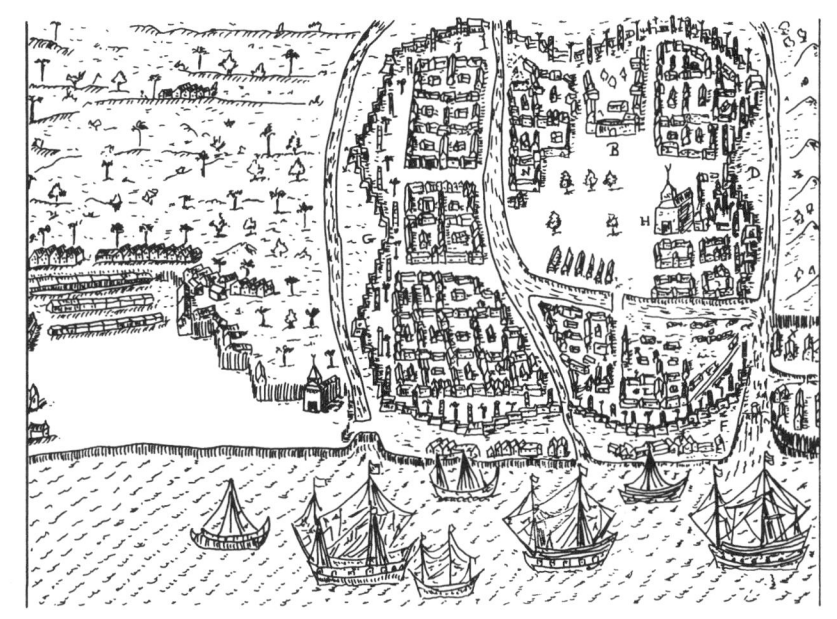

図9　1596年ラーマ図（生田註 1981、Guillot 1990 に加筆）

のとおりである。

　　左岸：王宮
　　　　　宰相 mangkubumi 邸
　　　　　王宮前広場・大寺院
　　　　　武器弾薬庫
　　　　　牢獄
　　　　　通商長官（シャバンダル、クリン Keling 人）邸
　　　　　アンデモイン（クリン人）邸
　　　　　「陸の門」
　　　　　「山の門」
　　右岸：海軍提督 laksamana（クリン人）邸
　　　　　グバン公（副王）邸[8]
　　　　　サッティ・モルク（イタリア系イスラム教徒商人）邸

　　　　宰相の兄弟の屋敷
　　　　将軍邸
　　　　パンジャンシヴァ（クリン人？）邸
　　　　「海の門」
　　西城外：華人街
　　　　　　ポルトガル人街
　　東城外：「第一の市場」

　なお、イスラム教徒を含む「外国人」は城外に住むとされるが、上記の西城外以外は、特定の地域での居住について言及されていない。また、通商長官や海軍提督などの高官に任じられているクリン人とは、南インド出身のタミール人などのヒンドゥ教徒である。

　つまり、民族・宗教にかかわりなく、王国の最高支配階層が城内、とくに左岸に居住していたと考えられる。ただ王国の高官の邸宅のなかで、左岸が宰相と通商長官という文官であるのに対し、右岸は海軍提督と将軍という武官にわかれていることは興味深い。他に右岸は、副王邸と貴族そしてイスラム教徒商人の邸宅の存在が示されている。

　また、王宮前広場は午前中に市場として機能するが、バンテン川に沿うこの広場がイスラム王朝としてのラーマの最初の市場だったと考えられる。それを囲む大寺院と王宮がセットになったものが、イスラム港市国家のもっとも基本的な構成要素である。

　広場のなかには、王とイスラム法官 kadi が立つ二つのレンガ基壇方形石があり、前者がとくに町設計の中心となったといわれている。同様のものはマタラム王国の最初の王都コタ・グデ Kota Gede やマレー半島スランゴール Selangor の王宮遺跡マラワティ Malawati にもみることができる（Abdul Halim Nasir 1990）。巨石文化の残滓の様相がうかがえる。

　なお東城外の国際市場である「第一の市場」の形成は、イスラム港市国家ラーマのなかでは、王宮前広場の市場よりは新しいと思われる。しかし前述のように、現在カランガントゥとよばれるこの地域でヒンドゥ教のナンディ神像が

出土しており、ギラン時代の港がここにあった可能性も十分想定できる。

　この図は、ヒョウトマン一行が帰国後に伝えた記録をもとに、オランダの画家が描いたもので、建物の形などは実際のものとは異なっていることは確かである。しかしジグザクに走る外壁など、観察記録がそのまま描かれた部分もかなり存在すると考えられる。

　上記以外で注目すべき描写は、外壁内側に木製の高い見張り台が数多くあること、木柵が第一の市場と華人街を囲っていること、王宮自体に厳重な防御施設がみられないことなどである。

B　ブロウの地図　1630年代後半

　1724〜26年に出版されたファレンタイン『新旧東インド誌』に鳥瞰図として再録されたこの地図には、詳細なキャプションがみられる。それによれば、この図に描かれた主要な建物と施設は、生田滋の比定（生田 1992）も含めて考えれば、次のとおりである（図10-1、記号と数字はリードの概念図10-2に対応）[9]。

　　城内左岸：A　スロソワン王宮
　　　　　　　B　イスラム大寺院
　　　　　　　C　第二の市場
　　　　　　　D　御座舟収納庫
　　　　　　　E　御座象小屋
　　　　　　　F　王家の大砲14門の収納庫
　　　　　　　G　王宮前広場（王家の休息所や王が民衆に助言を与える場所の聖木がある）
　　　　　　　H　王家の秤量所
　　　　　　　2　トゥメングン Temenggung 邸
　　　　　　　4　王の近親者の大貴族邸
　　　　　　　5　王族のラトゥ・バグス・パンタ Ratu Bagus Panta 邸
　　　　　　　6　バタヴィアの前居住者パトラ・サリ Patra Sari 邸
　　城内右岸：1　副王邸
　　　　　　　3　キアイ・カンガ・パムマン Kiai Kanga Pamman 邸

図 10-1 1630年代ラーマ地図 (Guillot 1990)

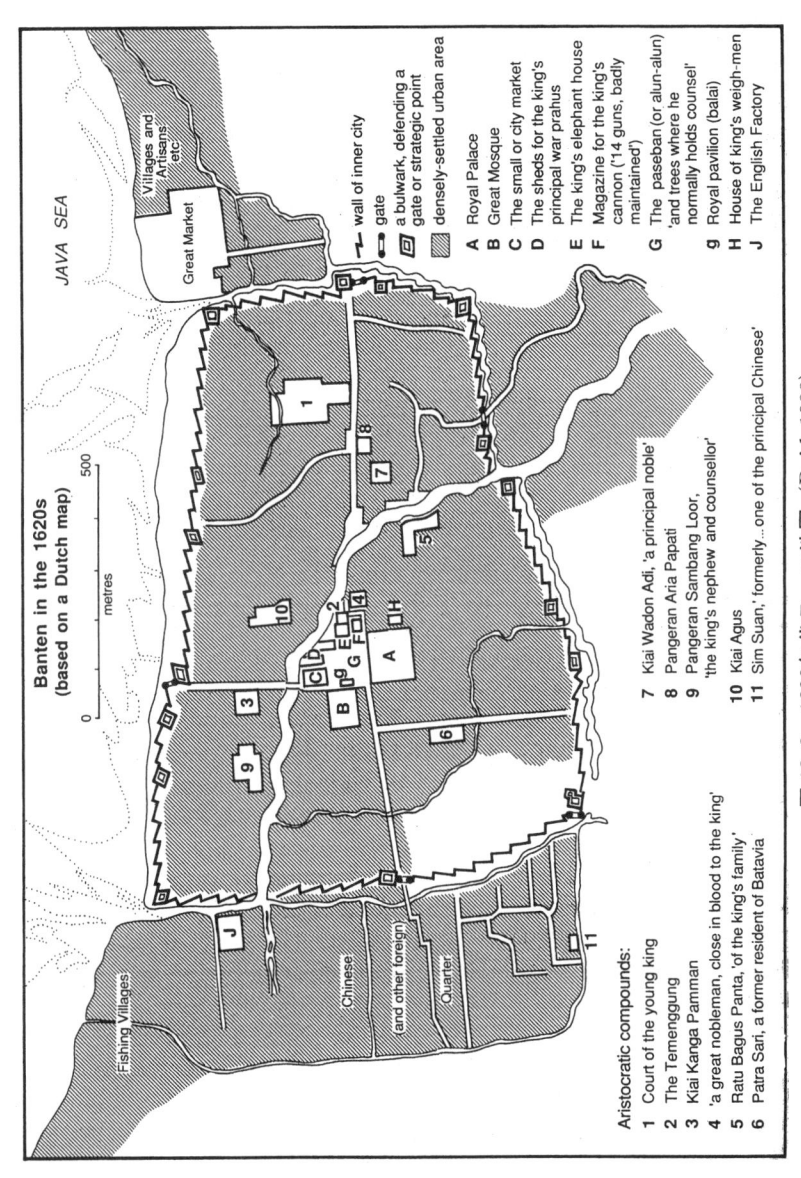

第4章　バンテンの都市構造　141

図10-2　1630年代ラーマ地図（Reid 1988）

　　　　　　　7　重要貴族キアイ・ワドン・アディ Kiai Wadon Adi 邸
　　　　　　　8　パパティ公 Pangeran Aria Papati（王族　最高評議員）邸
　　　　　　　9　サブラン・ロル公 Pangeran Sabrang Lor（王の甥で助言
　　　　　　　　　者）[10] 邸
　　　　　　　10　キアイ・アグス Kiai Agus（故頭目）邸
　　西　城　外：J　イギリス商館
　　　　　　　11　重要な華人シム・スアン Sim Suan 旧邸
　　　　　　華人と他の外国人の居住地
　　　　　　漁村
　　東　城　外：大市場
　　　　　　　職人などの村落

　以上のなかで、赤瓦葺きの建物は、王宮とイスラム大寺院、そして大市場内の施設と広場周辺の王族邸、さらにイギリス商館とされる東城外の市場にある南北に長い建物、また西城外の川沿いの一画（後のコショウ集積所伝承地）にある2棟の建物[11]だけである。その使用には明確な制限があった可能性がある。

　また城内のなかで主要道路に面しているのは、王宮とイスラム大寺院周辺の各王家施設を除くと、左岸では6、右岸では1・3・8である。左岸の4・5はバンテン川に面しており、また西城外のJと11もバンテン川かそこからの運河に沿っている。

　華人街は、おなじ西城外ながら、1596年のときにくらべると、バンテン川の河口から大きく南に移動している。以上の両資料には、王宮広場北側の橋が、バンテン川唯一の橋として描かれている。

　このようなあり方について、リードは次のように指摘した（Read 1988）。
　　繁栄した都市は、家臣とおなじように豊かな外国人貿易商を魅了した。都市の有力なエリートと協力するだけでなく、商業を可能にするような多民族共存が創られる。この多民族共存が王家の政策のもとに栄えることができたとき、それは町の建築に反映された。貴族の邸宅は異なった地域に散在し、それぞれ隣接地域の管轄権をもっていた。それぞれ権力をもった家

臣たちが、王宮を小さく模倣し防衛された区画で生活していた。バンテンでは、この傾向はオランダの地図にはっきり現れている。

また各主要貴族宅は、謁見所とイスラム礼拝所を備えて、王宮とおなじような構造をもっていた記録が紹介されている。それぞれ小権力をもった貴族たちの邸宅が城内全体に散在することを指摘している。それが多民族共存との関係で語られている。

この地図から得られる居住区分は、リードのその指摘のみではやや不十分である。

1596年とこの資料を比較検討した生田滋は、両者の間に左岸のクリン人通商長官邸の場所が王族邸に変化したことを指摘して、「外国人がにらみをきかせるような状況から、『ジャワ人』の王族・貴族がしだいに実権を握るようになった」と考えた。また左岸の性格について、「基本的に国王、王族（およびおそらく王妃の一族）のすむ区域」で、右岸は「貴族のすむ区域」ではないかと推定している（生田 1992）。

基本的にその推定は正しいと思われるが、右岸には副王邸も含めて赤瓦建物がまったくない点は興味深い。また、17世紀初頭に滞在したイギリス人スコット Scot の記録によれば、「この川には潮の満干があるから、満潮時には荷を満載したガレー船やジャンクの類が、この大きな町の中央部までさかのぼることができる」（朱牟田訳 1983）とあり、橋のある中央広場まで商船がさかのぼったことを述べている。

権力者たちの邸宅や王国施設の配置は、かなり綿密な規則性が感じられる。

まず左岸の広場周辺にイスラム大寺院も含めて王にかかわるすべてが集中しているのは、あらためて論ずるまでもなく自然なことといえる。イスラム聖者の子孫を称するバンテン王にとってみれば、イスラム大寺院もその付属的な施設と考えることができる。

これらは基本的にバンテン川そのものに面しているといってもよく、また広場からは西門に向かう道と橋を経て右岸から北門に向かう道の2本の直線路がある。左岸の邸宅は、4・5ともに王族で、バンテン川に面している。その他

の邸宅は、西門に向かう道から別れて南下する直線路に沿った6しかない。6は王族ではない。

一方、右岸でもっとも広い面積を占めるのは、東門に向かう直線路に面した副王邸1である。そしてその他の5カ所の邸宅は、王族が2カ所、貴族が3カ所にわかれ、王族8と貴族3の邸宅は道路に面している。

王宮前広場に主要施設が集中する左岸にくらべ、右岸の邸宅こそが散在している。副王邸は広大であるが単独で存在しており、その意味で他の王族貴族邸宅とはあまり差がない。いずれもバンテン川に面したものはなく、むしろ道路を通じて東城外の大市場や北門からの海岸に指向性があるようにみえる。

もう一つ見逃せない点は、右岸の8から北に向かう道と、7の南側にやや離れて南東門に向かう道である。さらに東門近くから南に向かう道も含めて、いずれも直線路ではないところに共通性があり、そのような非直線路は左岸では見当たらない。前2者は、バンテン川の流路に平行しているような感じがあり、おそらく旧流路に沿って生まれた自然発生的な道と考えられる。

南東門を抜けて南城外へ向かう道を除けば、他の2本は東門へ向かう直線路から分岐している。そのため、直線路形成以後に発達した道と思われる。南東門を抜ける道の場合は、反対側がちょうど左岸の王族居宅5の対岸になっている。やや決定的な材料に乏しいが、はるかに南東にうねりながらつづくことから、これはむしろ川に沿った自然の道が残ったもので、5の設置はそのために生まれたと推定できる。

すなわち、右岸のこのような道は、ラーマ誕生以前からのものが生きつづけながら、新たに非統制的な発展も遂げたようすを現しており、左岸とは対照的なあり方といえる。

なお、ほぼ同時期のスラウェシ南部の港市マカッサル中枢部の状況が、おなじブロウの地図工房によって描かれている（図11）。

海に面してガラッシ Garassi 川と支流の河口の間に王宮などを囲むソンバ・オプー Somba Opu 城がある。全体の雰囲気はおなじ描画タッチであることもあり、かなり似ている。しかし子細に眺めれば、次の差異が認められる。

図11 マッカッサル図（Reid 1988 に加筆）

1　城壁は町の一部しか囲っていない
2　城壁は正方形の稜堡式である
3　城壁内には川が流れておらず水路で内部には入れない
4　城壁内には王家の倉庫がある
5　王宮・前王宮に接する広場とイスラム大寺院は離れている
6　王宮前広場は城壁内道路網の中心になっていない
7　城壁内外には王宮・前王宮以外に顕著な邸宅がない

それに対して共通点も、次のようにみられる。

1　大市場・二つの港・外国人商館は城壁外にある
2　王宮・前王宮自体には堅固な防御施設はない
3　少なくとも2本の道路が城壁の内外を貫通している

以上の相違点をみれば、似たような立地と港市としての性格そして人口規模[12]であるラーマとマッカッサルには、少なくとも防御施設（外壁、城壁）の考え方にかなり大きな違いがあることがわかる。

両者ともに内外へ通じる川や道路の存在から、町の成立時から防御施設があ

写真4　ソンバ・オプー城の城壁

ったとは考えられず、ある程度の発展の後に防御施設が築造されたことは間違いない。しかし、ラーマでは市街地の大部分を外壁で防御したのに対し、マカッサルでは王宮とおそらくその近親者・重臣の居住地のみが城壁で囲まれた。またラーマでは外壁築造後、王宮前広場を起点として4本の直線路がつくられ、城内の都市計画がなされたことは間違いない。だが、マカッサルの城内にはそのような築城後の明らかな都市計画道路は認められない。唯一あったのは、新王宮の建造であろう。

　その差は、築城技術と時期の問題と関係があると思われる。ラーマの初期外壁は、特異なジグザグ走向をとるもので、幅は2m前後で部分的に砲台と考えられる広い場所があるものの、それはほとんど外壁から突出はしていない。全体としては、在地的な起源が想定される技術である。しかし現在も残っているマカッサルのソンバ・オプー城跡（写真4）の城壁は、幅5m以上の厚さをもち、四隅や海側に円形稜堡を突出させ、全体が正方形に近い状態になっている。明らかにヨーロッパの稜堡式築城の影響がある。またラーマの外壁の築城は、この時点より40年以上前である1590年代より古いことは間違いなく、港市としての歴史もすでに100年以上刻んでいる。だが港市マカッサルが確実に対外貿易の重要な拠点としてヨーロッパ人に記録されたのは17世紀初頭である。城壁の築城は港市としての発展後に旧王宮を中心としてなされており、おそらく1620年代ではないだろうか。[13]

　前述のようにラーマでは、城内と城外、また城内の左岸と右岸では建造物のあり方が異なっていた。左岸が王宮とイスラム大寺院を中心に王国の政治的宗

教的中心の施設が集中しているのに対し、右岸は副王邸などの貴族邸が散在し、その延長に城外の大市場や外国人居住地が連なるという構造だった。マカッサルの場合、ラーマの左岸にあたる政治宗教中心部のみが防衛された形で、商業活動部分はすべて城外にあることになる。城内に現在の王宮とならんで残されている旧王宮の役割が何であるかが気になるが、ラーマの右岸の副王邸などとは異なると考えられる。

1630年代後半のラーマは、異なった役割を包括した広大な城内と重要な商業機能をもつ城外で構成されていた。その外壁は、同時期のマカッサルにくらべ防衛能力では劣るかもしれないが、より町の形成にあった構造をしており、境界としての要素がかなり強かったとみることができる。

C　伝承地名　1900年

1900年にオランダ人セルリエルが記録した残存地名と伝承は、次のように区分できる（Serrurier 1902）。

　　左　岸：身分区域——王宮・王宮役人町・兵士町
　　　　　　出身区域——バリ人街
　　　　　　職業区域——織物職人町・金属職人町
　　右　岸：貴族邸宅——ロル公邸・ワンサ公邸・プルバ公邸・マンダリカ公
　　　　　　　　　　　邸・王母宮殿
　　　　　　出身区域——イスラム教徒外国人街
　　　　　　職業区域——漁民町・刺繍職人町・クリス短剣職人町・竹職人町・
　　　　　　　　　　　網職人町
　　東城外：出身区域——外国人街
　　　　　　職業区域——陶器職人町
　　西城外：公的機関——コショウ収蔵庫・税関
　　　　　　出身区域——華人街[14]

この資料は、1810年代のオランダによるスロソワン王宮の破壊より1世紀近く過ぎており、またラーマの人口が急速に激減した18世紀後半からみれば、さらに多くの時間が経過した時点での採集地名である。バンテン川そのものも17

世紀からみれば、大きく流れを変えている。そのため、上記各地名がいったいいつの時点の土地利用を反映しているのかは不明であるとともに、それを18世紀以前における両岸の区分にさかのぼらせることもむずかしい。

そのような前提条件は大きくありながら、単純にこの採集地名と伝承のみを考えると、次のような傾向が感じられる。

　　左　　岸：王宮とそれに直結する支配階級および王宮付随の職人の居住
　　右　　岸：貴族の居住と職人町
　　東城外：外国人の居住
　　西城外：貿易拠点

これらの資料は、時間的変化を検証することはむずかしいが、16～19世紀でのラーマの社会状況が重複して残ったものと考えられる。[15]

小　結

以上の変遷のなかで、なぜ左岸の王宮前広場から右岸の海へ向かう位置にのみ、バンテン川に橋が架けられていたのかが（16世紀末以前）、大きな関心の対象となる。

これまでみてきたように左岸と右岸は均等に発展したのではない。左岸の性格は、古くから存在した市場を基礎として発展した王宮・イスラム寺院およびそれに付随する職人地区といえる。これに対し、右岸は副王を筆頭とする新しく生まれた複数の貴族たちが管理する貿易地区としての役割が指摘できる。

もともとバンテン川はあまり川幅は広くなく、船の大型化や貿易の活発化によって、貿易地は左岸から右岸そして城外に移っていった。その課程のなかで、新興貿易地の右岸をより直接に管理することと、第二の市場＝王宮前広場の役割強化のために、橋を架けて海に向かう道路がつくられたと思われる。

なお城外では、東城外の第一の市場への堀に橋があったことは、1596年の図に記されており、西城外の華人地区への堀には1659年の図に橋が描かれている。

また城内の橋については、船の通行を前提とする「跳ね橋」の構造であったかは、公表されている考古学資料からは判断できない。むしろ、以上のような目的と経緯から考えれば、川ではなく橋の通行そのものを重視した構造であっ

た方が妥当だろう（絵画資料は跳ね橋ではない）。あるいは、スコットが述べたように、船を王宮前広場の場所で止めるための関所的な役割をもかねていた可能性も考えられる（朱牟田訳 前掲書）。

　ラーマのような港市は、当初川の片岸にのみ位置していたと思われるが、一程度の発展段階において、川を挟んで機能の異なった領域が並立するようになる。その川に架けられた数少ない橋は、両者の並立状態を維持しながら結びつける意味をもっていたのではないか。

　この場合、二つの領域を隔てる川とは、外洋性大船の通行とは無関係な狭い川幅であり、そうであるからこそ架橋が可能であった。逆に両空間の機能分化を維持するために、橋の数は少なくされたように思われる。またその周辺が市場であったり屋根付橋として、単純な通行目的以上の構造であったりするのはそのためと考えられる。

（3）　「離宮」の構造

　ラーマ時代最大の政治的発展を遂げたティルタヤサ大王時代（1651～82年）、王都ラーマ以外にいくつかの離宮がつくられた。ギランもこの時期に離宮として利用されているが、何といってももっとも重要な離宮は、ラーマの東20キロの位置にあるティルタヤサ離宮である。大王の通称名ともなったこの離宮について、93年のインドネシア単独調査、そして前述の日本・インドネシア共同の発掘調査の第一次成果（坂井・Naniek 編 前掲書）をもとにして、その構造的特徴を考えてみたい。

1　発掘調査で判明したティルタヤサ離宮跡

　ティルタヤサ離宮は、バンテン地方最大のウジュン川とその東のドゥリアン川の河口近くに位置する。しかし両川に直接沿っているのではなく、両川の河口近くをつないだ運河の中央近くの分岐点にあたる。また17世紀の海岸線までも4キロほどの距離をもつ地点である。

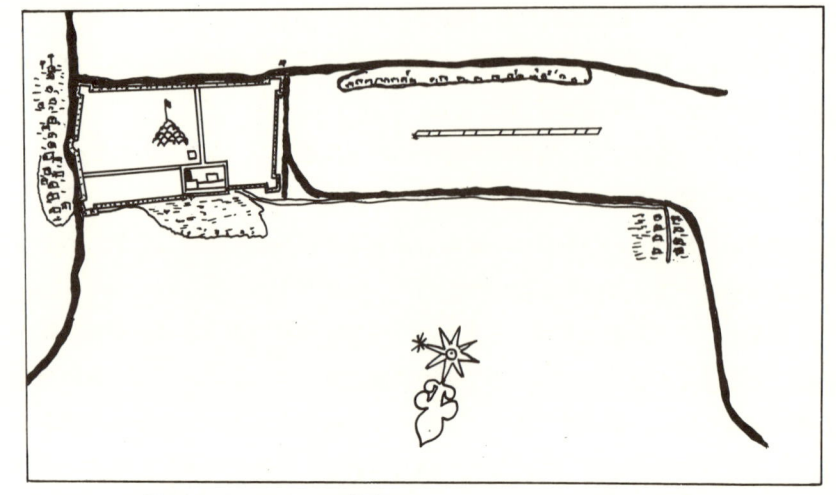

図12　ティルタヤサ離宮スケッチ（Guillot 1990 に加筆）

これまでの発掘調査（P.104 図6）はまだほんの一部がなされたにすぎないが、そのなかで判明したことは、次のようにまとめられる。

A　遺構の特徴

城壁
・北東辺の走向を 60m 以上検出
・城壁構築以前の居住生活の存在を確認

前者は、城壁の規模と位置についての問題である。オランダの残した図（図12）には、長方形城壁（縦横比約1：2.3）の四隅に方形の稜堡、また南東側短辺中央には菱形稜堡が描かれている。残念ながらまだ明確な稜堡の痕跡は確認できていない。

そのため、現状では離宮規模自体も想定できる段階ではない。ただはっきりしているのは、城壁北東辺の走向だけである。

この走向は、現在の「大王の土地」の形状と一致しない。「大王の土地」とは、すでに述べたように現在地元で通称されている離宮跡伝承地である。この不一致は、廃棄後の時間経過を考えれば、それほど不自然なことではない。むしろ発見した走向は南に離れた伝「王道」に類似しており、いずれも二つの川をつ

ないで200m南西側に走る伝「大王の運河」の走向（N45度W）に併せた可能性が高い。また北側と東側に大きな低地が描かれているオランダ図の状況ともおおむね近い。

またこの城壁とラーマのスロソワン王宮城壁の差は、築造時期の違いを考慮すべきである。第2章で記したように、現在残るスロソワン王宮跡の城壁（高3m、最大幅14m、東西282×南北140m）は、1682年の内戦直前にオランダの亡命技術者によって築造されたものがさらに1750年頃に補修されたと考えられ、それ以前のものにくらべ極端に厚くなっていることをみる必要がある。これまで発掘調査で検出された17世紀後半と推定されるバンテン・ラーマ外壁は、ティルタヤサのものとほぼ同程度の厚さであった。

次に城壁の築造時期だが、それを決定するもっとも重要な資料は、LM11調査坑の城壁芯部分下層から出土した1660～80年代の肥前磁器染付鳥文小皿片（図7-3 042）がある。構築時に基礎充填材として入れられた建築廃棄物に混じっていたものである。そのため、上限は50年代以前にはなりえず、また長期間伝世した積極的な証拠がない以上、下限もこの資料の製作年代の幅に入ると考えてよいだろう。またD19・20調査坑では、「大清康熙年製」銘がある景徳鎮磁器染付鉢片（同図007）を検出しており、おなじ年代を指している。

建物跡
・床石をもつレンガ造建物（建物1）を、南東辺中央付近で検出
・建物1には装飾瓦が使われ、内部での多数の上質磁器保管を確認
・建物1の小規模火災による廃棄後、周囲の排水溝での馬の埋葬を確認
・建物1北西50mにレンガ造建物跡（建物2）を確認
・建物1北東30mにレンガ造建物跡（建物3）を確認

建物1が重要な役割をもっていたことは、大量の出土磁器や装飾瓦から明らかである。また建物2の走向も、城壁の走向とは異なっている。なお現在の「大王の土地」区画と同一走向で現存する土塁の性格は、ここでは保留したい。

建物1の使用時期は、出土遺物より1660～80年代であることは間違いない。小規模火災などでの廃棄後、土坑を掘って片付け行為をしている。またおなじ

頃に馬の埋葬を行っているが、馬は決して一般的な動物でないことは注意すべきである。また建物2の調査でも、内部より同様の年代の肥前磁器が出土している。

グヌン・セウ丘

この地上に現存するマウンドについて判明したのは、わずかに平坦な地山上に築かれた人工のマウンドということのみである。オランダ図に描かれた城壁内中央にある旗が掲揚されたマウンドであるなら、グヌン・セウを取り込んだ形で城壁を考えると、全体規模はかなり大きく（約280×250m）なる。

ただ離宮倒壊後この地域には、出土遺物からみても大きな権力が存在したとは考えにくく、このような構造物を築く背景が想定できない。また人工の聖山を王宮近くに築くことは、インドネシア地域では決してめずらしくない。そのため、現状では離宮存続時の構造物の可能性があることのみを記したい。

遺跡の時期

この遺跡の時期については、城壁築造以前（前期）と以後（後期）に大別することができる。まず後期については、上述のように1660～80年代に入ることは間違いない。その終末が1690年代に入ることは、出土遺物の傾向より考えにくい。

次に前期であるが、これも城壁基礎内で発見した肥前磁器染付鳥文小皿片の年代は、同様の1660～80年代であった。前期の中心がこの範囲内にあることも否定することはむずかしい。ただ全体のなかで数は少ないものの、17世紀前半の中国磁器が出土している。これは現状では、積極的に前期の開始年代をさかのぼらせる材料にはなりえない。ラーマのスロソワン王宮での伝世品が搬入されたとみるべきだろう。

このように二つの時期は、1660～80年代の範囲に入ると考えられる。

次に文献からは、以下の点が上げられる（Guillot 1990、浦 1958による）。

  1651年   ティルタヤサ大王即位
  1663～64年 タナラ Tanara 周辺での灌漑事業
  1670～72年 第二次灌漑事業

1675年	日本来航ジャンク（唐船）、ティルタヤサ地名を伝える
1678年	ハジ王、副王として即位
1682年	バンテン内戦　ティルタヤサ陥落

　タナラはティルタヤサ遺跡東7kmでドゥリアン川河口に位置し、ここでの灌漑事業と「大王の運河」開削は密接に関係している。この頃に現在の遺跡地に最初の居住が生まれた可能性がある。ハジ王の副王即位は、大王のティルタヤサ移住を促したできごとであり、城壁の築造はこの時期がもっとも考えやすい。

　以上をまとめれば、前期は1663年頃から78年まで、後期は78年から82年までとすることが妥当であろう。

2　ティルタヤサ離宮の構造と性格

　これまでの発掘調査成果は、まだきわめて小範囲のものでしかない。そのため、本来確定的なことを述べる段階にはいたっていないが、予察的には次のようなことが考えられる。

　ティルタヤサ離宮の構造は、平面的には現在のラーマのスロソワン王宮とおなじ長方形に近い形をなし、四隅などに稜堡をもつ城壁で囲まれた形態であることはほぼ間違いない。この城壁は、珊瑚石灰岩割り石を基礎として、その上にレンガを積んだもので、重要な部分には、珊瑚石灰岩の切石で床面などが形成されている。

　内部には、少なくとも南東側に、装飾瓦を使った建物1があり、そこには上質陶磁器が大量に収蔵されていた。さらに別の建物2と3があった。

　オランダの残した図（図12）には、これらの建物はまったく記されていない。この図にあるのは、北辺中央に沿って長方形の中枢区画があり、そこから南辺と東辺に直線で延びる道路である。また全体のほぼ中央に三角錐の構造物があって、その上に旗が翻っている。

　北側を除いて運河が接しており、東側には隣接する集落が描かれている。また西側では運河に沿って二つの集落がみえる。運河網は、基本的に3本が離宮で交差している。

この図はあくまで略図であり、はっきりしているのは全体の稜堡付長方形の形状だけといえる。そのため、内部の状況は少なくとも上記の構造物があったということ以外は不明である。逆に発掘調査で確認した建物は、この図の空白地にあったと推定できるため、内部はスロソワン王宮とおなじように、いくつもの建物で埋まっていた可能性も考えられる。

この離宮の選地は、後述のように「大王の土地」の南西側に250mほど離れた地点で分岐している運河網であったからといえる。基本的な交通路であるこの運河と離宮の城壁の関係はまだ不明である。この離宮地がいかに新開地とはいえ、大王以下の城壁内居住者だけで生活が完結することはむずかしい。少なくとも大量の肥前などの舶載陶磁器は運河を通って運ばれたはずであり、図に描かれたような運河に沿った地点でなんらかの荷揚げ施設と一般住民や離宮造営にかかわる職人たちの居住地があったはずである。

しかしこれまでの発掘調査では、「大王の土地」から離れると、遺物とくに陶磁器片は、激減している。マウンドであるグヌン・セウの盛り土中にも、一般の生活遺物はきわめて少ない。城壁基礎の芯材に大量の生活廃棄物が含まれていたのとは、きわめて対照的である。

外部の状況を推定する数少ない材料は、南に80mほど離れた地点で中国の銅銭の一括出土がかつてあったこと、そして西に約100m離れた現在のイスラム寺院の地下で古い建物の基礎がみつかったことだけである。

それらは、当然「大王の土地」外の地域がまったく人の生活がなかったわけではないことを示している。だが数少ない発掘調査の成果からみると、生活密度は決して濃厚であったとはいいがたい。少なくともラーマでは、スロソワン王宮がいかに突出した遺物をもっていたとはいえ、王宮以外の調査地でもかなりまとまって遺物のあることは地上に散在する断片でもみることができる。最盛時10万人以上の人口があった都市であれば、それは当然のことである。

しかし、ティルタヤサ離宮の場合は、城壁外に濃密な市街地があった可能性は、現在のところ乏しい。逆に城壁のなかは、面積にくらべきわめて多い上質陶磁器の出土があった。すなわち、その具体的内容はまだ判然とはしないが、

城壁内の生活は陶磁器に限ればスロソワンと同程度に豊かであった。

またオランダとの闘いの一つの焦点であったため軍事的拠点のイメージがあるが、城壁の幅は2m程度でスロソワンにくらべはるかに薄い。発掘調査からは、82年の時点で大規模な戦闘による火災の跡などは確認できなかった。記録でも、海側に4キロ離れたトンクラ Tongkura の砦が陥落した後、大王はただちに離宮を撤退して、内陸の山岳地帯に逃れたとされる。稜堡をもつ城壁はあるものの、それはおそらく一般警備用のものであって、本格的な戦闘行為を想定したものではなかったと思われる。

以上、発掘調査結果を中心にみれば、城壁内はスロソワン王宮と似た政治的かつ経済的な役割が想定できるが、それは基本的に平時を念頭においたものだった。また城壁外は、重要交通路の運河との間で、いくつかの施設が想定できるものの、市街地を形成するまでにはいたっていないといえる。

次に、この離宮の全体的な性格を考えてみよう。

文献によれば、ティルタヤサの建設は周辺平地の農業開発・灌漑拠点としてなされた、とされる (Guillot 1990)。そして大王の移住にともない離宮化した。

しかし、これまでみてきたように前期の建物には、大量の同一種の上質磁器が貯蔵されていた。これは農業開発・灌漑拠点としてのみ考えるなら、きわめて不自然なことと思われる。恒常的でないにしても大王の行幸があり、それにともなう施設群としてみることが自然であろう。

後期には城壁が築かれ、離宮としての外見は整った。しかし、ここへの離宮の選地は、前述のように軍事的要衝であったからではない。運河の走向に城壁の走向を併せたことからも、それまでに築造されていた運河網の中心部であったことに大きな理由が考えられる。

現在も残る運河は、ウジュン川のポンタン Pontan (旧河口から4km) とドゥリアン川のブンドゥン Bendung (タナラの上流、旧河口から7km) の間約10kmを結んでいる。そして途中で2本の海へ向かう運河がわかれており、ティルタヤサの位置はそれらのほぼ中央の海側になる (図13)。またここから南に向かってポンタン上流のウジュン川へ最短で向かう運河も分岐している。ウジュン川

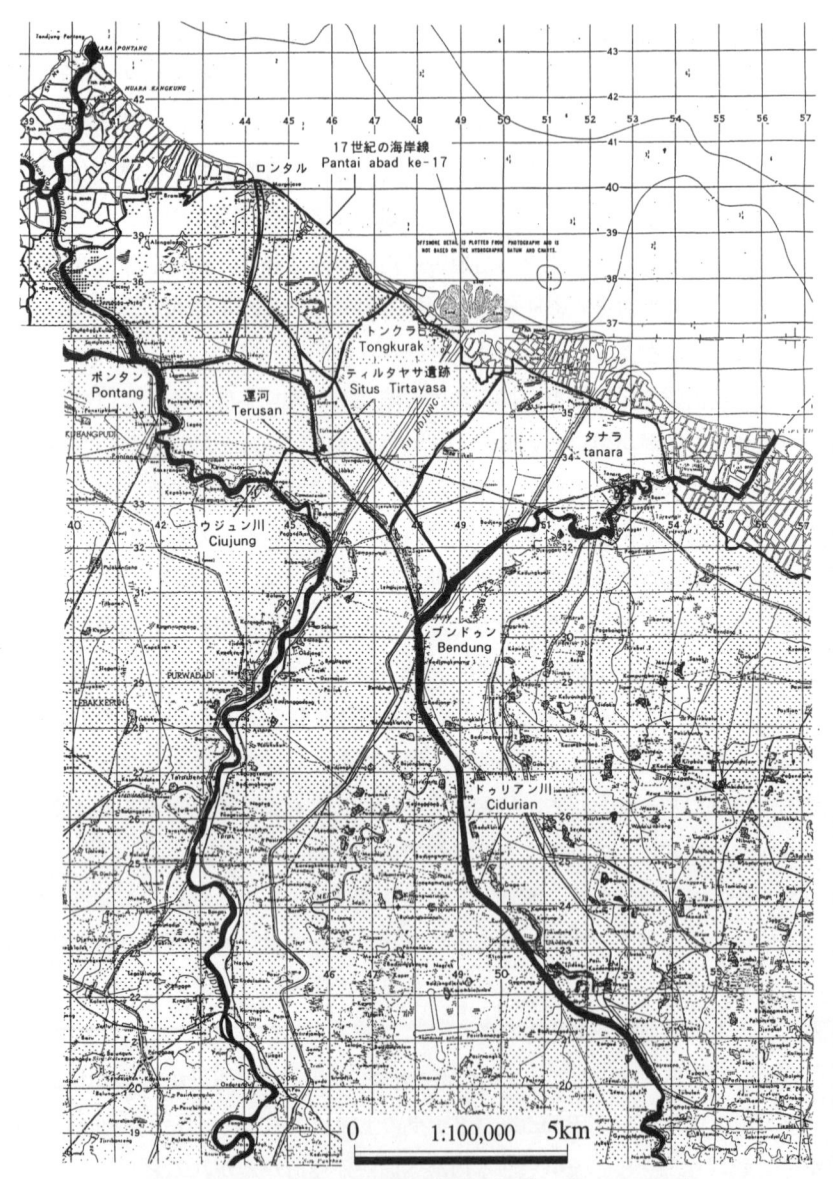

図13 ティルタヤサ周辺運河位置（坂井・ナニッ 2000）

とドゥリアン川は南部のバドゥイ Baduy 山地を源とするバンテン地方一二の大河で、バンテン・ラーマを河口とするバンテン川にくらべれば、はるかに長く、また広い流域面積をもっている。

　河口近くで両者を結ぶことにより、バンテン地方全域に対する河川交通網を管理することができる。また単に両川の最短距離を結んだのではなく、新たに２本の海へ通じる運河を設けたことは、雨季の増水時に不安定な両川そのものの利用よりも、海へのより安定した交通を確保したとみることもできる。

　このように運河網の整備は、単にこの地方の農業灌漑整備ではなく、バンテン地方全域を視野に入れた海上交通との接点を設けたとした方が理解しやすい。船中使用の土器竈の出土からも、それは裏づけられる。長い歴史をもった港市ラーマが、バンテン川が運ぶ土砂の流出によりしだいに港としての条件が劣化していたこととの関係が考えられる。

　つまり、新たな貿易拠点の人工の港として、この地が選ばれた可能性を考えたい。であればこそ、早くからここには大量陶磁器が運ばれており、しかもそれらのなかの少なからぬ部分はトルコ・イスタンブールと同種のものが含まれていた。オスマン帝国までも視野に入れた大王の新たな海上貿易振興政策の中心として戦略的にティルタヤサに拠点がつくられたことが、これまでの調査成果より感じられる。

　もちろん、その貿易拠点が十分整備機能するには、あまりにも早く終焉を迎えてしまったことは間違いない。

（４）　港市の都市構造

　以上のようにバンテン遺跡群の諸遺跡について、その空間的特徴を検討してきた。再度それぞれの特徴を要約してみよう。

　初期のギランはもともと宗教拠点的性格が濃厚であったが、同時期の他港市と同じように貿易の発展のなかで、政治宗教的な中心部を他と区画する必要が生まれ、環濠が形成される。それは軍事的役割よりも境界的な意味の方が大き

かった。このとき貿易港は距離的に離れたラーマにあったが、イスラム王朝の成立とともに、政治宗教拠点そのものが港のラーマに移る。

ラーマは最初バンテン川の左岸だけで完結する構造であったが、やがて右岸まで広がる。そして政治宗教拠点としての左岸と貿易拠点としての右岸の併存が一つの港市を構成するとの意識から、広大な外壁で囲まれた領域が誕生する。両者の併存を象徴的に示すものとして、城内唯一の橋がバンテン川に架けられた。

一方、ラーマ時代の政治的最盛期に築かれたティルタヤサ離宮は、新たな港をも模索して運河網の要地に建設された。その性格は、政治的中枢であると同時に貿易を管理する新しい統合構造を意図した可能性も感じられる。

そのようなバンテンの各遺跡のあり方を巨視的にみるべく、アジア的な視野で東南アジア各地を中心とする港市や政治宗教都市のあり方を、検討してみたい。

1　東南アジア港市の変遷

定義

東南アジアでの近年の考古学調査では、外国陶磁（中国・ヴェトナム・タイ・肥前・ヨーロッパ陶磁）の出土する港市遺跡の調査がしだいに増加している。だが、ほとんどの遺跡ではまだ発掘はなされておらず、地上に残存する遺構を分布地図に落とした例も少ない。

一方、寺院を重要な構成要素とする政治宗教都市が、各地でみられる。やはり発掘調査は少ないものの、港市より全体が図化された例が多い（図14）。

それらの現在の図化資料に加えて、可能なかぎり古地図などの絵画資料の得られるものから判断すると、両者の区分についておおむね次のように定義できる。

>　港市――異文化地域間長距離貿易の拠点としての要素（大量の貿易品・港・異民族の集中居住域・貿易市場・貿易品倉庫施設・運河など）が、他の要素より優先する大集落。河川交通の拠点も含める。

第 4 章　バンテンの都市構造　159

1　ブグンラハルジョ
2　バンテン・ギラン
3　サティンプラ
4　チャイヤー
5　オケオ
6　チアキェウ
7　トロウラン
8　アユタヤ

● 市場　　■ 要塞
▲ 宗教施設　◆ 権力者居館
‒‒‒ 城壁
▩▩▩ 土塁

9　バンテン・ラーマ
10　バンテン・ラーマ
11　ジョホール・ラーマ
12　マラッカ
13　マラッカ
14　バタヴィア
15　マニラ
16　ゼーランディア

東南アジアの港市

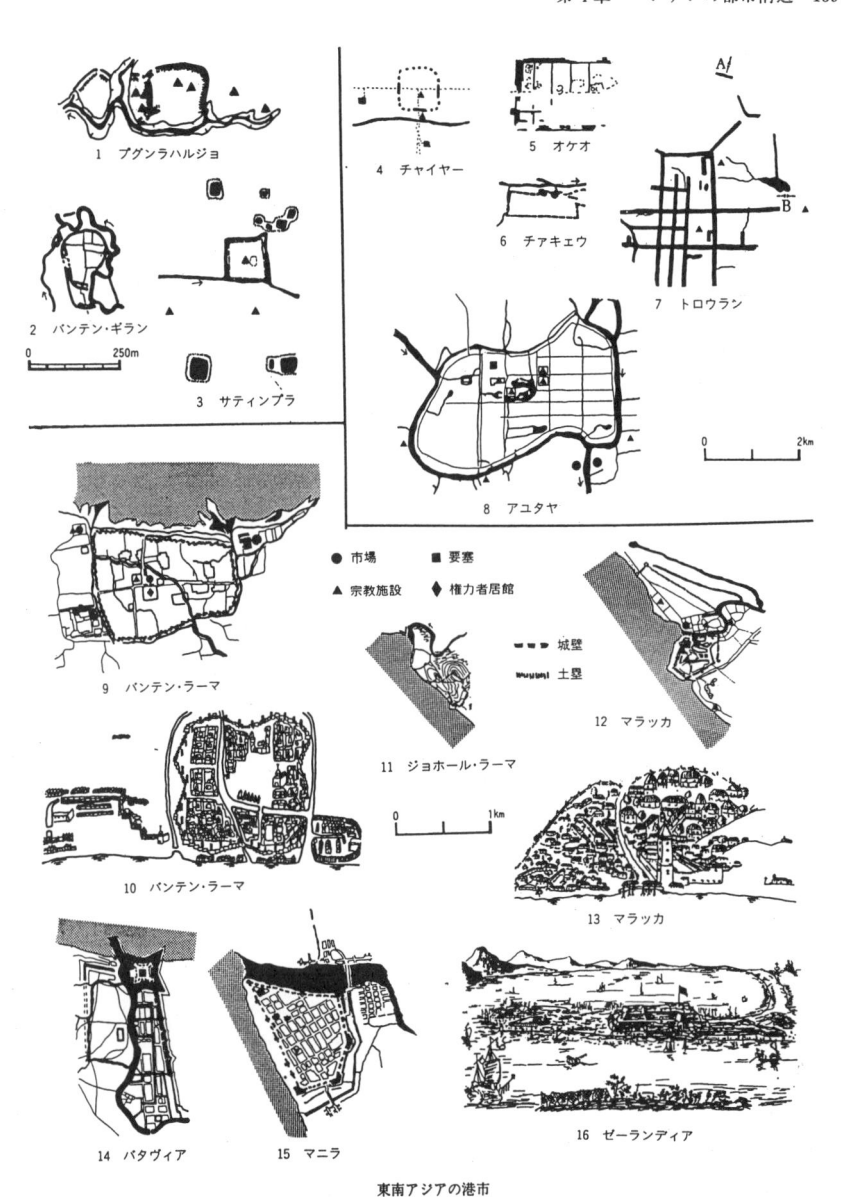

図 14-1　東南アジア港市と政治宗教都市（坂井 1995）

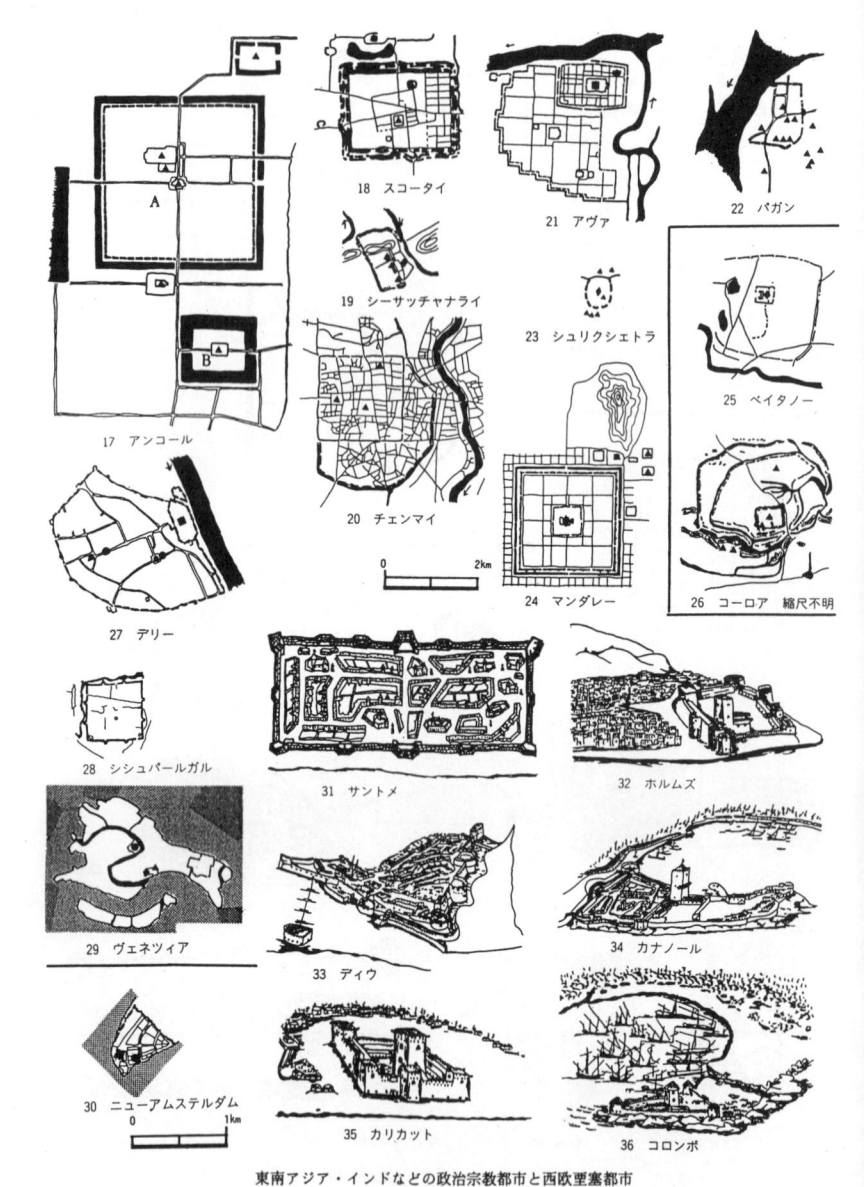

東南アジア・インドなどの政治宗教都市と西欧要塞都市

図14-2 東南アジア港市と政治宗教都市（坂井 1995）

政治宗教都市——単一文化地域内の政治的拠点としての要素（権威的なモニュメント・単一原理による居住域分化など）が他の要素より優先する大集落。内陸に立地することが多い。

ただし資料不足により識別できないものも含め、顕著な貿易品が大量に出土している遺跡はここでは港市として検討した。

A ヨーロッパ人到来前の東南アジア港市

14世紀以前の東南アジア港市は、海上交通の頻度がまだそれほど大きくなかったため、あまり明確な政治宗教都市との差はなかった。また11世紀初頭の南インドのチョーラ、あるいは13世紀末の元など外部からの攻撃もあったが、ヴェトナム北部を除いて恒常的な支配・占領ではなく、戦闘行為は一時的なものが多かった。そのため防衛構造は部分的であり、純粋に軍事的なものはほとんどみられない。

A-1 初期港市

もっとも古いヴェトナム南部のオケオ Oc Eo（2～7世紀）[17]は、ローマ金貨の発見で有名である。ここはインド文化初期伝来国家フナンの遺跡で、低湿地にあり多くの直線形状の運河で外洋に通じている。

航空写真によれば、外郭は幅100mの間に5重の濠と土塁が築かれている。全体の形状は、直線状の長方形（東西3km、南北1.5km）で、中国資料は木柵で囲われていたとする。また内部には、約200mの間隔をとって短辺に平行して運河がならんでいる。濠は低湿地のため、むしろ交通路である運河としての機能が大きい。直線形状は、そのような地形と目的のために自然に形成されたのだろう。

他には前述のサティンプラ、サムドゥラ・パサイが似た立地と構造である。

A-2 政治宗教要素が強い港市

海岸から少し離れた内陸に立地する。

ジャワ島東部のトロウラン（14・15世紀）は、ヒンドゥ・ジャワ最大の王朝マジャパイトの王都である。ブランタス Brantas 川の河口から50キロほどさかのぼった内陸に位置する。同川に直接接しているのではなく、運河でつながっ

ている。

　ここは外部との明確な境界を示す構造物や防衛施設が、現在まで発見されていない。推定北東門跡と東門跡には、レンガ積の塀（幅2m、高3m）がつづく。

　レンガ積の寺院跡などが広い範囲（南北約5km、東西約3.5km）に分布するが、全域を覆う形で縦横に幅広い運河が走っていたことが航空写真で確認されている。主要なものは、南北走向4条（間隔150～600m）と東西走向5条（間隔250～700m）で、おおむねそれぞれの走向は直交に近い。しかし建物跡との関係は規則的ではなく、境界としての機能は考えにくい。

　運河網が巡るが、防御的な濠は防御区画ともに未確認で、存在しないかもしれない。レンガ塀が全体を囲んでいたかも不明である。沿岸部のトゥバン（距離80km）・グレシッ Gresik（距離50km）に対応する政治宗教都市との指摘もできるが、運河と川との連結により外洋世界とのつながりは大きい。王宮跡は、まだ発見されていない。

　ヴェトナム中部海岸のチャキェウ Tra Kieu (6～14世紀)[18]は、インド文化国家最東端のチャムパの初期王都で周囲を堅固な土塁で囲まれている。近くの河口には、防衛構造がみられない港市ダイチエム（後のホイアン）がある。中国陶磁などの舶載陶磁が大量に出土し、トゥボン Tubon 川で外洋に通じている。

　土塁の外面にレンガを貼った城壁（幅6m、高2.9m）で囲まれている。トゥボン川本流と北上する支流との合流点の東側で、本流南岸に接するブウチャウ Buu chau 丘（比高30m）を北辺の中心とする長方形（東西1.6km以上、南北0.5km）の形状をなしている。東端城壁は、鋭角の折で本流に平行して東に延びる。ブウチャウ丘には、レンガ積寺院跡がある。

　チャキェウ自体は政治宗教都市の要素がより強く、城壁は厚く堅固な構造である。だが近くのトゥボン川河口左岸には防衛構造がみられない同時期の港市ダイチエムがある。また上流には宗教センターのミソンが近く、三者で一体の関係があったと思われる。

　全体として、内部にやや堅固な区画施設がみられる場合が多いが、宗教施設（権力者の墓の可能性大）は区画外にも分布している場合が多い。そのため中心

部は厳重に防御されていたのではなく、むしろ外界と象徴的に区分されていた感じが強い。

ギランあるいは前述のプグン・ラハルジョまたラジャ・ブルシウンなどは、当然このなかに含められる。

B　ヨーロッパ人到来後の東南アジア港市

15世紀頃から、恒常的に多くの船が出入りする港市が発達する。そのなかでやがて16世紀初頭のヨーロッパ人の到来をもって大きな変容が訪れた。彼らはそれまでの外来者と異なって、武力による征服を行ったからである。それ以前とは比較にならないほどはげしい緊張関係が生じ[19]、この地域の港市社会そのものが物理的に変容を遂げざるをえなくなった。

B-1　発達した在地系の港市

全体をなんらかの形で囲う例が多い。

タイ中部のアユタヤ（14〜18世紀）は、外洋に通じる大河チャオプラヤーと支流パサック Pasak 川の合流点に位置し、外国人居住域がはっきりと分離している（千原 1982、岩生 1966）。

1690年および1764年頃の地図によれば、全体は二つの川の合流点の自然地形に沿う中央がくびれた楕円形（東西約4km、南北約2.5km）でレンガ城壁が巡っている。城壁外に接する川の下流沿岸に外国人居留地区が連なる。東西南北に直交する直線状の道路そして運河が走り、ワット・シー・サンペット Wat Si San Pet 寺院など多数の寺院がある。王宮は石造壁に囲まれて北側のチャオプラヤー川に面した部分に位置するが、運河は王宮を取り囲む形にはなっていない。北東隅にある離宮と運河の関係も同様である。川に沿って全体を城壁で囲んでおり、一見すると堅固な防衛構造のみに感じられる。しかし城内には川とつながる数多くの運河が走っており、川はあくまで交通路としての意味が大きい。

天然の広い要害のなかに囲まれているが、川に面して王宮が位置し、町のなかでは中心あるいは隔絶した構造ではない。寺院群も非規則的な配置である。外国人地域は防衛の対象からはずれている。

マレー半島最南端のジョホール・ラーマ[20] Johor Lama は、ポルトガルに占領された後にマラッカ Malaka 王国の残存勢力が築いた16世紀の港市である。

外洋に近いジョホール川に接する西側以外の三方に土塁が巡るコタ・バトゥ Kota Batu（北西・南東側 400m、北東・南西側 270m）と、その北側に位置する防衛施設のない狭義のジョホール・ラーマにわかれる。

コタ・バトゥの土塁線は高低差が小さい（350mの距離で20m）丘陵の起伏と一致せず、直線状に走っている。全体形状は、いくつかの大きな折とやや複雑な突出を各方向にみせている。南端の岬部分と北西側の高所（高約10m）の折は、方形の稜堡の形態をなしている。

発掘調査された前者は急勾配の岬の崖上にあり、土塁（上幅3m、底幅10m強、高1.7m）に囲まれる。土塁内部で確認した石垣（幅2m、高1m）は、旧地表から0.5mほど掘り込んで両側に切石を積み、内部に礫を充填し、さらに1.2mほど盛土している。王墓が、このコタ・バトゥ郭内に残っている。

バトゥ岬は展望良好で、戦闘拠点の郭として築造された。稜堡と複雑な折をもつ平面形は、大砲使用を前提としている。コタ・バトゥとジョホール・ラーマは政・経の機能分離を示している可能性もあるが、同時期のマラッカで成立した支配者ポルトガル人の居住する要塞内郭と被支配者在来社会の外郭との同心円構造からの影響も否定できない。

ヴェトナム中部のホイアン（17、18世紀）は、幅広いトゥボン川の河口近くの左岸にある（菊池他 1997）。合流する支流には橋がかけられ、町が延びる。

中心部は外国人の居住域で、防衛施設の存在はまったくはっきりしない。また中心的な宗教施設も顕著ではない。政治的実権者のグエン Nguen 氏の統治機構はこの町のなかにはなかったようであり、外国人の自治的な管理で動いていたのかもしれない。

チャムパ時代の港ダイチエムとの関係も断絶があるようで、グエン氏治下の17世紀初頭に突然成立した感じがある。なお北東から来航する船は、トゥボン川河口から直接入ってくることはなく、北に離れた後のダナン Danan からのバックウォーターを経由してくる点に特徴がある。

ラーマそしてアチェやマカッサルは、この分類のなかに含められる。

B-2　西欧要塞系の港市

　マレー半島西海岸のマラッカ[21]（15～17世紀）は、在地系港市の典型だったはずだが、現在ポルトガル占領以前のマラッカ王国時代（15世紀）の状況は考古・絵画資料ともに不明である。ポルトガル占領後、要塞の防衛を町全体より優先させ、防衛施設の中心のマラッカ丘に宗教施設を集中させている。町はマラッカ川を挟んだ両岸で構成され、両者をつなぐ橋に政治経済的に大きな意味があった。

　1550年頃のスケッチでは、マラッカ川を挟んで両側に市街地があり、屋根付きの橋が河口にみえる。河口の左岸に5層の塔をもつ方形の要塞が大きく描かれ、町全体は木柵で囲まれている。1600年頃には、マラッカ川左岸のマラッカ丘周辺が平面五角形の土塁（海側）と石造城壁（陸側、高約5m）で防衛されるようになった。1550年段階と異なって、丘全体を含む広い地域（東西最大約450m、南北最大600m）を囲っている。屋根付きの橋で結ばれた右岸地域は、長大な二重の濠と土塁が築かれていた。

　旧海岸に接するマラッカ丘の上に、ポルトガルが築いた聖パウロ St. Paulus 教会の廃虚が残る。その内部にはポルトガル要塞司令官や最初のオランダ長官などの墓石が残っている。丘の麓の川に面した部分には、ポルトガルの要塞を壊して17世紀後半に建てられたオランダ政庁建物がある。

　要塞と町の防衛が別個であり、川によって分断され橋によって結ばれた二つの町があった。マラッカ王国時代には、左岸はより政治的、右岸がより経済的な性格をもっていたと考えられる。マラッカ川の上流にはなんら後背地はなく、この川そのものは商業ルートとしての意味はほとんどなかった。

　スペインの拠点フィリピン、ルソン島のマニラ Manila（16世紀以後）は、スペイン人の居住する市街地大領域を堅固な城壁・濠で囲んでいる（岩生 1966）。一方、防衛されていない城外のパッシグ Pasig 川対岸に華人を中心とする商業地があり、そこに橋がかけられている。

　1671年の地図では、川の河口左岸に築かれた、海岸と川の流路に沿った多角

形の城郭（南北1350×東西650m）が町の中心になっている。城壁は多くの稜堡をもつ堅固な状態で、内陸側には城壁の外側に川から海までつなぐ濠が掘られている。

パッシグ川と海の合流点にあたる城壁の鋭角先端は、後にさらに濠で区分されて、内郭としてのサンティアゴ Santiago 要塞になった。そこから遠くない一画に広場があり、カテドラルと総督官邸が面している。

このイントラムロス Intramuros とよばれる外郭城内から濠を隔てた東側の川縁に細かく街路が区切られた一画がある。これが商業地域の華人街パリアン Parian で、またそこから川の対岸のやや小さな町並みに向かって橋がかかっている。1770年頃のスケッチでは、町のすぐ南の城壁外に停泊地の町並みがある。また対岸の砂嘴状部分の先端は、城壁で本土と分離されたカビテCaviteの町である。そこには海側に砲台があり、中央に方形大型建物がみえる。

このようにマニラは、スペイン人が居住する市街地大領域を堅固な城壁・濠で囲んでいる。港を形成する入り江対岸も防衛されている。城内の権力者居館への防衛施設はみられない。一方、防衛されていない城外に華人を居住者の中心とする商業地があり、そこに橋がかけられている。城内と城外は並立した感じがある。

対照的なのが、インドネシア、ジャワ島北海岸バタヴィア（17、18世紀）である (Heuken 1997)。このオランダの拠点は、要塞の建設が出発になっており、その要塞外側に外壁を設定し、それが華人を中心的な居住者とする市街地の形成を促している。

1628年の地図には、チリウン Ci Liun 川の河口の右岸に稜堡をもつ四稜形（一辺250m）の要塞がある。要塞濠（幅約80m）から直線で1.3km南下する濠と、川の間に囲まれた細長い部分（最大幅550m）が市街地をなしている。内部には直線状の運河（幅10m弱）が縦横に走り、東側の濠の内側には稜堡をもつ外壁がみえる。

18世紀代建設のオランダ東インド会社総督官邸・倉庫そして港監視塔などの外壁内施設が、現存している。沖合いのオンルスト Onrust 島は、商品積替基地

だった。

　初期地図には、チリウン川左岸のオランダ占領以前のジャヤカルタ Jayakarta 町跡地に、濠を掘って新たな市街地をつくる計画線が描かれている。まもなくそこはやはり外壁で防衛された市域になった。要塞の建設が出発になっており、その要塞外側に防衛ラインを設定し、それが市街地の形成を促している。また川の片側から両側に発展している。

　小領域の権力者居館を厚く防備したものはヨーロッパ人権力下に成立し、それが発展すると広大な外郭内に堅固な内郭要塞がある同心円構造になる。マラッカやマニラは、基本的に西欧人居住領域のみを厚く囲っているが、バタヴィアそしてやはりオランダ拠点であった台湾のゼーランディア Zelandia では、[22] 華人を居住者とする商業領域も防御している。

C　東南アジアの政治宗教都市

　大陸部の内陸に立地し、大規模なものが多い。宗教センターの要素が強い聖都系と商業要素が比較的目立つ商都系に大別できる。

C-1　聖都系の都市

　カンボディア北西部のアンコール Angkor（9〜15世紀）は、もっとも典型的な聖都である。たびたび場所を変えて造営された中心大寺院が、正方形を基調とする広大な面積の都城構造の起点になっている。12世紀前半に建立された最大の中心寺院アンコール・ワット Angkor Wat（濠内南北約0.8km、東西約1km）は、都城同様のあり方をしている。

　広大な正方形（一辺3.5〜4km）の城郭の中心に、王の墳墓をかねる大寺院を配置する構造である。城壁は切石造（高8m）で、濠は現存する第Ⅲ期のアンコール・トム Angkor Tom（幅約130m）、そして第Ⅱ期の城外の寺院アンコール・ワット（幅約200m）ともにかなり幅広い。ただ巨大なトムの濠は浅い。

　トムに残る王宮跡は中心寺院バイヨン Bayon の北西側に位置し、それほど堅固な防御施設をもっていない。アンコールは全体が巨大な宗教モニュメントと考えられる。

　タイ北部のスコータイ Sukhothai（13〜14世紀）は、[23] アンコールと同様に中

心部に位置する大寺院が長方形区画城域の起点になっている。内部には走向が異なるが、やはり長方形になっている半分の規模の古い区画が残っている。

　直線的な三重の濠と土塁に囲まれた、長方形の形状（東西2.1km、南北1.5km）である。土塁の四辺にはそれぞれ馬出し状の突出した門があり、各辺の走向はほぼ方位に沿っている。内部の中心には仏教寺院ワット・マハータート Wat Mahathat があり、その東には王宮跡がみられる。両者の周辺には、規模が2分の1で主軸がずれた旧城郭の跡と思われる長方形区画がみえる。

　ミャンマー北部のマンダレー Mandalay（19世紀）[24]は、仏教聖山の独立丘陵の南西麓に、濠（幅36m、深1.8m）とレンガ積の城壁（高4m）により区画された完全な正方形の都城（一辺約2.2km）である。内部の中央には、面積が外郭の9分の1になっている正方形の王宮跡（一辺約700m）が残っている。外郭城壁の各辺には均等な間隔で3カ所の城門がみられ、各城門の上と城門間そして四隅の対称的な位置に合計48カ所の木造望楼が設置されている。

　中心部に位置する寺院的な王宮が都城構造のすべての起点で、全体が王宮を中心とする四方対称構成になっており、内部に寺院がないことも含めて、千原が指摘するように、王そのものを宇宙の中心として崇拝の対象とする思想を現して計画された構造である。

　これら聖都系の都城は、方形規格を重視しており、中心部に宗教施設を配し、四方対称を機軸とする幾何学的な構成を徹底して現している。城壁・濠をもつものの実際の防衛的機能は低く、むしろ曼陀羅空間の境界の意味が大きい。古代インドのシシュパールガル Sisuparlgarh[25]に由来するが、他にもタイ北部のチェンマイ Chiang Mai[26]があり、19世紀後半のマンダレーまで継続して存続している。

C-2　商都系の都市

　ミャンマー北部のアヴァ Ava（14～19世紀）[27]は、王宮を構造起点とする長方形の内郭がエウラワーディ川左岸に接している。新しく造営された感じの外郭は屈曲構造で二つの川をつなぎ、内郭は外郭の縁辺にあたる。

　北側が西流するエウラワーディ川本流、東側が北流する支流に接している。

全体の形状は隅丸長方形（東西約3.5km、南北約3.0km）に近いが、西側と南側を区切る濠と城壁は特徴的なジグザグ走向をしている。内部の北東隅には、濠と城壁で囲まれた長辺がやや膨れた長方形（東西約1.0km、南北約0.5km）の内郭があり、その中央には王宮跡が残っている。

外郭と内郭はかなり平面形が異なる。東辺が不統一の外郭が、内郭より新しいと思われる。

インド内陸のデリー Delhi [28]と似た川に接する非同心円的な二重の堅固な多角形形状は、王権の確保と市場空間の防衛をあわせた機能と考えられる。王宮の防衛を除けば、発達した在地系港市と共通するものがあり、河川交通上の要地に位置することに意味がある。近隣のパガン Pagan [29]（11〜13世紀）やスコータイ近くのシーサッチャナライ Sri Satchanalai [30]（13、14世紀）にも、似た構造がみられる。

2　東南アジア港市の構造

A　宗教施設と市場の役割

ヨーロッパ人来航前の初期港市は、基本的にどこでも宗教施設があると同時に活発な貿易施設がみられる。宗教施設の位置と防衛区画は一致せず、中心位置にかならず大規模な宗教施設のある政治宗教都市とは大きく異なる。

発達した在地系港市に、この地域の港市の本質をみることができる。すなわち、多民族宗教を基本として、防衛区画のもっとも中心的な場所に最大規模の寺院が建てられている。多民族宗教の施設は、すべての同一信仰者に開放されて、各地からの貿易船が入りやすい要素となっている。そのため、防衛区画の設置と寺院の建設は、ほぼ同時と考えられる。堅く防備された強権的な権力者ではなく、開放的な宗教権威が市場取引の自由を保証していると考えられる。

港市の防衛は、初期港市の防御形態から類推すると、宗教権威によって保証された貿易市場の区画を示しているのではないだろうか。もちろん、貿易取引で生まれた富の防衛の意味もあわせているが、この地域の港市は共存を前提として存在しているため、いちじるしく排他的な防衛構造にならないと思われる。

B 港市と政治宗教都市の変遷

ヨーロッパ人来航前の群島部港市は、小規模（15ha以下）な中心部のみをおもに楕円形の濠で囲っている。政治宗教都市は、聖都系ではきわめて規格的で大規模（100ha以上）な方形領域をなしている。これは、インドのヒンドゥ・仏教文化からの強い影響が考えられる。

ヨーロッパ人来航前に、貿易の拡大にともなって発達した在地系港市が成立する。しかしインドも含めた政治宗教都市と異なって、王宮の防備は薄く、港市全体の防衛施設もそれほど堅固でない。デリーなどに影響されて生まれた商都系の政治宗教都市は、軍事的な要素が発達し、王宮の防衛を強調している。ただ後代になっても聖都系の政治宗教都市は残っている。

ヨーロッパ人来航後、各地で西欧要塞系港市が生まれるが、権力者居館の防備（要塞内部）の点で、発達した在地系港市とは大きく異なる。だが、ヨーロッパの伝統港市ヴェネツィアは脆弱な防衛施設と非防備の権力者居館に特徴づけられており、発達した在地系港市と類似している点は興味深い。

この地域の港市国家の武力行使は、中央集権的な統一ではなく、共存が前提の新規の優劣序列を求めていた[31]。また要塞化されない権力者居館は港市社会内部に決定的な階層差が大きくないことを示している。それはヴェネツィアの「共和制」と通じるものかもしれない。

C 二重機能領域の並立

貿易機能（市場）と政治機能が空間的に分離し、その両者が組合わさって一つの港市を構成するものが多い。近距離にあるものはラーマとギラン、サムドゥラ・パサイ、チャキェウとダイチエムなどであり、遠距離にある場合はプグン・ラハルジョやトロウランなどが相当する。

ところが空間的に両機能領域が接合される例が、発達した在地系港市でみられる。マラッカやラーマなどである。外見的には同一の港市の部分とみがちだが、それぞれの防衛方法は異なり独自の背景でなされている。この二重機能領域を包摂して外見的に似ている西欧要塞系港市では、両領域が対立的な関係にある場合が多い。

いくつかの港市でみられる橋の意味は、交通路としての川、停泊地としての沿岸、そして貿易活動中心地点としての存在を示している。少なくとも川を防衛構造と考えるなかでは、生まれない施設である。二重機能の領域は、マラッカなど川で接している場合があり、そこでは橋が両者を結合するさらに重要な役割をもつ。中心部分に最大規模の宗教施設があるが、それは堅固な防衛施設をもたない開放的な性格をもっており、また近接地に重要な市場を併設する。同様に権力者居館もほとんど防衛されない。

また貿易機能と政治機能が空間的に分離しながら、同一の都市社会として構成される二重機能領域の並立状態がみられる。この場合も政治機能領域にみられるものは、貿易機能領域にくらべ相対的に堅固に防衛された権力者居館があることは確かだが、それは政治宗教都市にみられるものとははるかに異なった非幾何学的なあり方をしている。

あくまでも方形規格の同心円的構成に徹したアンコールと、まったく中心点が定かでないトロウランをみれば、それは明らかである。そこから、港市社会での政治機能の意味、すなわち絶対的な王権とは合わない社会であることが感じられる。

D 他地域港市との類似性

港市の二重機能は、決して東南アジアのみに特有の現象ではなく、海上貿易の拠点に発生する一般的なことである。ヴェネツィアでも政治領域のサンマルコ地域と貿易領域のリアルト地域の分化が存在する。ただ世界貿易の中枢に絶えずあった東南アジアでは、より普遍的な形で二重機能領域分化が生じた。

日本では、鎌倉段階ですでに生じていた港市機能の分化は、その後より深くアジア規模の貿易体制に組み込まれたなかでさらに深化し、そして東南アジア的な防衛施設を有するようになったと考えられる。

典型的な日本の港市である博多・堺・長崎の濠は、いずれの戦乱の場合も軍事的な優位性をもったことはなかった。にもかかわらず「自治」的な性格をもち、しかも軍事的な緊張のなくなった近世前半まで残っていた。そのため濠の存在意味は、外部勢力から商業的に自由な領域を示していると考えられる。そ

して長崎での政治中心部で奉行の支配する内町と、経済地域であり代官の支配する外町の分離にみられるように、二重機能分化もこれらの港市では発生していた。

　琉球の場合、アジア貿易に参入した段階ではまだ防衛施設が一般化する以前であった。そのため、機能分化のみが先鋭的にみられる。

　那覇港入口から、前方に高く首里グスクが遠望される。おなじような垂直景観は、牧港からの浦添グスク、あるいは麓の港からの勝連グスクや今帰仁グスクでもみることができる。港市から入った交易品は宗教的色彩の濃い支配者の居所であるグスクに運ばれているが、そのようなグスクは多くが港の間近の高所にある場合が多い。

　典型例としての那覇・首里をみてみよう（首里城研究グループ 1998）。

　潟湖漫湖に延びた砂嘴内側に形成された那覇では、湾口右岸の港施設である唐船グムイとやや内陸側の久茂地川河口の市場が注目される。漫湖中には重要な貿易品の収蔵施設である御物グスクがあった。市場周辺には前身が公営取引所と推定される市中行政機関の親見世と天使館、さらに二つの天妃宮がならぶ。天使館は進貢貿易を進めるうえで重要な意味がある中国使節の迎賓館であり、天妃宮は貿易外交実務を担った帰化華人地区久米村の宗教施設媽祖廟だった。

　防衛施設としては、湾口に二つの砲台三重グスクと屋良座森グスクがあったが、これは活発な海外貿易活動が終わりかけていた1553年以降に設置されたものである。対照的に御物グスクは15世紀中頃には成立していたが、18世紀初頭には機能を喪失していたといわれる。

　那覇から5キロ離れた首里は、政治主権者琉球王の居館であると同時に最高神官聞得大君がいる宗教的な拠点でもあった。城壁が二重にめぐる最大規模のグスクであるが、城内でもっとも古くまた深く囲われているのが「京の内」である（金城亀信 1999）。そこが陶磁器の大量に出土した聖域であることからも、軍事的機能よりも祭祀聖域機能の方が大きかったと思われる。

　貿易を盛んに行っていた頃の那覇では、重要な貿易品収蔵施設のみが防衛されていた。おなじときに高所に離れた国王の居館＝首里でもっとも厳重に囲わ

れていた場所は、宗教的聖域であった。このことは、多くのグスクと港との関係でも似ていたに違いない。

一方、中国南部の沿海地方には、9世紀頃から多くの港市が栄えた。浙江省の寧波(ニンポー)・乍浦、福建省の福州・泉州・安海・厦門(アモイ)・月港、広東省の汕頭(スワトウ)・広州そして台湾の安平(アンピン)などである。物的な港市要素の検討を行える泉州をみてみたい。

宋元代に中国最大の貿易港として栄えた泉州は、泉州湾に注ぐ晋江の河口近くの左岸に位置する（伊原 1993）。ここには、それぞれ唐代と宋代に築かれた二重の城壁がある。平面的には内側の唐代城壁（子城）が長方形になっているのに対し、4倍以上の面積を囲う宋代城壁は自然地形にあわせた三角形に近い形状になっている。もっとも興味深いのは、宋代南側城壁の外側で晋江岸の防潮壁（南宋1230年建造）の間に挟まれた地域が、商業地区と考えられている点である。

二重の城壁はまったく考え方を異にして築かれているが、港市泉州の核心部分と思われイスラム教徒など外国人が居住した商業地区「番坊」が、さらにそれらの外にある。宋代以降の港市的発展が、城壁の枠を飛び出すものであったことをうかがわせる。ただ、貿易を管轄した市舶司を除く権力機関の大部分が宋代においても子城内にあったことは、この町が都市構造としては単純に東南アジアの在地的な港市といえないことも示している。なお灯台の役割をはたした六勝塔が町からかなり離れた泉州湾入口にあり、南宋外洋ジャンクが発掘された后渚も含めて湾全体が港要素をもっていたのだろう。

以上のような各地域のあり方が共通するのは、それぞれが単独で成立したものではないからである。長距離の異文化地域間の貿易が前提の港市であれば、貿易機能が大きくなるのは当然であり、またその地の支配者の強権性がなるべくみえないほど、外部からの貿易船は入りやすくなる。ネットワークとして存在することが前提であるため、自然に共通する緩やかな性格が生じたことと考えられる。

そのような港市の性格のもっとも典型的なものが、東南アジア港市の政治機

能領域と貿易機能領域の複合並立構成である。政治宗教都市では、貿易あるいは商業機能領域はあくまで政治機能領域に従属したものにすぎないが、港市では同格に近い状態である。

　ラーマでの中心部（左岸）と貿易領域（右岸）の併存隣接が、その好例である。

　このような関係は、従来漠然と「首都」と「外港」として認識されていた。その定義と意味はかならずしも明確ではないが、これまでみてきたことからいえば、むしろそのまま政治宗教都市と港市の関係に置き換えられる。そしてそれは前者が後者を支配する関係である。

　しかし、ここで言及した二重機能領域とは、港市内部に存在する要素を意味する。それは距離的に離れた場合も存在しており、基本的には両機能空間は対等に近い関係である。

　防衛施設の点でみるなら、もともと政治機能領域に簡単なものがあるだけであった。しかし東南アジアでは発達した在地系港市段階にいたり、貿易機能領域も防衛するようになる。それは、ヨーロッパ人勢力の到来により、貿易関係が日常的に緊張状態に直面したためと考えられる。

3　ラーマの都市構造の意味

　第2章でみたようにラーマには多くの絵画資料があり、全体の発掘調査成果が公表されていない現段階では、ラーマという港市の全容を理解するにはもっとも便利な資料である。もちろんそのすべてはヨーロッパ人が描いたもので、かならずしも完全に製作時点の港市ラーマの状態を忠実に現したわけではない。また既述のように編年的な取り扱いにも注意を要する必要がある。

　本章ではこれまで、1596年および1630年代後半の地図を用いて、ラーマという港市の性格、とくに両岸および城内城外の機能の差について論じてきた。これは両者が歴史的変遷をたどるうえで、二つの利点をもっていたからである。一つはいうまでもなく、製作年代の古さで一二の位置を占めていることによる。またもう一つは、公刊されている資料のなかでは、それぞれの図に記された注

記がもっとも豊富だったことが理由である。通常、ラーマを示す地図が圧倒的にこの両者であることも、そのような要因が大きい。

しかしそこにとどまったなら、本書が論究課題とする18世紀の状況に、都市構造の点から接近することはむずかしいことは多言を要しない。そのため本章のまとめとして、1659年および1759年の地図から読み取れるラーマの特徴について記したい。

1659年のラーマ

この地図（図15-1）は、ギオーによればバタヴィアの当局者が作成した軍事情報図とされる。たしかに1630年代後半のブロウの図にくらべれば、きわめて単純な描写であり、描かれているのは外壁の形状、王宮など王国中枢部の位置、そして道路・川である。

そのように限定された描写ながら、ブロウ図とくらべて、次のような明白な差異が読み取れる。

1　左岸南側が１キロ近く新たに城内に取り込まれた
2　右岸の３分の２および左岸拡張部分の外壁が直線状に変化した
3　東西城外の海側に外壁が築かれる
4　高官の居宅が新たに王宮東側２カ所と右岸の橋際に設置される

１は当然、この時期の人口増加に対応する処置であろう。しかしそれが左岸でなされており、しかもすでに1630年代後半には華人街があった西城外の方向には及ばず、荒地になっていた南側に延びたことは興味深い。つまりすでに存在していた華人街の市街地を城内に組み込むのではなく、新たな市街地を王宮に直結する地域につくったことになる。

また４も同様に、王権強化に直結する家臣団の形成との関係が想定できる。２と３は、もちろんこの時点でつづいていたオランダとの戦争にかかわる防御施設の改造であり、これまでの外壁と新しい城外の外壁は、軍事的意味が全面的にもたらされたことになる。実際、現在もスピルウィク要塞跡のなかに残る右岸西端の外壁は、珊瑚石灰岩を積んだ高さ３m以上のもので、それ以前のレンガ積のものにくらべはるかに強固である。

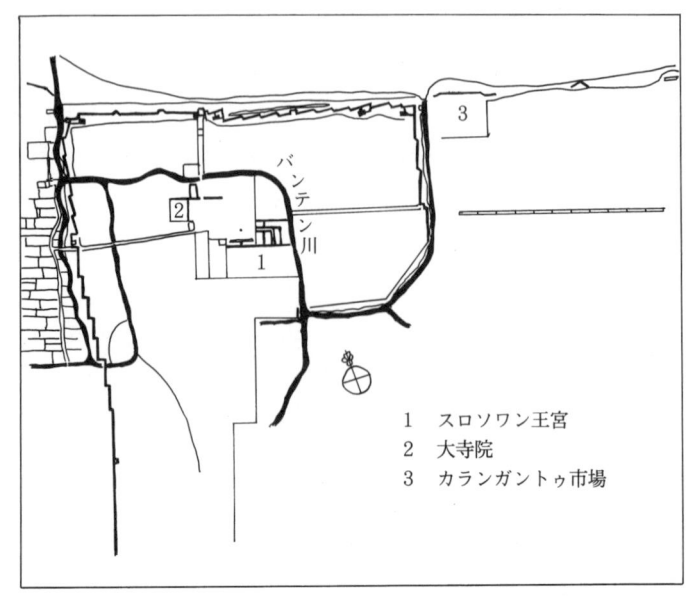

1 スロソワン王宮
2 大寺院
3 カランガントゥ市場

図 15-1　1659年ラーマ図（Guillot 1990 に加筆）

図 15-2　1659年ラーマ図（Guillot 1990）

以上をみれば、1630年代後半から59年までの変化とは、基本的に左岸の王宮とつながった政治領域の拡充であり、またそれに関連する軍事的な改良であったとすることができる。なおこの時期の海側からのスケッチ図（図15-2）には、堅固になった外壁のあり方が描かれている。

1759年のラーマ

これは、ヒェイト J. W. B Heydt が刊行したアフリカ・東インド地図集に掲載されたものである（図16）。これにもかなり多くの注記がなされているが、残念ながらその部分は公刊されていない。

100年前の1659年の図とくらべて、次のような大きな変化がある。

1　海岸線が300mほど沖に後退している
2　外壁が存在していない
3　王宮以南が描写対象外になっている
4　王宮は稜堡式長方形で周囲に濠がある
5　旧外壁の北東隅の位置に広い空白地がある
6　新たな直線路が、旧城内と東城外に多く設けられている
7　旧外壁北西隅にスピルウィク要塞が設置されている

1はバンテン川の堆積によるもので、港としての機能低下に関係した現象を示している。

2・4・7は、1682年以降のオランダの政治的影響が強く及んだ状況を、具体的に現している。すなわち、100年前にオランダとの対決のなかで補強された外壁を撤去し、オランダ軍の駐屯地としてのスピルウィク要塞を替わりに建造することで、明白な力関係の変化が読み取れる。また従来ほとんど防衛施設をもっていなかった王宮が、外壁とは対照的に厳重に防御されている。もちろんこれはオランダの傀儡として圧倒的に人気のなかったハジ王以来、王家が民衆と衝突することが多かった状況によるものである。実際、1750年のキ・タパの反乱ではまたも王宮は包囲され、増援されたオランダ軍によりようやく助けられている。

3・5・6は、この時点での町のようすを現している。すなわち、かつて人

1 スロソワン王宮
2 スピルウィク要塞
3 カランガントゥ市場

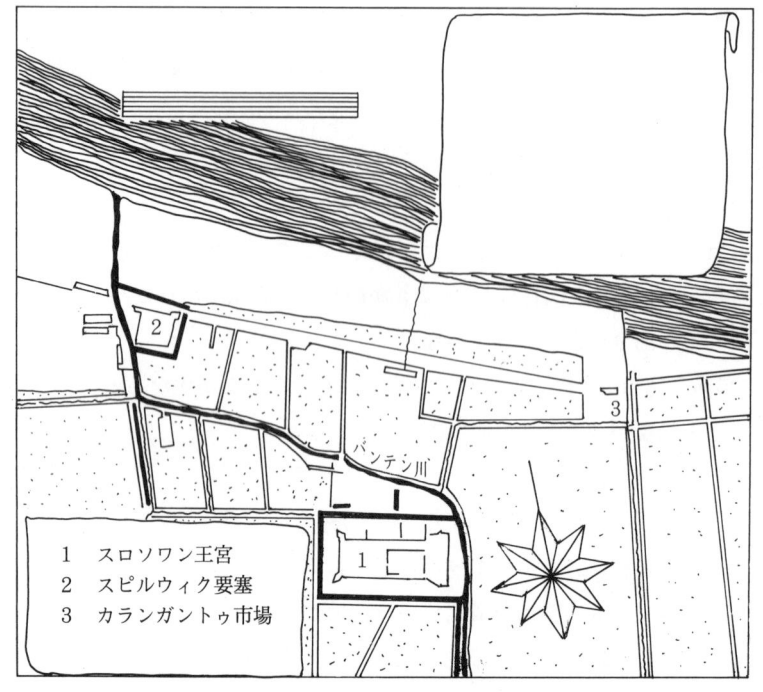

図16　1759年ラーマ図（Halwany 1998 に加筆）

口増加を吸収した左岸南の新城内を含めて、市街地の面積は1630年代後半からみても半分以下になっている。とくに左岸側の面積低下がいちじるしい。

ところが、残った右岸北側を中心とする部分には、新たにいくつもの道路が築かれている。もともと前述のように城内には直線路はきわめて少なかった。これは1659年の時点でも変わっていない。しかし、大幅な市街地減少状況があるにもかかわらず、この1759年までに残った地域には新たに道路が造成されているのである。また5は、現在まで存続しているカランガントゥ港と市場のあたりになる。かつての大市場に隣接する地域だが、この時点で新たに市場と推定される空間が造成されている。

これらの点をみれば、1659年から100年間の間に、王宮を中心とする左岸の機能は大幅に低下し、ラーマ全体の独自の軍事的機能はほとんど消失した。しか

しその替わりに、閉鎖的な王宮の造成があった。そしてカランガントゥ港をはじめとする右岸の姿は、面積的には減ったにもかかわらず、新たな経済的な活性状況をうかがわせている。

このように二つの地図は百年間の二つの領域の変化とその意味をよく現している。

註
1) ラーマのカイボン宮殿跡の西で、旧バンテン川左岸に位置する先史時代の遺跡。バンテン川放水路の建設にともない発見され、石器、玉類などが集中して出土した。ギラン併行期の遺物の出土については不明である（Hasan et al. 1988）。
2) 前述のようにラーマの陶磁片のなかには、9世紀の長沙銅官窯水差しの破片があった。
3) 乾季に水位が下がると11m以上の断崖となる。雨季でさえも8m以上の比高が、川の水面と内部上面までを急斜面で隔てている。
4) 先史時代巨石文化を代表する大形遺構で、自然石を方形に積んで土留めとしながら山状の基壇をつくり、最頂部にメンヒルなどの巨石を設置したもの。階段状ピラミッド型と斜面テラス型がある。プグン・ラハルジョのものは前者で、バンテン南部のレバッ・チベドゥッ Lebak Cibedug（江上 2001）は両者が統合された形である。
5) 残念ながら報告書が刊行されていないため、具体的にどの場所をどのように発掘し、どのような成果があったのかについては、ほとんどわからない。またセルリエルの示した伝承地区名も、すべてが地図上に正確に示されてはいない。15調査遺跡のなかにもパチナンやスピルウィクのようにセルリエルが記録した伝承地区名には含まれていないものがある。
6) 調査面積が狭く、かつ遺構の重複がはげしいため、実際にはあまり詳細な遺構の把握ができた遺跡は多くない。また初現世紀の認定は、第3章に記した出土陶磁によったものではなく、厳密な根拠はやや乏しい。
7) この地域のイスラム墓は、人間の場合、メッカの方角に顔を向けた伸展葬の土葬で、社会的地位のある者では地上に二つの墓石（頭と足の上）を建てる。また、王墓など墓石が現存する墓は、発掘調査の対象にはなっておらず、ここでの埋葬遺構とは無縁墓的なものである。右岸は左岸より後まで市街地として残ったため、ここでの墓地の形成は市街地化以前の可能性が想定できる。

8) 生田（1992）は1603～05年にバンテンに滞在したイギリス人エドモンド・スコットの記録よりクリン人とするが、同記録（朱牟田訳 1983）には、国王に子がない場合の法定王位継承者と記し、クリン人であるとの記載はみられない。
9) リードはこの図の制作年代を1620年代とするが、ここではギオーの年代に従う。
10) 王族であるこの貴族の邸宅跡が、ロル公邸 Kaloran として今世紀初頭まで伝承されていた。
11) リードはファレンティンの註記よりイギリス商館とするが、ブロウの地図に描かれた赤瓦建物はきわめて限定されており、この場所はコショウ集積所（パマリチャン）伝承地でもあるため、むしろその関係の建物とする方が自然ではないか。
12) リードの推定では、17世紀中葉の東南アジアでは、最大の都市は15～20万人のタンロン、アユタヤとマタラムで、10万人ほどのアチェ、マカッサル、バンテンとクァンナムの首都キムロンは次のランクの都市としている（Read 1988）。
13) 現在残っているソンバ・オプーの城壁は、明らかに2時期存在する。そして新しいものは、ブロウの地図とは異なって正方形ではなく、南辺中央に方形の突出部がある。なおソンバ・オプーでの陶磁貿易は遅くも16世紀中葉に大規模に開始されていることが、出土陶磁調査で判明している（大橋他 2002）。
14) セルリエルはなぜか華人街（パチナン）の名を記していない。しかし現在までこの伝承地名は残っている。
15) やや視点が異なるが、ソニー・ウィビソノは、考古・絵画資料より居住・信仰・貯蔵・会合・手工業・一般サービス・埋葬・耕地・防衛・交通・教育の各要素について、城内と城外の変化を検討している。その結果、第1期（1596年前後）には城内は居住と交通、第2期（1624～1726年）には城内外ともに交通と居住、第3期（1739～1900年）は城内は居住・一般サービス・防衛・交通、城外は居住の各要素が考えられたとしている（Sonny 1988）。
16) この図に記された方位記号に従えば北北東・南南西走向であり、発掘調査で検出したものとは45度以上異なっている。
17) インドチャイナ半島最南端のカマウ Camau 岬の西海岸、シャム湾まで17kmの低湿地に位置（千原 1982）。
18) トゥボン川河口から16km内陸の右岸に位置。港市王国チャンパ初期（7～10世紀）の中心地（Nguyen et al. 1990）。
19) リードはフランスのマングン Manguin の説を引用しながら、ポルトガルの侵略的な海軍戦略への対抗として、16世紀中葉頃、東南アジアでは戦闘用ガレー船大艦隊編成へ向けた大きな変化があったことを示している（Reid 1988）。

20) マレー半島最南端で、シンガポール島東端から北北東 20km（Abdul Halim Nasir 1990）。
21) マラッカ海峡のもっとも狭い部分（幅約 40km）のマレー半島側に位置。1511年にポルトガルが占領（Scott-Ross 1971）。
22) 現在の台南市の海岸部に位置。本土から延びる長い砂州の先端に築かれた要塞を中心とする（曹 1979）。
23) チャオプラヤー川の支流ヨム Yom 川の西 13km に位置するスコータイ王国（13～14世紀）の王都（千原 1982）。
24) エウララワーディ川の左岸で、アヴァから 20km の距離に位置。アラウンパヤー Alaungpaya 王朝最後の王都。（千原 1982）。
25) ベンガル湾岸オリッサ Orissa 地方のマハーナディ Mahanadi 川の下流に位置（ターパル 1985）。
26) チャオプラヤー川の支流ピン川の右岸約 500m に位置するラン・ナ Lan Na 王国（13～16世紀）の王都（千原 1982）。
27) 1364年に建設。アラウンパヤー王朝（18～19世紀）時代に3回王都になる（千原 1982）。
28) ガンジス Ganges 川の支流ジャムナ川中流右岸に位置。12世紀末以来19世紀までイスラム王権の中心地（荒 1993）。
29) エウラワディ川と最大の支流チンドウィン Thindwinn 川の合流点のやや下流に位置（千原 1982）。
30) スコータイの北 65km でヨム川の右岸。スコータイとならぶスコータイ王国の副都（千原 1982）。スワンカロークとも呼ばれた陶磁器産地としても名高く、川に沿った位置はその輸出とも関係が深いだろう。
31) 重松伸司は、「一定領域内での貿易や部族的紐帯、儀式儀礼が保持されないかぎり、他の王国の存亡や領域に対しては、たいして関心を払」わない「覇権を目指さない国家群」と述べている（重松 1993）。マルク諸島のチョウジ産地として有名なテルナテとティドーレという狭い海峡を隔てて隣接する港市国家が、最後まで並立しているのもその現れだろう。

第5章　アジア陶磁貿易とバンテン

　これまでわれわれは、バンテン遺跡群出土の陶磁器のあり方、そして港市としてのバンテン各遺跡の機能について検討してきた。ギランの初期以来、バンテンでの陶磁器輸入は約千年間、さまざまな波はあるものの基本的に発展増加を遂げていた。それは、港市バンテンの役割の大きさを具体的に現したものといえる。

　それらの背景にあった東南アジア群島部での陶磁貿易の全体像とバンテンのかかわりについて、ここでは検討してみたい。まず群島部独自の輸入陶磁器であるクンディ型水差しのあり方をみるなかで、この地域の在来文化と陶磁器の関係を考えてみる。そして次に貿易全体の動きと密接な関係のある、陶磁器容器の問題に触れよう。

　最後にアジア陶磁貿易の全体構造のなかでバンテンがはたした役割をおもにラーマ期について検討し、そして18世紀の膨大な増加の現象についてまとめてみたい。

（1）　陶磁器消費地としての群島部在来文化

　陶磁器輸入地としての群島部の特質を、とくにクンディ型水差しなど在来の土器文化にもとづく器種選択消費のあり方から検討してみる。そして次に特異な習俗である埋葬儀礼での陶磁器使用について考察する。

1　クンディ型水差しの需要

　クンディ kendi は、群島部での今日の用語では、広く水差しとして使われる

道具すべてに対して用いられている。しかし、その範囲はきわめて広く多様であり、また長期間使われたものを含んでいる。そこで筆者は、「把手がなく注口部のある水差し」を定型クンディとして考えた。この場合、手で握るための長い頸部をともなうことになり、同時に口より高い位置にもち上げて直接飲用する道具であることに特徴がある。つまり、碗などの他の飲用容器に注ぐためのものではない。

材料は大きく分けて、焼物と金属器がある。前者は東南アジア群島部自体でつくられた土器とともに、中国・ヴェトナム・タイそして日本のような輸出陶磁産地での陶磁器がある。後者は、インド地域での真鍮器・青銅器などが中心である。

中国陶磁では、越・竜泉窯を除く華南の多くの輸出陶磁産地で生産されており、日本では肥前磁器にみられる。しかし、いずれも生産地在来の文化とは無関係な生産であったため、名称は今日にいたるまで売り先での名前「クンディ」がそのまま使われている。

分類と変遷

今日まで使いつづけられている群島部のクンディは、定型（有注口部・頸部、無把手部）と非定型に大別でき、おもに注口部の形状より次のように区分することが可能である（図17、坂井 1991B・92B・97）。[1]

Ⅰ期	先史非定型	〜12世紀頃まで
Ⅱ期	触瓶型中心	7〜10世紀頃
Ⅲ期	円筒形注口部中心	11〜13世紀
Ⅳa期	三角錐型注口部	14、15世紀頃
Ⅳb期	乳房型注口部発達	16、17世紀頃
Ⅴ期	小タマネギ型注口部・在地多種出現	17、18世紀
Ⅵ期	在地非定型発達	19、20世紀

自然発生的に生まれた飲料水容器の土器クンディは、単純な細い首の瓶形をしている場合が多い。しかし、すでに非日常的な意味が込められて先史文化の墓に遺体とともに納められていた（Ⅰ期）。

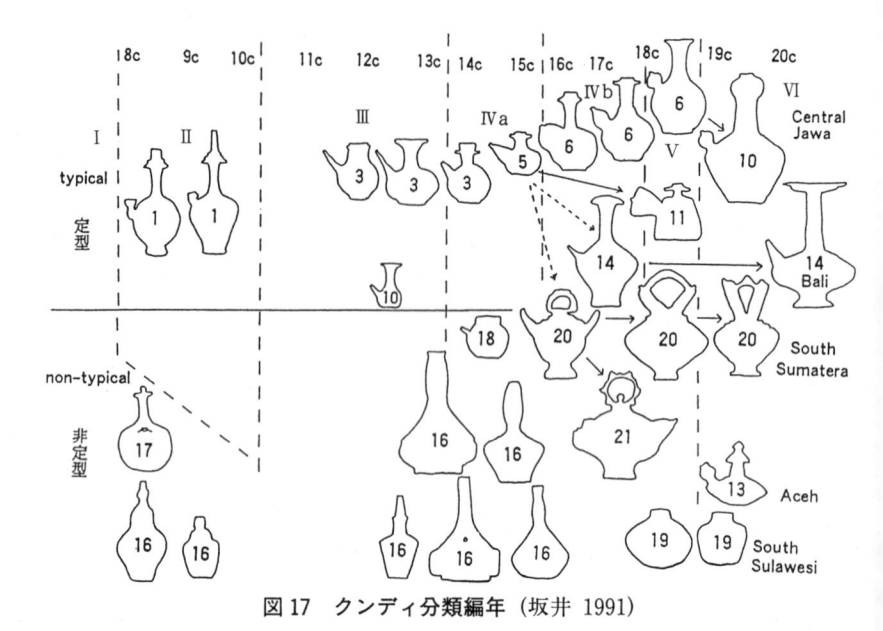

図17 クンディ分類編年 (坂井 1991)

　紀元後4、5世紀頃インドから仏教やヒンドゥ教が伝わると、真鍮や青銅などの金属でつくられたインド風の聖水容器クンディカ kundika がもたらされる。7世紀後半にインドネシア経由でインドへいった唐僧義浄の旅行記『南海寄帰内法伝』には水の容器について、非常時に飲用するための焼き物の容器「浄瓶」と、日常的な便利のために使う金属製の容器「触瓶」があるとしている（松本 1994）。それらがクンディカである。

　インドへの往復の際に義浄が長期滞在したインドネシアでは、金属器ならびに同型の中国製陶磁器の浄瓶が多く残っている。浄瓶はインド伝来の仏教・ヒンドゥ教での聖水注水儀礼に用いられるものである。それとともにS字型の注口部があり、胴部あるいは頸部をもって短い注出口から飲用するのに適した義浄のよぶ触瓶がみられる。III期以降のクンディは、この触瓶が一つの出発になっている。

　触瓶とは直接水を飲むための容器で、人の口にそのまま向かう注ぎ口と手でもつための首がある。浄瓶は、上部に細長い注口部が立っており、肩に小さな

注入部がある。そのため後のクンディとは正反対の位置関係になっている（Ⅱ期）。

インド系金属器触瓶（頸部が細い）ともともとからあった聖なる水の土器の入れ物、そして単純な液体を注ぐ容器として輸入された中国陶磁（長沙窯・越窯・広東諸窯）の把手の付いた水差し（頸部が太い）、それらの要素を合体して、細長い注ぎ口の付いた白色精製土器のクンディが生まれた。それは、11世紀頃の南部タイと東部ジャワでのことである。この段階を定型クンディとよび、後の発展の基本的な出発になった（Ⅲ期）。

これら白色精製土器のクンディはたちまち大きな需要をよび、群島部全域だけでなく仏教の本拠地、スリランカまで逆に輸出されている。このⅢ期の円筒形注口部のクンディは、本体の形は多少異なるが、13世紀頃まで中国広東西村窯そして福建泉州窯で施釉陶器が生産され、アンコール時代のカンボディアでは土器と陶器がつくられた。

群島部での大きな権力になった14世紀後半のマジャパイト王国の時代、その本拠地東部ジャワでは、Ⅳa期の三角錐型注口部の土器クンディが生まれている。これはおもに赤色研磨されたもので、この方法での土器は後の時期までつづいた。そして、このマジャパイト様式ともよばれる土器とまったくおなじ形の陶器が、北部ヴェトナムでつくられた。

イスラム教の浸透によりマジャパイトが崩壊した16世紀、クンディの注口部は明らかな乳房型に変わる（Ⅳb期）。海禁解除後に大規模に輸出を再開した万暦様式の中国磁器は、この形のクンディを盛んにつくっている。この時期、タイでもクンディ形の陶器が生産された。

やがて、オランダなどヨーロッパ人が本格的に来航し、各地でイスラム王国が勃興した17世紀、それぞれの地域ごとのクンディの形の分化が生まれる。ジャワでは小タマネギ形をした注口部が中心となり（Ⅴ期）、そこを最大の輸出先とした中国陶磁はおなじ形のものをつくる。肥前のクンディは、そんな中国磁器を模倣している。

この時期以降、群島部各地では地域ごとに土器クンディが、現在にいたるま

でのそれぞれ独自の発展を遂げるようになった（Ⅵ期）。

Ⅳ期以降、イスラム教文化が圧倒的になった現在にいたるまで、クンディは宗教的聖水注水用途と日常水飲用用途が並行して使われてきた。Ⅲ期の精製土器の積極的な移動は、おもに前者の機能に関係すると考えられる。

流通・貿易

そのようなクンディには、次のような使用にかかわる重要な点がある。

クンディをつくっていた中国と日本、またおそらく北部ヴェトナムやタイでは、窯跡を除いた遺跡から破片が出土することはまったく知られてない。100パーセント輸出されるものであり、それぞれ国内の消費遺跡で出土することは今後も考えにくい。生産地の各国の文化とはかけ離れてしまったもので、利用目的がないためである。

クンディ型水差しの形態変遷はじつに多様であるが、陶磁器でそれらを生産した地域では消費されていない点は重要である。もともと群島部では飲用水容器に大きな精神的価値を与えていた。そこにインドから宗教儀礼にかかわる聖水信仰とそのための金属製容器が伝わったことが、大きな転換期となった。さらにそれ自体に調度具としての希少価値のある中国陶磁の水差しがもたらされたことで、聖なる器種としてのクンディへの需要は巨大なものになっていった。

当然、陶磁器クンディの第一の使用者は、宗教的な祭祀関係者である。ヒンドゥ教でのバラモンからイスラム教の各指導者、あるいは在来伝統信仰の呪術者など多岐にわたっている。しかし、彼らにとってはクンディは陶磁器である絶対的な必要性はない。ヒンドゥは金属器のクンディカをもっており、本来のイスラムはクンディとは無縁だった。また在来信仰には、もともと土器クンディがあった。

そのため、陶磁器クンディの需要者は、彼らに限定することはできない。むしろそれ自体に価値がある舶載された陶磁器が、さらに聖水容器であるクンディ型をしていることで、その商品価値が最大限に高められたことに意味がある。[2] つまり、もっとも価値ある祭祀容器としてのステータスが生まれ、そのため需要者は権力者階層全体と考えてもよいだろう。

陶磁器クンディは、産地ではほとんど消費されないままほぼすべてが群島部へ輸出され、しかも注口部形状など消費地の好みを敏感に反映して生産された。これは、群島部向けの貿易商品の売れ筋として、つねに扱われてきた可能性が大きい。そのため、福建・広東の諸窯そして景徳鎮という群島部向けの輸出商品を大量に生産した産地では、クンディは一程度の地位を恒常的に占めてきた。

ただ前述のように、越・竜泉という浙江の大産地では、なぜかクンディがない。越窯の場合は、時期的に定型クンディが誕生する以前が輸出の中心であるため、存在しないのは当然かもしれない。しかし大量の製品が群島部にももたらされている竜泉窯製品にクンディがないのは、説明がむずかしい。一般的な器種がすでに市場を握っているため、ことさら特殊なクンディのようなものはつくらず、泉州窯や北部ヴェトナム・タイにまかせていたということになるのだろうか。

生産量を考えると、どの陶磁器産地でも他の一般的な器種にくらべればクンディの量が多いことはないだろう。だがおなじ時代には同型品が数多くみられることから、完全な注文生産であったとも考えにくい。付加価値があったとしても、一定度の数量が生産されていた可能性は高い。

とくに16世紀以降の遺跡では、クンディが出土することは決してめずらしくはない。伝世されやすい希少品であることを考えれば、遺跡で出土する量は決して少ないとはいえず、そのために搬入量と使用者の多さを想定することができる。前述のような階層に基本的には限定されるとはいっても、陶磁器そのものに調度的価値だけを考えると、他の何の陶磁器も所有しないがクンディのみを購入するということもありえるだろう。

そのようにこの地域での陶磁器使用の一つの重要な側面を現わすものとして、クンディの示す意味は大きい。

なお長崎の築町遺跡などでは、1600年前後の層からⅣb期の土器クンディが少数出土している（坂井 1997c）。

長崎で出土した理由が、Ⅲ期の精製土器の長距離移動と異なっていることは間違いない。浄瓶そのものは華厳仏教の伝来とともに日本にもたらされ、水瓶

として日本の仏教文化のなかで発展を遂げている。その後クンディと水瓶は直接出会うことがなかった。そのため1620年代の長崎三唐寺の建立にともなう黄檗禅宗の伝来以前である1600年前後に、クンディが新たに既成の日本仏教文化に受容されたことはないだろう。また、肥前で磁器のクンディが生産される際の見本としてもたらされた可能性は、年代と形状から考えられない。さらに、タイの土器やヴェトナムの焼締陶器などのように、一定度の量が商品・容器として輸入されて、その後茶器に転用された可能性も、考古・伝世品ともに希薄のことから、ありえないだろう。もともとクンディの場合、商品の容器としての機能は、器形的にも考えにくい。

とすれば、基本的には水飲用器として東南アジア群島部（とくに南スマトラと東ジャワを含む地域）から出帆した船の乗組員が用いていたものとすることが、もっとも妥当性がある。この時点で長崎に入港していた船では、スペイン船を除くもの、すなわち朱印船・唐船（ジャンク）・ポルトガル船のいずれもが可能性がある。[3]

前述のように使用地域である東南アジア群島部の香料など高価な産物を求めて、他地域では用途不明のクンディをつくって長く輸出していた。17世紀後半での肥前磁器の場合、直接生産した陶工たちは、明磁器のコピーとしての生産のため、本来的な輸出先への関心は乏しかったかもしれない。しかし、その輸出の見返りに、唐船・オランダ船にかかわらず、タイマイに象徴されるような群島部の産物が長崎に多くもたらされている。[4]

少なくとも17世紀末までの長崎は、朱印船・唐船・西欧船いずれのルートでも、西欧でも中国大陸でさえもなく、東南アジアと直接結ばれていたことに注視する必要がある。そのような長崎であればこそ、肥前磁器クンディの輸出以前に土器クンディが運ばれていたことは、決して驚くに値しないことかもしれない。[5]

2　埋葬儀礼と陶磁器

群島部の東部では、先史時代より埋葬儀礼で焼物に特定の意味をもたせた習

俗があった。そしてそれは陶磁貿易の時代にも残りつづけ、陶磁器を遺体の各部位に埋置した状態で発見された埋葬遺跡が多くみられる。代表例としてフィリピン・ルソン島のカラタガン Calatagan 遺跡を紹介するなかで、この問題を考えてみたい。

　ルソン島中部西海岸のミンドロ島との間の海峡に突き出たカラタガン半島にある多くの集団墓遺跡は、1950年代後半にフォックス Fox により発掘調査がなされた。その結果、海岸に立地するプロン・バカウ Pulong Bakaw 遺跡とカイ・トマス Kay Tomas 遺跡では、それぞれ208基と297基の墓が検出された。両者で発見された陶磁器（プロン・バカウ遺跡213点、カイ・トマス遺跡307点）の内容は、田中和彦によれば（田中 1993）次のとおりである。

プロン・バカウ遺跡
　食膳具（154点以上）
　　中国系青花碗60点、青磁碗26点、青花皿55点、青磁皿8点、白磁皿2点、五彩皿2点、青花小坏1点、白磁小坏1点、北部ヴェトナム系青花碗　点数不明
　調度具（38点以上）
　　中国系青花小壺4点、青磁小壺1点、五彩小壺1点、青花合子3点、陶器クンディ型水差し。陶器水差し合計で3点、タイ系黒褐釉小壺18点、鉄絵合子7点、瓶1点、北部ヴェトナム系青花合子点数不明、五彩小壺点数不明
　貯蔵具（12点）
　　中国系陶器有耳壺10点、タイ系甕（壺）2点
カイ・トマス遺跡
　食膳具（211点）
　　中国系青花碗70点、青磁碗35点、五彩碗1点、青花皿70点、青磁皿16点、白磁皿9点、五彩皿2点、青花小坏3点、青磁小坏1点、白磁小坏1点、タイ系青磁碗2点、青磁？皿1点
　調度具（76点）

中国系青花小壺5点、青磁小壺1点、五彩小壺1点、青花合子4点、青花クンディ型水差し2点、陶器水注2点、青花瓶1点、タイ系黒褐釉小壺49点、鉄絵合子11点

貯蔵具（11点）

中国系陶器有耳壺6点、タイ製甕（壺）5点

（北部ヴェトナム系陶磁器は両遺跡合計で9点）

以上の種類別の割合は、全体として食膳具が最大多数を占めていることがわかる。とくに碗と皿の数が圧倒的に多く、プロン・バカウ遺跡では72％、カイ・トマス遺跡では67％と高率である。次の割合のものは調度具の小壺で、前者では11％、後者では18％になる。この3種でそれぞれ9割近くに達している。

出土状況をみると、陶磁器が出土したのはプロン・バカウ遺跡で検出墓総数の49％、カイ・トマス遺跡では55％である。また、プロン・バカウ遺跡での1基あたりの平均出土個数は2.0点で、カイ・トマス遺跡では1.9点となる。実際には前者の場合、1点出土は53基（53点）、2点は25基（50点）、3〜7点は26基（110点）と計算され、後者では1点出土は76基（76点）、2点は49基（98点）、3〜6点が37基（133点）である。つまり、プロン・バカウ遺跡では、全体の12.5％にあたる墓で陶磁器総数の52％を、カイ・トマス遺跡では12.4％の墓が43％の陶磁器を所有していたことになる。

それぞれ墓の種類は、甕棺葬と各種非伸展葬を含む土坑墓に別れる。17歳以上の大人の伸展葬はプロン・バカウ遺跡で41％、カイ・トマス遺跡で52％。11歳〜16歳の伸展葬は前者が6.7％、後者で7.7％である。なお年齢不明の遺体は前者で遺体総数の24％、後者で7.4％であった。

すなわち、墓総数からみると両遺跡とも、陶磁器所有はかなり寡占状態であるが、11歳以上の伸展葬墓のなかでは3点以上を所有する墓の割合は上記数値の倍程度には膨らむことになる。ただ、それでも平等の所有とはほど遠い状況である。

陶磁器の出土位置には、次のような例がみられた。

　ア　遺体の陰部に皿を伏せる

イ　遺体の陰部に碗を伏せる
ウ　遺体の手の下に碁笥底碗を伏せる
エ　遺体の足の部分に皿を置く
オ　頭なし遺体の頭部に碗を置く
カ　甕棺の蓋として皿を使用
キ　甕棺内に小壺を入れる

　以上のなかでア～オは狭義の副葬品とはいいがたく、バリ島のスマワン Se-mawang[6] やルソン島のサンタ・アナ Santa Ana[7] などでもみらる葬送に関する信仰上の行為の結果だろう。カについても貴重品の陶磁器をわざわざ蓋として使うことは同様のなんらかの精神的意味がもたされていると考えられる。なおオは両遺跡の南にあるピナグパタヤン Pinagpatayan 遺跡の例だが、両遺跡でも計18体の首なし遺体が検出されており、首狩りもしくは死後頭骨切断と考えている。しかし、両遺跡ではオのような例はないようである。

　そのような状況をみると、田中和彦も指摘しているようにカラタガン遺跡群での陶磁器の使用は、葬送儀礼そのものにともなうものと考えた方が理解しやすい。量的に多い食膳具が葬送儀礼以前において実用品として使用されたかについては、単純には考えられない。むしろ陶磁器そのものが、器種にかかわらず精神性をもった器物とされていたのだろう。その場合所有についても、上記のような寡占形態がサンタ・アナと同様にただちに直接被葬者の経済状態を反映しているとはいえないのかもしれない。所属する大家族などの所有であったり、死亡状況による儀礼の差から墓への異なった供献を示している可能性も想定できる。

　両遺跡の年代については、調査者のフォックスは14世紀後半～16世紀初頭と考えた。しかし、その後のおもに日本での青花皿や青磁碗研究の進展にともない、青柳洋治は1985年にこれを15世紀後半～16世紀前半と修正した。だが、量は少ないものの出土陶磁のなかには、乳房型注口部をもつ青花クンディ型水差しのように明らかに1600年に沈んだサン・ディエゴ San Diego 号引き揚げ品と同種のものが含まれている。この船の沈没地点は、両遺跡からわずか50キロほ

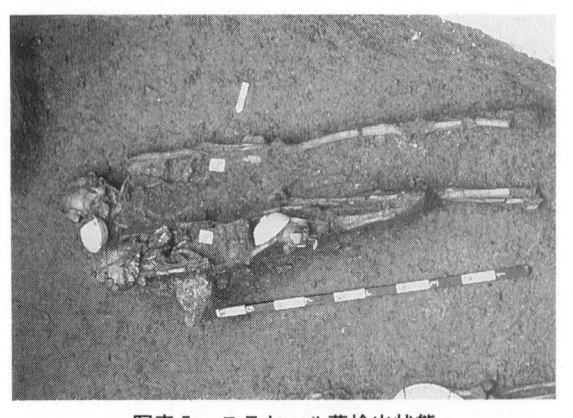

写真5 スラヤール墓検出状態

どしか離れていない。そのため両遺跡の下限は16世紀末まで下げられるべきで、少なくとも1571年のスペインによるマニラ建設より後まで継続していた可能性はきわめて高いと思われる。

なお、田中和彦は陶磁器以外の副葬品や貝・珊瑚製墓標および両遺跡の立地より、被葬者集団は「海に強く依存し、漁撈や交易を行った人びと」で、研歯や首狩り習俗の存在から「外来の交易者ではなかった」と推定している。そのような集団がこのように大量の外来陶磁器を手にするために、どのような輸出品をもっていたのかについては残念ながら明らかではない。

また前記葬送儀礼の差にかかわらず、陶磁器保有数量の差から集団内に経済的階層差があったことを考えることは可能ではあるが、それはただちにこの集団内に他を支配するような突出した階級が存在したことへの想定にはつながらない。もちろんこの墓地にはない他集団との関係がどうであったかは不明であるが、陶磁器所有量からおそらく富裕な集団であると考えられる。

このカラタガンと似た集団土坑墓群から大量の陶磁器が出土する例は、フィリピン・ルソンのサンタ・アナ、そしてインドネシア・バリのスマワンでも調査例があり、またルソン島のピラ Pila 遺跡やスラウェシ島南部のスラヤール Sulayar 島墓地（写真5）などでも知られ、さらにボルネオのサラワクでもみられる（三上 2000）。

基本的に重要なことは、これらは集団墓であり、墓制そのものから考えると集団内での階層差は決して大きくない。また一般に陶磁器以外の副葬品は貧弱であり、そこにはそれほど富裕さを示すものがみられない。

これらの墓地での陶磁器の使用目的は、前述のように単に生前の保有物を納入したということではなく、むしろ葬送儀礼にかかわる荘厳財として考えられる。それは出土状態が一般に身体の特定の部位に陶磁器を埋置する、ということに端的に現れている。[8]

そのような葬送儀礼は土器や石を使った例もあることから、陶磁器が運ばれる以前から群島部の少なくとも東側では、とくに海岸部を中心にかなり普遍的にあったと考えられる。

ここでもっとも大きな問題は、フィリピンの場合で象徴的なように、そのような葬送儀礼をもつ集団がどのような方法で陶磁器を手にいれたかということである。単純に考えてこれまで確認されている各遺跡は、陶磁貿易の対価となるような重要な貿易品の産地とは重ならない。あるいはスマワンのようにバリ・ヒンドゥ社会のなかではむしろ中心部分にいたとは考えられない場合もある。

率直に考えて、被葬者の集団が中国から陶磁器などを積んでやってきたジャンクに直接交換できる品々を所有していた可能性は、あまり大きくないだろう。ただいずれも海岸に立地しており、彼らの多くが漁撈民であることは間違いない。そのため記録にはそれほどはっきりしないが、[9]サンゴ、タイマイ、ナマコなどの商品価値の高い珍奇な海産物をなんらかの形で手にいれる集団だったことは考えられる。この場合、この地域の漁撈民として現在有名なバジャウBajau人のように産物の多寡で海上を移動する場合では、被葬者集団の主生業の場所がまったく異なる可能性もありうる。

ここで彼らの陶磁器所有について考えられるもう一つのことは、フォルカーが紹介したオランダ人が記録したセラム島での場合が参考になる（フォルカー1979）。すなわち、セラムの「未開」住民はサゴ椰子と磁器を交換していた、という1641年の記録である。[10]ジャンクのような磁器を積んだ船にとって、サゴ椰子は対価にはならない。しかし対価である香料を産する島では、食料としてのサゴ椰子の需要がある。

そのため、磁器と香料という主貿易の発達によって、磁器とサゴ椰子という二次貿易が派生している。小規模な三角貿易にもなりうるようなこの関係は、

主貿易ルートに近いなんらかの産物をもった社会を次々に巻き込んでいく可能性がある。

　中国からの陶磁器の輸出ルートは、大陸部東南アジアから群島部西部をめざす「西洋針路」と群島部東部をめざす「東洋針路」があった。後者での究極の目標は珍奇な海産物とチョウジ、ニクズクのような香料であったが、その主産地へのルートに近い地域では、そのような二次貿易が絶えず発生していたことはありうる。主貿易ルートに近接するフィリピン群島などの海岸部に大量の陶磁器が運ばれたのは、そのような理由も考えられるだろう。

（2）　貿易品容器の貿易

　貿易全体の動きを考えるため、貿易品容器の陶磁器のあり方をアンピン壺、そして他の壺甕類を中心とする貯蔵具の状態から検討してみよう。

1　アンピン壺の貿易

　17世紀を中心とする東南アジアの貿易陶磁に、アンピン（安平）壺がある。高さ15～25センチ前後の粗製白磁の壺で、外側に顕著な稜をもつ口縁部と、肩部に最大径を示すことを特徴としている。また胴部中位やや下に、上下の接合痕がある。

　台湾のアンピン（台南市安平）周辺で多く発見されているためこの名があるが、東南アジアを中心に広く分布している。この壺の用途から、貿易の問題を考えてみたい（坂井　1996Ｂなどによる）。

アンピン壺の生産と流通

　アンピン壺（写真6）は、上記特徴をもつものの総称だが、次の点で差異がみられる。

　口縁器壁は断面三角形と台形、肩部稜は無稜と有稜、底部は平底と窪み底、そして器壁は薄手と厚手がある。また器高も大型と小型に分けられる。これらはおおむね前者から後者への時間的変化と考えられるが、地域差も含んでいる

かもしれない。このうち、断面台形の口縁のものは上端が平坦で釉がなく、直接重ね焼きしている。

窯跡で発見された破片は、広東の潮州筆架山窯址と福建の邵武青雲窯址群(傅・王 1988、陳 2002)などである。

写真6　台南伝世の各種アンピン壺

前者は宋代を中心とする製品の窯での発見だが、この窯との関係はまだ不明確である。現状で確認できる産地は、溶着資料が採集された後者だけといえる。

しかし上記のような器形の多様さをみると、この窯だけですべて生産されたのではないかもしれない。むしろ、福建とその周辺全域のかなり広い範囲で、雑器として焼いていたとするほうが自然だと思われる。残念ながら生産については、明確な年代が確定できない。[11]

考古資料としてこれまで台湾を含めた東南アジア群島部で発見されているものは、管見では次のとおりである（数字は遺跡数。謝 1995他による）。

　　台湾周辺：澎湖4・基隆1・台北3・新竹1・台中2・嘉義1・台南9・高雄1・屏東2

　　フィリピン：マニラ沖1（サン・ディエゴ号引き揚げ例）1600年

　　インドネシア：バンテン3（ティルタヤサ1663〜82年表面採集含む）・スラヤール1・マカッサル1

年代を想定できるものはまだ曖昧な点が多いが、1600年のマニラ沖サン・ディエゴ号引き揚げ例は、1613年の南アフリカ・セントヘレナ沖ウィッテ・レウ Witte Leeuw 号引き揚げ例と同様にヨーロッパを最終目的地とした沈没船である。この時点では、ヨーロッパに運ばれた品の容器であった。

17世紀後半のものは他にヴェトナムで2例など大陸部を含めた東南アジアで

の資料が多く、それらの出土地では肥前陶磁が共伴している例が少なくない。肥前陶磁同様に福建系商人が運び手であった可能性が高い。

　現在までに確認されているもっとも新しい例は、次のヴェトナム南部の2例が確認できる。

　ウンタウ Vun Tau 沖ホン・カウ Hon Cau 島沈没船引き揚げ品[12]、いわゆるヴンタウ・カーゴ（1690年）内の例と、コン・ダオ Con Dao 島のラン・アン・ハイ Lang An Hai 遺跡[13]での口縁2片・底部3片表面採集破片である。ここは、1686〜1702年におけるフランス・イギリスの貿易拠点跡だった。

　以上のように確定できる年代は、17世紀を大きく越えることはない。なお、台南市文物展示館には「云友」二字を染付した伝世資料がある（写真6）。少なくとも漢字理解者が第一次の流通者であったことを示している。

内容物の伝承と文献上の交易品

　アンピン壺は比較的多く伝世し、いくつかの地域では内容物について次のような伝承がある。

①フィリピン　小銃弾壺（Alba 1993 による）

　　マニラ沖沈没船サン・ディエゴ号で発見された貯蔵具の48.5％が中国製の陶磁器で、アンピン壺は中国製のものの1％である。この船は戦闘のなかで沈没し、1万7千発以上の銃弾が引き揚げられた。本当に弾丸の容器なら、当然多少なりともなかに残っているはずである。しかしそれはまったく報告されておらず、数量もわずか3個でしかない。

②台湾・福建　火薬入れ（謝 1995、陳 2002による）

　　これは、アンピン（ゼーランディア）城址の興亡にかかわる鄭成功軍の軍事活動と関連づけられていわれている。そのため「国姓瓶」という別名がある。しかしおなじ名称で、宋代の泉州曽竹山窯の小口瓶もよばれている。なお、この小口瓶の用途について陳信雄は、酒の輸出容器とした（陳 1986）。混同された宋代小口瓶が酒器であるなら、アンピン壺も火薬入れであるとの考えに積極的な根拠はみつからない。

　　また清代の火薬局に未開封のアンピン壺があったとの記録に対し、謝明

良はアンピン壺主産地の福建が火薬輸出を盛んに行ったことはなく、単一の使用に限定すべきではないと指摘している（謝 1995）。

③インドネシア　塩容器・薬油容器（Adhyatman 1981による）

スマトラでは実際に塩入れとして使われていたという。しかし、中国からスマトラへ塩が輸出された可能性は乏しく、一次的な使用方法ではないだろう。薬油容器については、可能性を否定できない。

以上いずれも、福建から輸出された際の第一次的商品としては考えにくい。ただ、フィリピンと台湾でともに銃砲と関係して語られている点は、注意を要する。そのような用途に限定される容器とは、上記の分布例から肯定しがたい。にもかかわらず、共通する伝承が存在する意味は無視できない。

アンピン壺は形態としての特徴から、液体の容器としてもっともふさわしい。次には気密性を必要とする臭いにかかわるものが考えられる。

17世紀の文献上のアジア各地の貿易品から考えられる内容物は、第一に麝香・樟脳、次に蜂蜜と茶である。その他に油類・香料類・酒に可能性がある。曹永和は、オランダ文献での「中国ビール」を考えている。

アンピン壺の使用

アンピン壺のもっとも早い1600年の出土例が、マニラ沖の海戦で沈没したスペイン船サン・ディエゴ号の引き揚げ品である。

この船には、一般のマニラ・ガレオン貿易船と同様に多量の物資が積まれており、文献記録とは異なっている。そのため引き揚げられたわずか3個のアンピン壺は、メキシコへの主要な貿易品ではなかったことになる。

同様に1613年セントヘレナ沖で沈んだオランダ船ウィッテ・レウ号に積まれていたアンピン壺の数も2個と多くない。ヨーロッパへの貿易品としても主要なものではなかった。

これに対して、1690年代にベトナム南部ウンタウ沖で沈んだ船から引き揚げられたものは、少なくとも12個体以上がみられる。近隣のコンダオ島での肥前磁器を共伴する出土状況から、この船は東南アジア域内を目的地としていた可能性が考えられる。そして、台湾高雄左営遺跡では、発掘調査によりアンピ

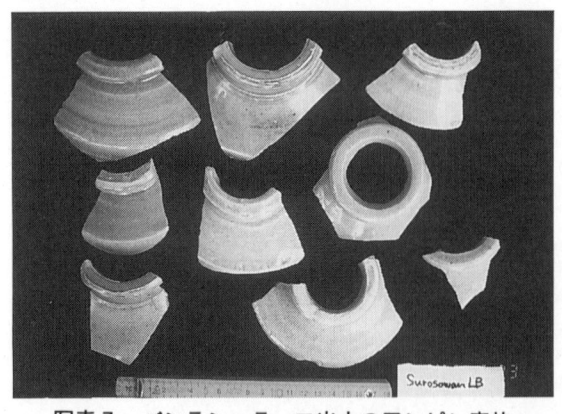

写真7　バンテン・ラーマ出土のアンピン壺片

ン壺とともに肥前磁器の出土がみられる。

　各地でのアンピン壺の出土は、一般にこの壺を用いた貿易行為終了後の廃棄を示している。そのため、出土個体数が貿易行為に比例するなら、これまでの出土状況からヴェトナムを経由して台湾とインドネシアを結ぶ貿易行為を基本と考えることができる。一方、突発的な状況で遺棄されたヨーロッパ向け沈没船の場合、おもな貿易品でないことをはっきりと示している。

　以上のように現状では、まだアンピン壺の一次的な中身は特定できていない。しかしその輸入量はきわめて多く、前記の遺跡発見例以外に大量の伝世品がみられる。陶磁器としては、粗製白磁でほとんど美的な価値は見出しがたい。にもかかわらず大量に伝世されていることの理由は、おそらくこれが貯蔵具としての陶磁器では唯一磁器であってもっとも堅牢緻密な小型容器だからだろう。

　同程度の容量の貯蔵具としては、14世紀頃を中心とする泉州曽竹山の小口瓶がある。またおなじ17世紀のものにはヴェトナム系の焼締壺も存在している。しかし、前者はほとんど無釉で緻密性に欠けるためか、出土品はともかく伝世品は決して多くない。また後者は、ヴェトナム産品の容器として一次使用されたため、同時代の群島部にはあまりもち込まれていない。[14]

　つまりアンピン壺は、堅牢で緻密な小形容器としては、ほぼ唯一東南アジア群島部にもち込まれた（写真7）もので、それだけに一次的な内容物が消費された後も、さまざまな形で使われつづけたと思われる。そのため、当初は特定の品の容器だったかもしれないが、しだいにそのもの自体の価値が生まれ、内容物のない状態でも輸入された可能性も考えられる。おそらく、他の中国陶磁

にくらべてかなり商品価値の小さなもので、容器としての使用者は少なくとも輸入地港市の中間階層から二次的な短距離取引地の上流階層まで及んでいたことは間違いないだろう。

さらに注意すべきは、そのように大量にもたらされたものながら、群島部で普遍的にみられる檳榔嚙みに用いる石灰容器小壺としての使用例は知られていない。陶磁器合子とともに陶磁器小壺の使用の少なくない用途は、この石灰容器である。

もちろん小さなものもあるが一般的なアンピン壺の大きさは高20センチほどあり、少し大きすぎることも理由かもしれない。しかしそれ以上に何の装飾もなく大量にもたらされたアンピン壺に対して、精神的な価値が見出しにくいことも要因となったと考えられる。

いずれにしても、小形貯蔵具のアンピン壺は、群島部でもっとも広範囲な使用者を得た陶磁器といえる。[15]

2 壺甕の貿易

貿易活動全体の実態を示す考古資料としては、容器のもつ意味はきわめて大きい。大部分の貿易商品は、地中あるいは水中でさえ朽ち果てずに残ることはあまりない。しかし商品の容器のかなりを占めていた陶磁器容器である貯蔵具の壺甕類は、他の陶磁器と同様に遺跡で見出すことができる。

だが、実際には皿碗などの食膳具や瓶などの調度具にくらべて、壺甕類の考古資料は決して多いとはいえない。その理由の第一は、壊れて小破片になった場合、本来の形や種類を特定できる可能性が少ないことにある。顕著な釉や装飾のない胴部片では、産地すら推定することは簡単ではない。次に他にくらべて、研究が進んでいないことがある。容器としての実用が第一であるため、装飾は少なく、長期間あまり形態変化しないと考えられるものが多い。そのような研究上の制約に加えて、実際の使用においては転用がかなり想定できる。そのため、アンピン壺の場合と同様に、生産地から遠くない場所で中に入れられて運ばれた最初の商品については、特定することはきわめてむずかしいといわ

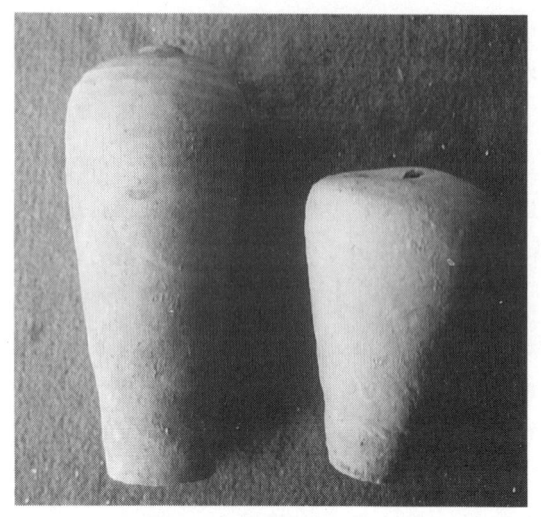

写真8　トゥバン出土の小口瓶

ざるをえない。

以上の前提のなかで、これまで報告されている東南アジア群島部での貯蔵具の顕著な出土は、アンピン壺を除けば、次のようなものがある。

ジャワ島東部トゥバン沖沈没船引き揚げ品（14世紀、Abu Ridho 1983 による）

1　泉州曽竹山窯無釉小口瓶（写真8）
2　中国産無釉瓶
3　中国産褐釉有耳長胴瓶
4　中国産黒釉有耳小口壺

　この資料は、水中考古学調査によるものではなく、盗掘に近い状態で引き揚げられたもののなかで記録された一部である。そのため数量的な検討はできないが、少なくとも上記4種類の存在が確認されている。

　ここでは前述の1小口瓶が含まれている。口と同様に底部もきわめて小さくしかも最上位の肩部に最大径があるため、この尖底に近い容器は立ちにくい。地中海地域でワイン容器として知られるアンフォラも尖底であるから、この小口瓶も栓さえ気密性があれば前述のような陳信雄の酒器説は、形の上からはかならずしも成り立たないわけではない。ただ頸部がなく、口縁はただ小孔があいているだけの状態であり、栓の方法も簡単ではない。また口縁周辺の鉄釉を除いて基本的に無釉のため、液体ならば中身の長期間保存はむずかしいだろう。

　そのような特異な形状ながら群島部での出土はかなり多く、この容器の中身の輸入量は相当であったことは間違いない。

　2は口縁上面を水平に面取りした状態で、わずかに立つ頸部をもち、胴部上

位に撫で肩状部分に最大径があるものである。頸部が少しあるため、1よりは栓がしやすく、また底部は最大径の半分以上あるため安定している。外見的には少しアンピン壺に似ているが、材質が陶器である点がまったく異なる。ほぼ同じ器形の黒釉の製品が、韓国新安沖沈没船引き揚げ品のなかにある（高18.6〜20.7センチ）。

3はほぼ直線状のずんぐりした形状で、広い口縁と短い頸部の下にかなり形骸化した耳が付くものである。ちょうど口縁の径にあう皿状の蓋もでている。やはり新安沖沈没船のなかにも同様の緑褐釉製品（高24.6センチ）、そして土器製の蓋がある。

4は卵形の胴部に短い口縁が立つもので、口唇部が外反しているため、布を縛る状態での蓋はしやすい。黒釉のため「マルタバン壺」と通称されるものに含まれる。これも似た黒釉双耳瓶が新安船にある。

同時代の新安船[16]と共通するものが多いなかで、なぜ1の小口瓶はそこに含まれていないのだろうか。仮にその中身が酒類であるなら、新安船に積まれていてもおかしくはない。この当時の中国の輸出商品はかならずしもすべてが明らかではないため想定がむずかしいが、少なくとも日本にはもたらされずに群島部にまとまって運ばれたものが中身として考えられる。そのようなあり方は、後のアンピン壺とも類似している。

フィリピン西部パンダナン島沖沈没船引き揚げ品（15世紀中葉、Loviny 1996、森村1996による）

貯蔵具全体　　壺甕173個　内大甕79個（高50〜96センチ）
　　ビンディン窯褐釉甕（高13〜96センチ）　　　　　　75個
　　タイ、メーナム・ノイ窯黒釉四耳壺（長39センチ）　63個
　　中国系甕（褐釉双竜文六耳壺）　　　　　　　　　　3個
　　東南アジア系甕　　　　　　　　　　　　　　　　　6個
　　産地不明甕　　　　　　　　　　　　　　　　　　26個
　　北部ヴェトナム系唐草文青花四耳壺（高23センチ）

第3章で既述した、おもにヴェトナム系の陶磁器が大量に積まれていた沈没

船の資料である。かなり正確な調査により、上記のような壺甕類が確認された。産地をみるなら、大部分がチャムパ陶器とされるビンディン窯のものと、アユタヤから遠くないメーナム・ノイ窯のものである。中国製品は、ほんの一部でしかない。

　他の積荷では、北部ヴェトナム産の青花食膳具・調度具が目立ち、また中国製の鉄鍋も大量に積んでいた。また前述のように一揃いのジャワ製銅鑼（ゴン）があったことは興味深い。元青花鉢を含む数点の上質中国磁器も含まれていた。

　陶磁器のなかでも目立つ食膳具と調度具だけをみると、この船の積荷は中国南部から北部ヴェトナムに比重が大きくなる。しかし貯蔵具のあり方は、俄然様相が異なっている。アユタヤの壺、チャムパの甕に入れられたものが、容量や重量の面で大きかったことは間違いない。少なくともこの船の航路が、アユタヤとチャムパを起点としてパンダナン沖を通って南に向かっていた可能性は高い。比較的軽く容量の小さな北部ヴェトナムや中国製品は、別の船がそれぞれの起点へ運んだこともありうる。

スマトラ南部ベンテン・サリ遺跡表面採集（図18 119～149、15～17世紀、坂井 1995）
　　1　福建・広東系褐釉有耳壺　　0個体（図18 145）
　　2　タイ、メーナム・ノイ窯壺　　0個体（図18 147）

　第3章で既述したこの遺跡では、大量の陶磁片が表面採集できるが、一般にそのような資料のなかには入ることの少ない貯蔵具が確認できた。これらは底部片を採集できなかったため、推定個体数を0として計算したが、実際には確実に存在していた。

　この遺跡が大量の陶磁器をもっていた理由としては、コショウ産地であったことがもっとも考えやすい。

　1は日本ではルソン壺と通称されるものに含まれる。華人がルソン島に運んだものである。前記パンダナンの資料にも含まれる2も、堺などの日本の港市遺跡でかなり出土している。ティルタヤサでも出ており、長く使用された容器である。

　そのため、華南とアユタヤからのこの遺跡までの動きがあるが、同時に日本

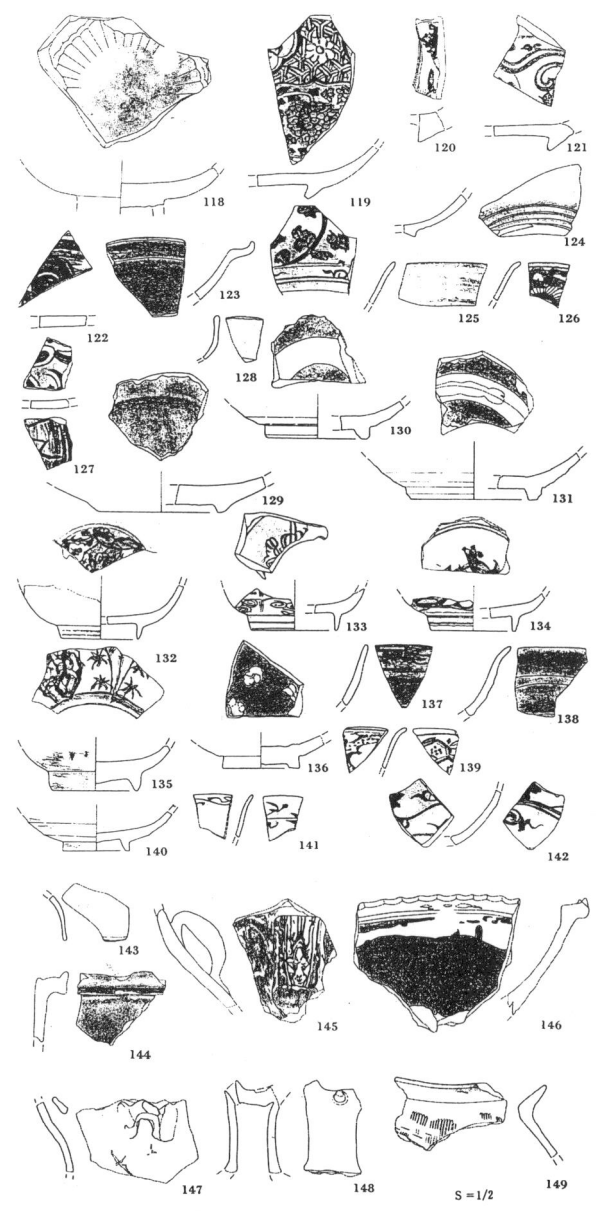

第5章　アジア陶磁貿易とバンテン　203

図18　ランプン地方出土の陶磁片（坂井　1995）

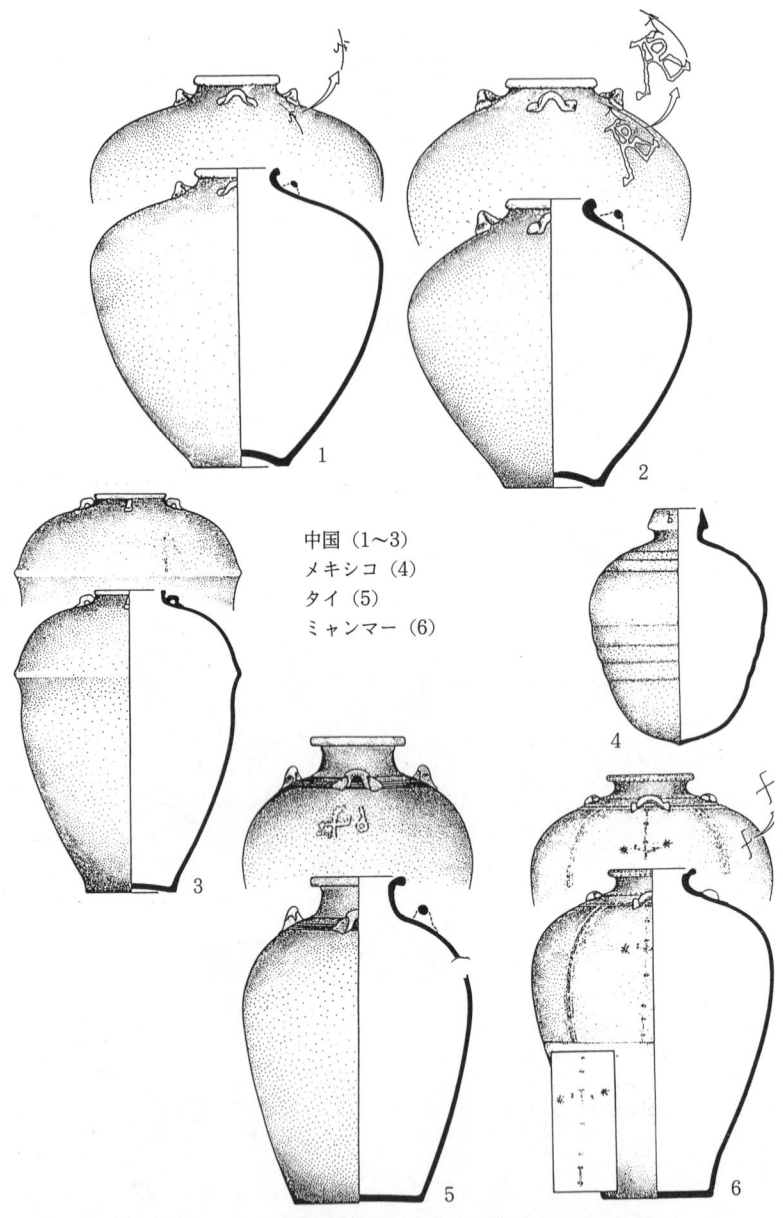

中国 (1〜3)
メキシコ (4)
タイ (5)
ミャンマー (6)

図19 サン・ディエゴ号引き揚げの貯蔵具 (Alba 1993)

にも運ばれたものであった。

　マニラ沖沈没船サン・ディエゴ号引き揚げ品（図19、1600年、Alba 1993, Carre 1994）

　　貯蔵具総数　　陶器壺甕（621個）
　　スペイン／メキシコ系緑釉壺（高18〜47センチ）　4種類　67個体
　　中国製（301個）
　　　褐釉有耳壺（高19〜51センチ）　5種類　275個体
　　　竜文貼花壺（高30〜60センチ）　16個体
　　　隆帯文壺（高34〜38センチ）　4個体
　　　華南系花唐草文貼花五耳トラデスカント壺（高25〜29センチ）　3個体
　　　福建系白磁アンピン壺（高26〜27センチ）　3個体
　　タイ、メーナム・ノイ窯褐釉有耳壺（高35〜76センチ）　2種類　210個体
　　ミャンマー系褐釉白彩四耳壺（高55〜90センチ）　2種類　23個体
　　産地不明暗褐釉壺（高25〜80センチ）　20個体

　報告された以上の陶磁器土器類をみると、次のような特徴が指摘できる。まず大量の貯蔵具壺甕類があったなかで、中国陶磁の比率が50％に達していないことがある。残りの多くを占めるタイやミャンマーの製品では、メーナム・ノイ窯製品がもっとも多くの個体数をもち、また最大のものはミャンマーの褐釉白彩壺である。[17]

　前述のいわゆるルソン壺である中国の褐釉有耳壺は、中国製品のなかではもっとも多い。しかしさらに容量の大きな容器は、タイ・ミャンマー製品に完全に委ねている。

　このサン・ディエゴ号は、オランダ艦隊との海戦で沈んだにもかかわらず、メキシコに向かった「ガレオン貿易」を担っていたことは間違いない。その貿易のなかでも、量的に優位を占めていたのが、タイ・ミャンマー製の大型容器のなかにつめられていたものである。ミャンマーの褐釉白彩壺は、日本でも豊後府内遺跡などで出土が確認できる。もちろんサン・ディエゴ号に積まれたそれらに、最初に各産地から運ばれた中身がそのまま入っていたかは不明である。

転用容器の可能性は、十分に考えられる。

台湾高雄左営遺跡発掘調査資料（17世紀後半～19世紀前半、臧他 1993による）

　　福建系白磁アンピン壺（1種類）

　　推定華南系焼締陶器瓶（1種類）

　　推定華南系焼締陶器甕類（3種類）

　　産地不明土器甕類（1種類）

　この遺跡は後述のように、鄭氏政権が築いた台湾南部の開発拠点が出発となっている。食膳具・調度具は、圧倒的に海峡対岸の福建製品が多い。やはりここでの貯蔵具も、それぞれ中身については想定することがむずかしい。

　次に全体破片の分類結果は、次のとおりである（磁器は17世紀後半～19世紀のもののみ。数字は破片数比で（　）内は重量比）。

　　食膳具（碗・杯・皿・小皿・匙）

　　　76.5％（45.8％）　大部分が磁器（破片数で97％）

　　調度具（瓶・合子・灯明皿・涼炉）

　　　5.5％（10.1％）　焼締陶器（破片数で20％）・土器（同前70％）多い

　　貯蔵具（壺・甕類）

　　　18.0％（44.1％）　土器が最大（破片数79％）で焼締陶器（同前19％）

　　　も多い

　　種類別

　　　磁器78.4％（47.3％）・焼締陶器8.4％（16.8％）・土器13.2％（35.9％）

　土器の用途は大型の貯蔵具に集中しており、逆に磁器はほとんど食膳具であることがわかる。焼締陶器は土器の傾向に近い。つまり焼締陶器と土器でつくられた大型の貯蔵具が、重量的には多彩な磁器製食膳具と同量であったことになる。

　以上の各例は、容器としての陶磁貿易のあり方を示す数少ない例である。沈没船資料が多いのは、地上遺跡での貯蔵具の確認が簡単ではないことによっている。

　これらを要約すれば、14世紀頃すでに中国からの輸出商品は、東南アジア群

島部向けと日本向けの区別が存在していた。しかし、それらはまったく別個に輸出がなされたのではなく、それぞれの輸出先で買い付けた商品の移動は、単純に中国にもち帰るだけではない複雑な動きがあった。

　15世紀中葉頃から、タイを中心とする大きな商品の動きが群島部から東アジアまで拡がるようになり、やがてそれに追随してミャンマーやヴェトナムからの商品の輸出も盛んになっていった[18]。そして17世紀後半以降には、大陸部各地から台湾に運ばれる商品が多かった。

　この簡単な要約でも、食膳具・調度具を中心とする陶磁貿易の傾向よりみると、かなり異なった世界が別に存在していたことを改めて知ることができる。

　最後に貯蔵具の使用では一般的ともいえる、転用の問題を考えてみよう。

　主要港市でも食膳具の壁面装飾品としての使用のような形で、陶磁器の転用がみられた。主要港市から離れた遠隔地になればなるほど、陶磁器の威信財・荘厳財としての使用が強くなる。たとえば、ボルネオ内陸のダヤッ Dayak 人たちは、中身のない甕類の保有をステータスシンボルとしている（Adhyatman & Abu Ridho 1977）。

　そのために、用途を考えた器種ごとの分類は、最終的にはあまり意味のないことなのかもしれない。しかし、流通業者として最初に陶磁器を大量に手にいれる中間層住民は、器種ごとの区別を意識していた可能性は高い。

　ただ、使用方法が当初から転用が大きく想定されるとするなら、そのもっとも単純な場合である貯蔵具のケースが興味深い。商品の容器として運ばれてきたにもかかわらず、その堅牢なる貯蔵機能のために、重ねて使用されることが前提となったものだからである。前述のアンピン壺の例がもっともわかりやすい例だが、ヨーロッパ向けのサン・ディエゴ号から引き揚げられた3点のアンピン壺もそのような転用として考えられる。

　「マルタバン」と通称されたミャンマー経由の甕が、長く各地で使われた。黒釉の容器の総称でもあるこの用語の範囲は広い。ただ、たとえばバンテンのティルタヤサ大王が中身の商品ではなく大甕そのものの入手をオランダ人にも求めたのも[19]、その転用が前提だからと考えられる。

堅牢な磁器はもちろん土器容器でさえ、転用はふつうに行われていたとみることができる。とすれば、商品容器としての貯蔵具の移動はもちろんのこと、食膳具・調度具という狭義の陶磁貿易であっても、転用資源流通の側面がとくに群島部では存在した。これは、大きな長距離貿易の波を絶えず受けていた消費地としての群島部にあっては、当然のあり方とみることができる。

(3) 近世アジア陶磁貿易

ラーマ出土の陶磁器が、どのような貿易構造のなかにあったのかを考えるため、同時代の陶磁貿易について、インド洋と群島部の両地域の状況をみてみたい。またラーマ出土の陶磁器の一つの重要な要素である日本の肥前磁器の動きをあわせて検討する。

1 インド洋の陶磁貿易

フォルカーの研究

アジアの陶磁貿易については、半世紀近く前にフォルカーがオランダ東インド会社のさまざまな資料より提示した研究（Volker 1954）が大きな影響を及ぼした。[20] ここではインド洋の在来陶磁貿易について、フォルカーの研究から港ごとに抽出していみたい（図20）。

まずスマトラ北端のアチェである。ここには16～17世紀にマラッカ海峡北側を扼し、またバンテンとならぶコショウ生産を背景として強大なイスラム国家が存在していた。ムガール治下のインド・グジャラートのスラット Surate 船が、ここで磁器の積み出しをしている（1672年）。バンテン船が1641年にここへ磁器を運んでいるように、東方からの陶磁輸出の拠点だった。

グジャラート地方は、群島部へのイスラム布教の拠点だったところで、15世紀初頭にはグジャラート産の大理石石棺が、当時のアチェ地方の最大港市サムドゥラ・パサイそして東部ジャワのグレシッへ輸出されている。また第2章で触れたように、イスラム・バンテンの樹立者スナン・グヌンジャティあるいは

第 5 章　アジア陶磁貿易とバンテン　209

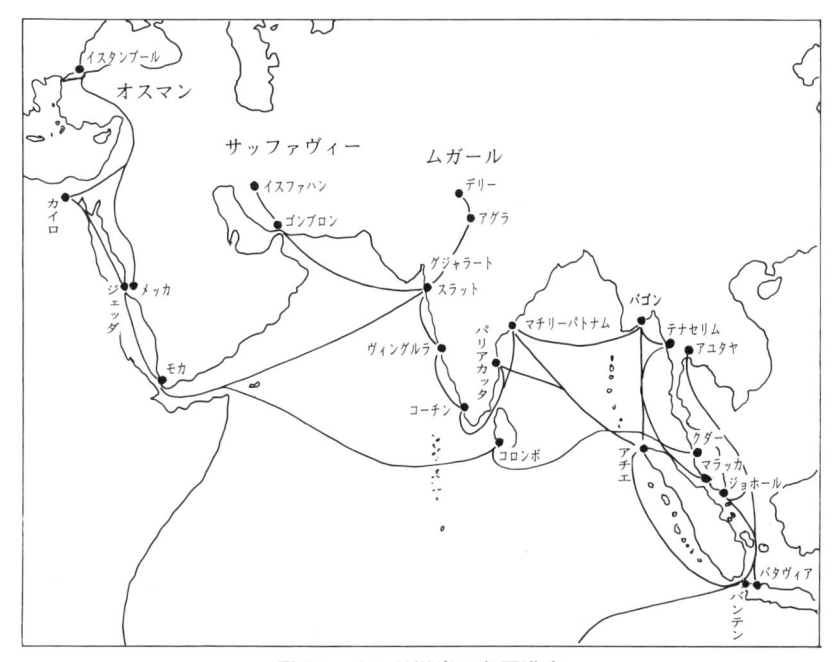

図20　インド洋岸の主要港市

　ファディーラ・ハーンは、サムドゥラ・パサイ出身のイスラム学者だった。アチェとイスラム・バンテンは、ポルトガルのマラッカ占領に対するイスラム教徒貿易ネットワークの再編としておなじように勃興したのであり、両者の関係が深いのは当然でもある。1638年にバンテン王はスルタン称号をオスマン帝国傘下のメッカの太守から得ているが、その時点でのメッカへの連絡はバンテン船が行い、当然アチェを経由しているはずである。

　次にインド南東部のマチリーパトナム Machilipatnam がある。ゴルゴンダ Gorgonda・イスラム王国の重要な港で、ベンガル湾貿易の拠点だった。17世紀前半には、自らの船でアチェやミャンマーのバゴン（ペグー）、テナセリム Tenaselim から運んだ磁器を、盛んにイランのゴンブロン Gombron や紅海入口のモカ Mocha に運んでいる。また1664年には、アユタヤからのジャンクがここまで中国磁器を運んだこともあった。その後ムガールに併合されてからは活

力が落ちたようだが、広範囲な活動を示した港市である。

　その南でオランダ東インド会社のコロマンデル本店があったパリアカッタ Paliakatta は、タミール地方の重要な港の一つである。ここでは1645年にアルメニア人商人の船がマラッカから磁器を輸入した記録がある。在地のコロマンデル船も64年に肥前磁器を運んでいる。それより古く1618年には、ペルシャ人がここで磁器取引を行っており、またマレー船がここへ磁器をもってきたこと[21]もあった（1638年）。

　この地域には16世紀頃まで強大なヒンドゥ国家ヴィジャヤナガル Vijayanagar が存在したが、その住民であるタミール人などのヒンドゥ教徒商人は、15世紀後半頃から17世紀初頭にかけて群島部へ多数来航し、クリン Keling 人とよばれていた。マラッカ、イスラム・バンテンともに彼らは、通商長官 syahbandar に任じられている。また西アジア出身のアルメニア人商人も、自らの船でマラッカやバンテンに来航している。

　インド北西部のグジャラート地方のスラットは、前述のようにムガール帝国の外港としての役割があった港である。1639・47・51年にはアチェから上質・粗製磁器を自らの船で運んでいる。またマラッカから1646年には、磁器とマルタバン壺を2隻の船で輸入した記録もある。

　さらに紅海の入口モカは、オスマン帝国最南端の港として活況を呈していたが、陶磁貿易でも1645年にはマチリーパトナムとアチェからそれぞれの船が磁器を運んでいた。ここにあったオランダ商館が1659年に肥前磁器の大量注文を出したことだけが肥前磁器輸出史上これまで特筆されてきたが、それより以前から陶磁貿易上の拠点であったことは忘れてはならない。もちろん、それはオスマン帝国という強大なイスラム国家に組み込まれたインド洋貿易での重要港市であったこととも深い関係がある。[22]

　次に陶磁器貿易の重要な中継地になった港は、次のとおりである。

　バンテン（ラーマ）は、アチェ・スラットへの中国磁器そしてバタヴィアへの粗製肥前磁器とトンキン陶器の供給源であった。マラッカはマチリーパトナム、パリアカッタ、スラットへ中国・肥前磁器そしてマルタバン壺を供給して

いた。さらにバンテン、バタヴィアへも磁器を積み出している。

　アチェはマチリーパトナム、スラット、モカと、ベンガル湾とアラビア海を越えた磁器輸出の拠点だった。テナセリムからは、マチリーパトナムへ上質磁器が運ばれている。そしてマチリーパトナムからは、ゴンブロンとモカへの磁器航路があった。

　これらのインド洋をめぐる在来の陶磁貿易の多くは、17世紀中葉頃までが活動の中心をなしていた。しかしたとえば、バンテンからゴンブロンに向かったアユタヤ船（1682年）、スラットからアユタヤへ向かったアルメニア船（1672年）、マラッカからマチリーパトナムへのゴルゴンダ船（1663年）、インド西部のウィングルラ Vinggurla からゴンブロンやモカへ向かった18隻のイスラム教徒船（1665年）、アチェからスラットへのスラット船（1672年）、スラットへのバンテン船（1670・72年）などが、オランダ記録のなかで確認できる。

　フォルカーの研究は、このように予想以上に大規模な17世紀インド洋の在来陶磁貿易をオランダの文献から活写している。

バンテンとイスタンブール

　そのようなインド洋陶磁貿易の物的な証拠は、どのように見出されるだろうか。

　ふたたびバンテン出土の陶磁片を探ってみると、そこには表7のようなトルコ・イスタンブールのトプカプ・サライ博物館収蔵品と同種のものが見出された。

　器種としては圧倒的に大皿が多い。また大皿とならんで多い蓋付鉢も調度的な要素の強いものである。だが台湾左営でも出土した雑器的な日常食器である福建・広東青花皿や小碗なども存在している。全体としてII期からV期までつづいており、III期を除いてバンテンでは推定個体数が100個体以上発見されているものが含まれている。

　トプカプ・サライ博物館はオスマン帝国スルタンの宮殿だった場所で、その収蔵品はスルタンの所持品だったものである。一般には大量の元青花大皿や明代の竜泉窯青磁大皿の存在で知られるが、ここにある膨大な陶磁器コレクショ

表7 トプカプと同種のバンテン出土陶磁（※はティルタヤサ出土。（　）内はティルタヤサ出土個体数）

産地	種類	器種	文様	時期	年代	個体数	備考
景徳鎮	青花	大皿	外唐草見込蓮弁唐草	II	16C初	197	
景徳鎮	青花	鉢	見込菊唐草　外竜唐草　正徳年造	II	15C末〜16C初	42	
景徳鎮	青花	碗	外松梅　見込花卉	III	1590〜1610年代	31	
景徳鎮	青花	大皿	芙蓉手　チューリップ	III	1630〜1640年代	10	
肥前	青磁	大皿	高台内蛇ノ目釉剥ぎ	IV	1650〜70年代	21(4)	※
肥前	青磁	大皿	箆彫植物文	IV	17C後	10	
福建・広東	青磁	大皿	内線彫文	IV	17C中〜末	133	
景徳鎮	青花	大皿	内花唐草　口銹	IV	17C後〜18C初	184	
景徳鎮	青花	鉢	魚藻蟹	IV	17C後〜18C初	9	
景徳鎮	青花	鉢	菊唐草　花菱	IV	17C後	(0)	※
景徳鎮	青花	碗	菊唐草　花菱	IV	17C後	144	※
景徳鎮	青花	小碗	蓮唐草　蓮弁	IV	17C後	(10)	※
景徳鎮	青花	皿	菊唐草	IV	17C後	(18)	※
景徳鎮	青花	皿	花唐草　如意頭繋ぎ	IV	17C後	(23)	※
景徳鎮	青花	皿	口銹　竹葡萄	IV	18C前	69	
景徳鎮	青花	蓋付鉢	草花	V	17C末〜18C中	4	
景徳鎮	青花	蓋付鉢	外菊唐草	V	17C末〜18C前	151	
景徳鎮	青花	蓋付鉢	花唐草	V	18C後頃	15	
景徳鎮	青花	蓋付鉢	外草花	V	18C	14	
景徳鎮	青花	蓋付鉢	外草花鳥	V	18C	25	
景徳鎮	五彩	蓋付鉢	花唐草	V	18C前〜中葉	8	
景徳鎮	五彩	蓋	菊花・草花	V	18C前	1	
景徳鎮	青花	皿	見込花卉文輪宝連続文	V	18C	1	
福建・広東	青花	皿	内雲龍　銘	V	18C中〜末	12	
福建・広東	青花	小碗	口ハゲ　窓絵	V	18C	215	

ンの半数以上は17・18世紀の清朝陶磁で、また肥前も少なくない（三上 1988A）。このコレクションの肥前磁器を詳しく観察した大橋康二は、17世紀のものはヨーロッパにみられない種類が多く、東欧の状況から考えて中東方面から入ってきたと考えた（大橋 1995）。

　トプカプ・コレクションの形成に大きな役割をはたしたとされるのが、エジ

プト・カイロ郊外のフスタート al Fustat 遺跡である。ここに膨大な東アジア陶磁片が存在することはこれまで多く語られてきた。しかし、一般に話題になる14世紀以前のものは、絶対量からは少数派である。たとえば1964年の出光中東調査団の調査成果では、総数10,110片のなかで17・18世紀のものは清朝を中心に4,842片がみられた。また66年調査では659片のなかで205片がある（三上 1988B）。さらにここでも肥前が存在している（計25片）。

つまりカイロ経由でイスタンブールにいたる17・18世紀の有力な陶磁貿易路が存在したことは確かである。ここで、紅海の入口の貿易港モカが、フォルカーが指摘したように重要な陶磁貿易の拠点だったことが思い起こされる。

ではバンテンからはどうであろうか。イスラム国家としてのバンテンは、当然深いつながりを西アジアともっていた。とくに前述のように1638年、スルタン称号をメッカ太守からバンテン王が受けたことは、国家としての正式の交流がメッカの支配者オスマン帝国とあったから可能となった。オスマン帝国皇帝は、いわゆるスルタン＝カリフ制によって、名目的には全世界のイスラム教徒の保護者であり、メッカとの交流はオスマン帝国との関係に直結している。さらに1676年、当時の皇太子（後のハジ王）がバンテンの王族として初めてのメッカ巡礼から帰還している。

少なくとも17世紀前半にはインド洋航路にバンテンが自ら参入していたことは確かであり、前記ラーマ出土陶磁片のトプカプ・コレクションとの共通現象は、バンテンからそれらがもたらされたと考えるのが自然だろう。なお、当然そのルートは中継地でありバンテン王祖先の出身地でもあるアチェ、そしてスラットなどインド沿岸各地を経由していたことは間違いない。オスマン帝国にいたるインド洋貿易の東端の拠点として、バンテンは位置していたと考えることができる。

逆にラーマで前述のようにトルコ風の図柄を描いた青花陶器片が出土していることは、その交流状況を示す証拠である。さらに日本の江戸加賀藩邸跡で発見されたトルコのイズニーク陶器片（写真9）についても、バンテン経由がもっとも考えやすい。トルコ陶器がアジア方向に運ばれることはほとんどなく、[23]

写真9　江戸加賀藩邸跡出土のイズニーク陶器片

それらは貿易商品ではなく珍奇な贈答品的な扱いであったと推定できるが、インド洋をめぐる陶磁貿易路がバンテンを起点に存在していたことは間違いない。

2　東南アジア群島部の陶磁貿易

ラーマと同時代の東南アジア群島部の陶磁貿易について、西端のアチェ、東部の拠点マカッサル、そして南東端のソロール島のあり方を陶磁片からみてみよう。

アチェ地方の遺跡表採例

スマトラ島最北端のアチェ地方は、16世紀になるとサムドゥラ・パサイに替わってアチェ王国が隆盛を極め、17世紀前半を中心にマレー半島まで含めた海峡北部を握る大勢力となる。このアチェ王国の主要な港跡であったカジュー Kaju、ランバロ Lambaro およびギエン Gieng 遺跡で筆者が表面採集した陶磁片は、次のとおりである（図21、坂井 1991・1995）。

なおランバロでかつてエドワーズ・マッキンノンが採集した陶磁片についても（　）内に記した（Edwards McKinnon 1992）。

カジュー遺跡
　　○15世紀（1個体）
　　　食膳具：竜泉窯青磁碗1個体
　　○16世紀（1個体）
　　　食膳具：景徳鎮窯青花碗1個体
　　○17世紀前半（6個体）
　　　食膳具：景徳鎮窯青花碗0個体、景徳鎮窯五彩碗0個体、漳州窯青花

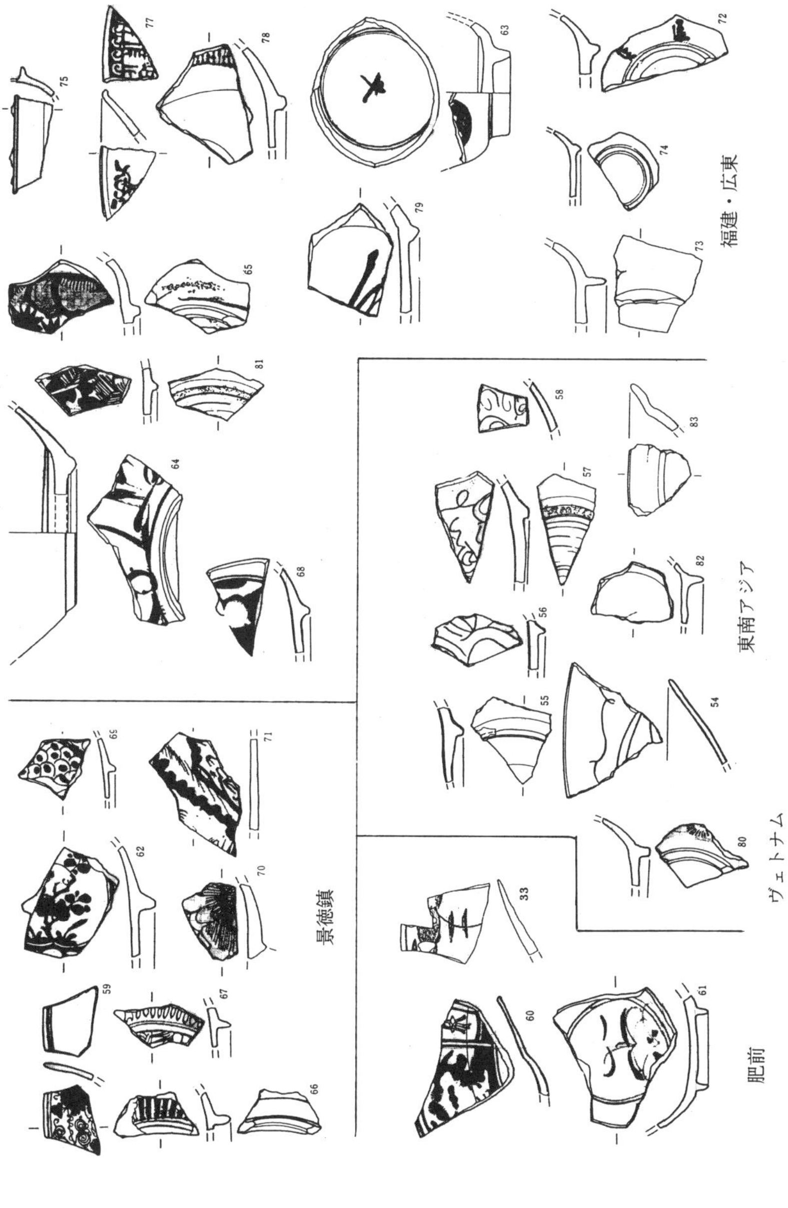

第5章　アジア陶磁貿易とバンテン　215

福建・広東

東南アジア

ヴェトナム

景徳鎮

肥前

図21-1　アチェ地方出土の陶磁片(1)　ギエン（坂井 1991・95）

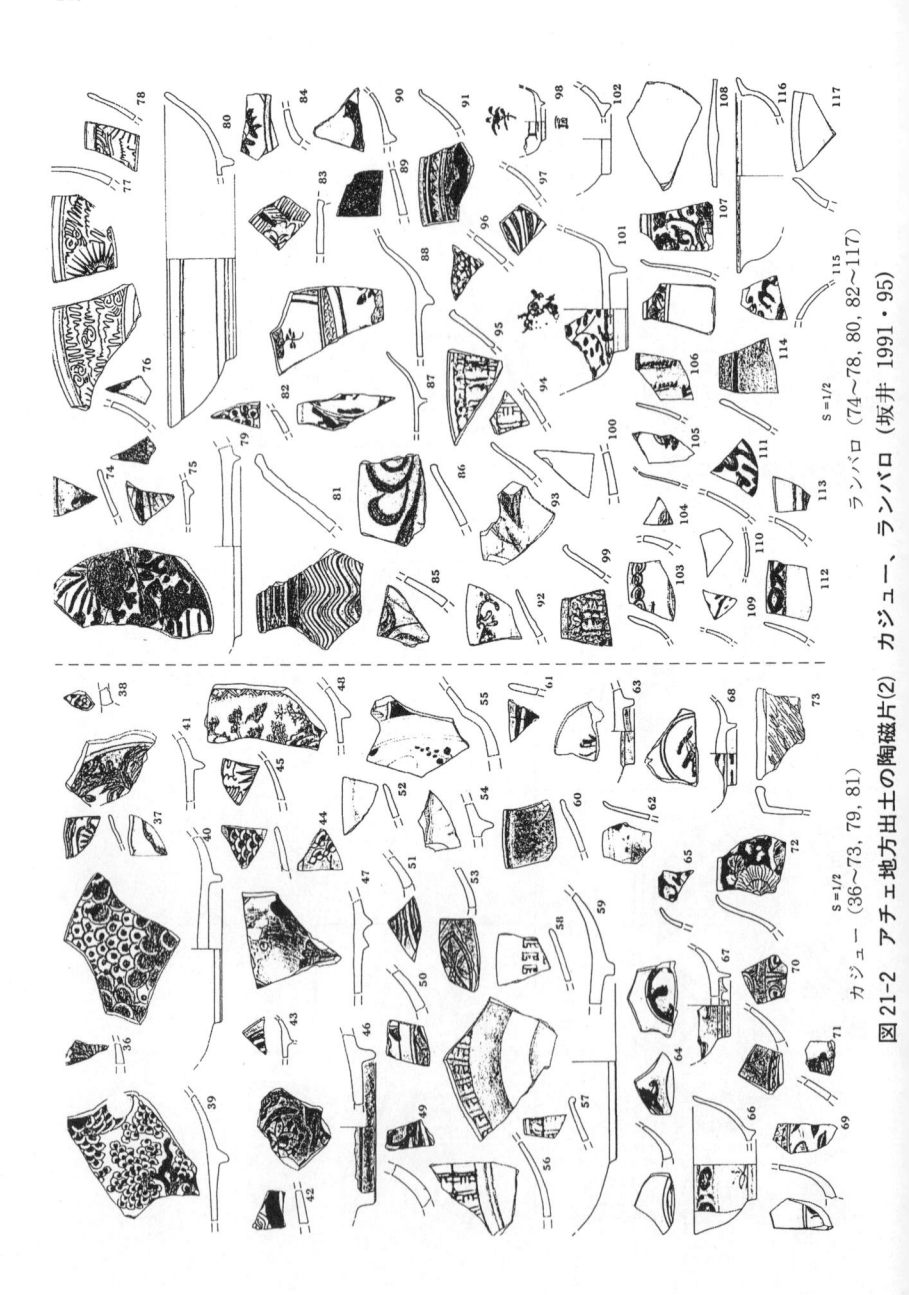

図21-2 アチェ地方出土の陶磁片(2) カジュー、ランバロ (坂井 1991・95)

カジュー (36～73, 79, 81)　ランバロ (74～78, 80, 82～117)
S=1/2

碗2個体、景徳鎮窯青花芙蓉手皿0個体、景徳鎮窯青花皿2個体、景徳鎮窯白磁皿0個体、漳州窯青花皿2個体、ミャンマー系錫釉皿0個体

○17世紀後半（3個体）
食膳具：福建・広東系青花碗0個体、景徳鎮窯青花皿2個体、福建・広東系印青花皿0個体、肥前窯染付芙蓉手皿1個体、肥前窯二彩刷毛目皿0個体

○18世紀（4個体）
食膳具：福建系青花碗1個体、景徳鎮窯青花皿1個体、福建・広東系印青花皿1個体、福建・広東系青花皿1個体、福建・広東系青花芙蓉手皿0個体

○19世紀（1個体）
食膳具：福建・広東系青花碗0個体、景徳鎮窯五彩皿1個体

ランバロ遺跡
○14世紀以前
調度具：（竜泉窯青磁片）、（同安窯青磁片）、（徳化窯白磁碗）、（莆田窯白磁碗）

○15世紀以前（0個体）
調度具：中国系白磁瓶0個体

○16世紀
食膳具：（シーサッチャナライ窯青磁碗）、（北部ヴェトナム系青花鉢）
調度具：（シーサッチャナライ窯鉄絵合子）

○17世紀前半（3個体）
食膳具：景徳鎮窯青花碗小杯1個体、漳州窯青花皿0個体、漳州窯白磁皿0個体、景徳鎮窯青花芙蓉手皿1個体、景徳鎮窯青花皿1個体
調度具：（ミャンマー系白釉緑彩壺）

○17世紀後半（3個体）

食膳具：景徳鎮窯青花碗0個体、福建・広東系青花碗0個体、景徳鎮窯青花皿1個体、景徳鎮窯五彩皿1個体、福建・広東系瑠璃釉皿0個体、福建・広東系五彩皿0個体、肥前窯染付皿1個体、（肥前窯二彩刷毛目鉢）

調度具：福建・広東系青花蓋付鉢0個体、（肥前窯青磁大皿）

○18世紀（2個体）

食膳具：福建・広東系青花碗0個体、福建・広東系印青花碗1個体、福建徳化窯型作り青花碗0個体、福建・広東系白磁碗0個体、景徳鎮窯青花皿0個体、福建・広東系青花皿1個体、福建・広東系印青花皿0個体、福建系型抜き青花皿0個体、福建・広東系五彩皿0個体

調度具：景徳鎮窯青花蓋物0個体

○19世紀（1個体）

食膳具：福建・広東系青花碗0個体、福建系型抜き白磁碗1個体、福建・広東系五彩皿0個体、ヨーロッパ系釉下彩皿0個体、（マーストリヒト窯銅版転写皿）

ギエン遺跡

○15世紀（1個体）

調度具：竜泉窯青磁大皿1個体

○16世紀（0個体）

食膳具：タイ系青磁皿0個体

○17世紀前半（5個体）

食膳具：ミャンマー系緑釉皿0個体、漳州窯青花皿3個体

調度具：漳州窯青磁大皿2個体

○17世紀後半（4個体）

食膳具：肥前窯染付荒磯文碗1個体、ヴェトナム系鉄絵印花碗1個体、肥前窯染付芙蓉手皿0個体

調度具：景徳鎮窯青花大皿2個体

○18世紀（10個体）

　　食膳具：福建・広東系青花碗1個体、福建・広東系白磁碗1個体、福
　　　　　　建・広東系青花皿3個体、福建・広東系印青花皿1個体、福
　　　　　　建・広東系青花鉢3個体、福建・広東系白磁鉢1個体
　　調度具：福建・広東系壺蓋0個体

　以上のような区分で、このアチェ地方の3遺跡での表面採集陶磁片は分布している。それぞれの年代別の動きを概観すると、アチェ川旧河口に位置するカジュー遺跡では15～19世紀のものがみられるが、主体は急速に高まった17世紀とその余韻としての18世紀だろう。アチェ王国勃興以前の港市ラムリー Lamri の跡とも推定されるランバロ遺跡の場合は14～19世紀の陶磁片があるが、同様に17世紀を頂点としその後18世紀までつづいている。やはりアチェ王国以前には港市プディール Pedir があったとされるギエン遺跡では15～18世紀につづくが、17世紀から突如増えてむしろ18世紀が頂点となっている。しかしなぜかここでは19世紀のものはみられない。

　アチェ王国の本来の本拠地は、カジューの近くにあったと推定される。16世紀前半に現在のアチェ地方を統一し、17世紀前半にマラッカ海峡北半部に覇を唱えるまでに大発展を遂げた後、アチェ王国は19世紀後半まで少しずつ勢力を減少させながらも独自の地位を維持していた。

　カジューとランバロでの陶磁片のあり方は、そのような歴史に符号している。ただ距離的に本拠地から離れたギエンの場合は、18世紀にもっとも活発な活動があった後、港としての機能が消失したようだ。カジューとランバロのあり方は、王国中枢の支配層の陶磁器利用とみることができる。独自の海洋発展が終息した18世紀においても、引きつづき陶磁器がもたらされている。一方ギエンは、現代のアチェ地方の流通センターであるシグリ Sigli の町の近郊に位置しており、ここでの陶磁片はアチェ地方在地上層部への供給の証拠と考えられる。そのため、王国中枢の貿易機能が低下した18世紀にはここが中心的地位を占めるようになり、陶磁器使用者たちの範囲もかなり広まった可能性が考えられる。

　前述のようにトルコのトプカプ・コレクションとラーマ出土陶磁の共通性を

考えるとき、それは記録にあるようにバンテン船自体のインド洋航路進出と切り離せない。そして当然そのルートは、中継地でありバンテン王祖先の出身地でもあるアチェ、そしてスラットなどインド沿岸各地を経由していたことは間違いない。

実際にアチェのランバロ遺跡では、バンテン・ラーマⅣ期の肥前青磁大皿やⅤ期の徳化窯型作り青花小碗の破片が発見されている。とくに重要なものは台湾の左営遺跡でも出土している雑器の後者であって、これは18世紀にオランダがヨーロッパに運んだとは考えられないものである。このようなものまでがトプカプに存在すること自体、少なくとも18世紀前半においてはアチェ経由でバンテンとトルコを結ぶ貿易路が存続していた可能性を十分に示しているだろう。フォルカーの論究対象外である18世紀前半にも、オスマン帝国にいたるインド洋貿易の東端の拠点として、バンテンは位置していたと考えることができる。

南スラウェシ、ソンバ・オプー城跡出土例

南スラウェシのマカッサル地方は、16世紀にゴア Goa 王国が誕生し、マルク諸島との香料貿易の中継地として発展を遂げた。とくに17世紀初頭には王がイスラム教徒になって以後、東部インドネシアで最強のイスラム王国として大きく勢力を拡大した。この地域の住民は現在でも、近接するボネ Bone 王国地域のブギス人とともにピニシ pinisi とよばれる帆船を駆使して群島部全域でさまざまな交易を行っている海洋民である。

ゴア王国は17世紀中ごろより香料貿易の覇権を巡ってオランダと敵対状態になり、激烈な戦いを行った。そして1669年、ハサヌディン Hasanudin 王が最終的に降伏を余儀なくされた後、本拠地のソンバ・オプー城（図11）での活動は低下していった。

2001年、われわれは南スラウェシ等文化財管理事務所との共同で、このソンバ・オプー城跡出土の陶磁片の整理調査を行った（大橋他 2002）。この陶磁片は南半部分が残っている同城の城壁復元にともなって出土したものである。

この調査から得られた推定個体総数386個体の分類成果は、次のとおりである。

1期（15世紀後半〜16世紀前半）計155個体
　食膳具：景徳鎮窯青花・白磁・五彩103個体、タイ・ヴェトナム系鉄絵・青花2個体
　調度具：景徳鎮窯青花・法花16個体、タイ・ヴェトナム系鉄絵・青磁・青花32個体
　貯蔵具：産地不明中国褐釉陶2個体
2期（16世紀後半〜17世紀初頭）計83個体
　食膳具：景徳鎮窯青花・白磁・五彩9個体、漳州窯青花・白磁24個体、タイ系鉄絵1個体
　調度具：景徳鎮窯青花・五彩6個体、漳州窯青花10個体、産地不明中国緑釉陶1個体、タイ・ヴェトナム系鉄絵・五彩83個体
3期（16世紀末〜17世紀前半）計127個体
　食膳具：景徳鎮窯青花48個体、漳州窯青花・五彩13個体
　調度具：景徳鎮窯青花1個体、漳州窯青花・五彩65個体
4期（17世紀後半／1650〜70年代）計21個体
　食膳具：漳州窯青花・五彩・青磁6個体、肥前窯染付9個体、ヴェトナム系鉄絵2個体
　調度具：福建系白磁1個体、肥前窯染付2個体、ヨーロッパ系白釉陶1個体

このような陶磁片の傾向から、次のようなことが考えられる。

ゴア王国の歴史との関係でみれば、16世紀の早い時点でこの国はすでに陶磁貿易の大きな流れのなかに位置していたことがわかる。景徳鎮磁器とタイ・ヴェトナム陶磁の組み合わせはフィリピン西部の沈没船資料でも確認されており、陶磁器の輸入に現れるマカッサル海峡を経由した貿易の大きさがゴア王国の成立を促したことを想定させる。

2期から3期までの調度具の増加傾向、とくに漳州窯製品皿類の増大は、現存する古墓に数多くの皿が嵌め込まれた痕跡が確認できることと重なっている。もともと調度具に含められる大皿だけでなく、食膳具である皿も実際の使用は

威信財としての調度具のあり方に近かった。そのため、漳州窯皿類の急激な輸入増加は、単に輸出側の状況によって生まれたのではなく、ゴア王国側での権力集中の状態にも起因している可能性が考えられる。

4期の急激な減少は、明らかにハサヌディン王時代のオランダとの3度にわたる戦争状態の現れであろう。この時期の肥前はバンテンと共通するものがある。ゴアとバンテンは人的に、また貿易ルートからも深い関係がある。この肥前はバンテンからもたらされた可能性が想定できる。

なお、ここで確認した肥前磁器は、発掘資料としてインドネシア東部で発見された最初の遺物である。

また計測を行わなかった4期より後の遺物も、決して微々たる量ではなかった。1669年にオランダに敗北した後、保護下に入ったゴア王国は本拠地を内陸のスングンミナサ Sungungminasa に移すことになる。しかしそれがいつのことであり、ソンバ・オプーの廃絶がどのような状況だったかについては、この資料の調査が必要になることは確かである。

ヌサトゥンガラ・ソロール島の遺跡表採例

ジャワ島の東に連なるヌサトゥンガラ列島東端に位置するフローレス Flores 島のさらに東側には、小島がまとまっている。その一つのソロール Solor 島は、北側に帆船の良好な停泊地であるソロール水道があり、1556年には水道に面したロハヨン Lohayon にポルトガルが要塞を築いている。この要塞跡で、江上幹幸は1998年に次のような陶磁片を表面採集した（江上 2000）。

○16世紀末～17世紀中葉
食膳具：景徳鎮窯五彩青花碗0個体、景徳鎮窯芙蓉手青花皿7個体、漳州窯草花文青花鉢1個体、漳州窯草花文青花皿3個体、漳州窯印判手他五彩皿0個体

○17世紀後半（写真10）
食膳具：景徳鎮窯青花碗2個体、景徳鎮窯青花皿1個体、肥前窯荒磯文染付鉢1個体、デルフト窯白釉皿1個体
調度具：景徳鎮窯青花蓋物0個体、景徳鎮窯青花瓶1個体、肥前窯染付

瓶 1 個体
　貯蔵具：中国産褐釉有耳壺 0 個体、ライン窯塩釉二彩貼花壺 0 個体
○18世紀（写真11）
　食膳具：福建・広東系靈芝文等青花碗 4 個体、福建・広東系蛇の目釉剥
　　　　　ぎ等青花皿 4 個体
○19世紀
　食膳具：景徳鎮窯唐草文青花端反碗 2 個体、ヨーロッパ系銅版転写青絵
　　　　　皿 2 個体、ヨーロッパ系釉下彩カップ 0 個体
○その他　産地不明　緑釉鉢 0 個体

　以上のように、この遺跡の資料は時期ごとに大きく種類が異なる。16世紀末〜17世紀前半は、景徳鎮窯芙蓉手青花皿など調度具的な付加価値の高い食膳具が大部分を占めている。つづけて17世紀後半は、やや絶対量が減るのとは逆に種類・産地が増加するが、前代ほどの高級製品はみられない。18世紀は、量的には変わらないもののすべて福建・広東系の粗製食膳具となる。量的に減る19世紀は、産地が変わったが、同様に粗製の食膳具のみとなる。

　ポルトガル人が要塞を建設した後のこの地域は、おおむね次のような歴史をたどった（Doko 1974）。

　ティモール島での香木黒檀の貿易を主目的としたポルトガルの動きが活発だったのは1600年頃までで、要塞そのものは1613年にオランダに占領された。その後、フローレス本島に撤退した純ポ

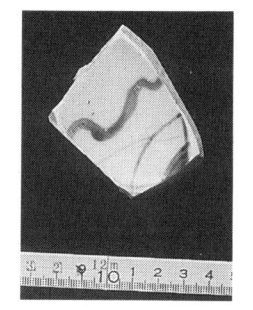

写真 10　ロハヨン出土の肥前陶磁片

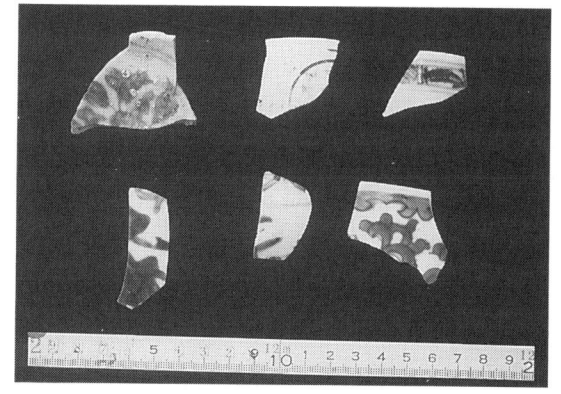

写真 11　ロハヨン出土の18世紀陶磁片

ルトガル人はしだいに数が減って勢力を弱め、現地民との混血児「黒ポルトガル」勢力が18世紀前半まで東ティモールを含めて大きな力をもち、ポルトガル人そのものとも対立する。オランダはソロール島要塞を早めに放棄したようで、主体を西ティモールに移している。彼らがふたたびフローレス島周辺に戻るのは19世紀中葉のことだが、実効支配は20世紀に入ってからだった。

　そのような歴史経過と陶磁片の関係を考えると、まず16世紀末～17世紀前半のものは、ポルトガル時代とオランダ占領直後の重商的様相を示している。ここでの景徳鎮窯芙蓉手や漳州窯製品は、ヨーロッパへの再輸出品というよりは黒檀貿易の対価としての意味を考えるべきで、黒檀産地のティモール島の有力者へ運ばれるはずであったと考えられる。なおこのソロール島周辺は伝統的に捕鯨がなされており、マッコウクジラの体内にある竜涎香という重要な商品があったことも無視できない（江上前掲論文）。

　17世紀後半のあり方は、産地の多様化を示しており、ジャンクによる肥前貿易の主力商品の一つである荒磯文鉢などをみれば、オランダというよりは「黒ポルトガル」勢力の経済活動を現していると考えられる。18世紀の状況は、基本的にアジア内部の陶磁貿易のあり方をそのまま反映しており、やや低調ながら前代からの政治経済活動が継続した感じである。そして19世紀は、オランダの影響増大を示している。

　それら陶磁器の最終使用者については、要塞の存在に積極的な意味があった17世紀前半までのものは、輸出商品黒檀産地をかかえる伝統的首長のみにもたらされるものと考えられる。しかしそれ以降のものは、在地化の度合を進めつづけるローカルトレーダー「黒ポルトガル」勢力とその周辺にもたらされたものだったろう。おそらくこの時点でオランダは要塞を放棄し、替わりに「黒ポルトガル」人たちが戻ってきたと思われる。この遺跡で19世紀のものまでが採集できたのは、彼らの末裔が依然としてここに残っていたことを推定させる。

　重要なことは、この遺跡で表面採集された陶磁片は、ほとんどすべてラーマでも出土していることである。とくに18世紀の福建・広東系靈芝文（仙芝祝寿文）青花碗は86個体、蛇の目釉剥ぎ青花皿は357個体と、量的にはかなり多い。

これら雑器は、もちろんヨーロッパに運ばれたことはない。

以上のように、群島部では、東部の拠点南スラウェシではヨーロッパ人の来航以前から陶磁貿易が活発で、とくに16世紀末頃からの福建漳州窯の興隆と連動していた。また西端のアチェや東に大きく離れた東ヌサトゥンガラで、18世紀においても依然として盛んな陶磁貿易の証拠をみることができる。そしてそのなかで中心をなしたものが、より量産的な製品であったことは興味深い現象である。

3　肥前陶磁の東南アジア輸出

日本の肥前陶磁は、17世紀後半から18世紀前半という比較的短い期間、東南アジアを中心とするアジアへ輸出された。ラーマやティルタヤサでかなりまとまって出土していることは、すでに第3章でみたとおりである。中国陶磁や他の各地の陶磁器にくらべ細かな編年研究が進んでおり、この期間の陶磁貿易を考えるうえでは重要かつ比較的扱いやすい対象である。ここでは、肥前の動向をみてみる。

新たな出土例

かつてバンテン遺跡群を中心とする17世紀後半の日本肥前陶磁の東南アジア輸出について、台湾鄭氏政権が大きな役割をになっていた可能性を、インドネシアと日本の考古資料などから予察した（坂井 1993）。

その時点で判明していた出土地は、インドネシアのバンテン遺跡群、バタヴィアのパサール・イカン遺跡、アチェのカジューとギエン遺跡、ヴェトナムのホイアン遺跡、タイ・アユタヤのチャオプラヤー川川底遺跡であった。そのなかで発掘調査資料は、わずかにラーマのものだけである。

その後、今日にいたるまで考古資料は、前述のインドネシアのマカッサルやソロールの他に次のように東南アジア各地で増えつづけている。

ヴェトナム

1993年以降、中部ホイアンにおける菊池誠一らの発掘調査（菊池 1998）で、多くの肥前磁器が発見されている。ここでの特徴的なこととして、旧市街地の

同一地点において17世紀の前半と後半でほぼ同じ器形・図柄の陶磁器が、中国江西景徳鎮窯および福建漳州窯系から肥前窯に置き換わっていることが明らかになった。[24)]

これまでにヴェトナムで確認されている肥前陶磁出土遺跡は、次のとおりである。

　　北部　ハイフン省：ランゴム・リンサー遺跡、チュウダオ窯跡
　　　　　タインホア省：ラムキン遺跡
　　　　　ホアビン省：ムォン族古墓
　　中部　クァンチ省：フックリー窯跡、マイサー遺跡、ハータイ遺跡
　　　　　トゥアティエン・フエ省：ミースェン窯跡、タインハー遺跡
　　　　　クァンナム省：ホイアン遺跡群、ディエンバン・タインチェム遺跡、
　　　　　　　　　　　　ズイスェン・ノイザン遺跡、ドンゾォン遺跡
　　　　　ビンディン省：ヌックマン遺跡、トックロック塔、ズォンロン塔
　　　　　ラムドン省：ダイラン古墓、ダイドン古墓
　　南部　バーリア・ウンタウ省：コンダオ

この分布で明らかなように、肥前陶磁出土遺跡は中部ホイアン周辺がもっとも濃密である。これは肥前陶磁が輸入された17世紀後半の状況を考えるなら、クアンナム・グエン氏政権の領域内に濃厚に存在したことになる。この点について菊池は、グエン氏領域内では「肥前磁器は碗・皿を中心に普遍的に出土」しており「あらゆる階層に広く普及した食器」とみることができ、北部チン氏政権領域内とは大きく異なっているとしている。またその理由の一つとして、チン氏政権領域内には青花磁器生産の伝統があったが、彼らと抗争していたグエン氏政権の領域にはそのようなものが存在しなかったことをあげている（上智大 1999）。

注意すべきは、ビンディンの各遺跡はこの時点ではグエン氏領域に編入されていたと考えられる、かつてのチャムパの宗教施設だという点である。またラムドンは、グエン氏の影響下にあった末期チャムパの領域の後背山地である。ダイラン古墓は、副葬品ではなく大量の陶磁器を棺のように使った特異な少数

民族の墓地で、少なくとも14～17世紀にいたる長期間の埋葬がつづけられた（森本 1996）。さらにコンダオは、17世紀末に短期間イギリス東インド会社の商館があった場所である（菊池 1997A）。

そのようにビンディン以南がかなり特殊な性格の遺跡が多い点は、北部の場合も似ている。ホアビンが少数民族墓であり、タインホアのラムキンは黎朝皇帝の墓所であった。

現在までチン氏政権の貿易港フォーヒエン Phohien の調査がなされていない限定条件はあるが、これまでの出土状況は明らかにグエン氏政権の貿易港ホイアンでの輸入が、ヴェトナムでの肥前陶磁搬入のおもなルートであったとみることはできる。ここから周辺地域への拡散は、特殊な交易の結果としたい。

台湾

1988年、臧振華ら中央研究院歴史語言研究所の調査団は、前述の左営鳳山県清代旧城遺跡（高雄）の試掘調査を行った（臧他 1993）。この調査は初期漢人居住地の実情を探ることを目的としていたが、出土した福建系陶磁片のなかに17世紀後半の肥前陶磁片が存在していることが、1995年に謝明良の指摘で判明した（謝 1996）。

「宣明年製」という17世紀後半の肥前磁器に付けられた銘がみえる青花碗が、小範囲の発掘資料のなかに存在していた。この鳳山県旧城のなかでさらに多くが存在した可能性は大きく、またその搬入路が近くの貿易港アンピン（台南）であったことはほぼ間違いない。実際、同時期の肥前染付山水文小瓶の伝世品（写真12）が、台南市文物展示館に所蔵されていることもあり、

写真12　台南伝世の肥前染付山水文小瓶

台湾南部にまだ多くの肥前磁器が眠っていると考えるのが自然である。

鳳山県は、1661年に鄭成功が台湾を占領したときに設置した万年県であり、一部現存する清代の城壁の地下に、鄭氏時代の遺跡が眠っていることが明らかになった。左営そのものも、鄭氏時代の屯田に由来した地名である。この遺跡は、1786年に起きた林爽文反乱によって鳳山県城が移転することで、基本的に居住がなくなる。[25]

興味深いことに、この調査ではヴェトナム・ホイアンも含めた東南アジアの各地で広く分布する前述したアンピン壺、そして一群の焼締陶器が発見されている。[26] 前者は長崎などでも近年発掘資料が増えているが、後者は「南蛮」の名で茶陶として日本に伝世品の多いものである（西田 1993）。

歴史時代の考古学調査がいまだに十分でない台湾でなされたこの調査で、肥前陶磁のみならず、このような広範囲に分布する陶磁片が共伴して発見されたのである。17世紀後半の台湾の占めていた陶磁貿易における重要な地位を象徴する、貴重な資料といえる。少なくとも、肥前陶磁の輸出に台湾が関係していたことが、確実に明らかになった。

カンボディア

1996年に行われた北川香子らによるポスト・アンコール期のカンボディア王城調査の際、トンレサップ川下流のウドン Udong 地域で、多くの陶磁片が表面採集されている。そのなかには、次のような肥前磁器片が含まれていた（上智大 1999）。

 染付荒磯文碗（1660〜80年代）
 染付蓋物蓋（1650〜60年代）
 染付鉢（1655〜70年代）

これらは、17〜18世紀の中国陶磁とともに、チェイチェッタ Jayajettha 王城跡ならびに近くの貿易港ポニェ・ルー Ponhea Lu 跡で採集されたものである。

なお、ウドン地域と対立関係にあったといわれるメコン川沿岸のバサン Basan で同様に採集された陶磁片のなかにも、肥前染付荒磯文碗片がみられた。

いずれも表面採集の資料ではあるが、これらはカンボディアに肥前陶磁が確実に運ばれていたことを示す初めての証拠となった。1647年にアユタヤ経由でカンボディアに向かったジャンクが積んでいた174俵の粗製磁器が、記録上初めて確認された肥前陶磁の輸出である（山脇 1988）。上記採集資料はもちろん、この最初の輸出品ではない。しかしここは、174俵つまり碗ならば少なくとも千個以上の肥前磁器を販売できる可能性がもっとも古くからあった場所である。そのため、つづく時期の肥前陶磁片が地上に散布していたことは、この地域に眠っている遺物の多さを想定させる。

また、ウドンと対立していたバサンでも発見されたことも、カンボディア全体での肥前陶磁に対する需要の大きさを測る材料となりうる。

以上の3地域で発見された肥前陶磁のあり方には、次の二つの重要な共通点がある。すなわち、

　　A　17世紀後半にはオランダの貿易活動拠点とは異なった地域である
　　B　肥前単独ではなく膨大な中国陶磁とともに存在する

これらの傾向は今後さらに新しい出土地が増えても、おそらく変わらないであろう。

新発見の記録

肥前にかぎらず近世の陶磁貿易について、オランダ以外の当事者は詳細な記録を残していない。しかし、次のような肥前貿易に関する記録が判明した。

長崎に来航した唐船（ジャンク）の情報を集めた『華夷変態』巻三（浦 1958）に収録された延宝3（1675）年十一番クラパ（バタヴィア）船の条に次の記述がある。

　　万丹よりゑげれす船壱艘仕遣候、錦舎領地の厦門へ商売に参はず之由、（中略）、五年已前寅の年、ゑげれす船艘はじめて東寧へ志し参候而、（中略）、東寧方より売申候荷物は、砂糖、蜜漬、くわしの類、馬ふんし、<u>染付ちゃわんざら</u>、なべ、銅、鉄、金子之類にて御座候、（後略）

錦舎は、鄭成功の子、鄭経のことで、東寧は鄭氏による台湾の呼称である。この前年、経の率いる台湾の鄭氏政権は厦門を奪回し、大陸反攻ならびに貿易

拠点とした。

　1675年にバンテンから台湾にきたイギリス船は、ここで染付磁器などを買っていたことが、ライバルのバタヴィアのオランダにも知られており、さらにバタヴィアから長崎にきたジャンクがそれを報告したものである。ここに列挙された購入商品のなかで、銅は明らかに日本産であり、染付磁器も肥前のものが少なからず含まれている可能性が高い。

　これに対応するものとして、近年公刊されたイギリス東インド会社の文書では、バンテンにあった支店と各地の商館の取引・連絡が明らかに記されている。なかでも、中国大陸および日本との貿易をねらってイギリスは、台湾の鄭氏政権と1670年に軍事同盟的要素もある通商協定を結んでいる（曹 1997）。

　鄭氏政権と関係する1670-85年のイギリス東インド会社文書集（Chang et al. 1995）には、次の文書がみられる。

> Of silk wares we desire the following perticulars may be sent us by way of Fort St George or otherwise as aforesaid, vizt.
>
> ……
>
> And in Japan screenes, chainaware & other China rarities, well bought, the value of 2000 dollars.
>
> (No. 182 The East India Company in London to the Chief and foctors at Amoy, 12 August 1681)

イギリスは、鄭氏の大陸反抗にともない、台湾の安平だけでなく厦門にも商館を設置した。この厦門から鄭氏の商船は日本の長崎にも向かっており、その買い付けで運ばれる磁器 chinaware を屏風などとともに確保してマドラスのセント・ジョージ要塞経由かその他の方法で送れとの本店からの指示である。[27]

　注文された厦門からの鄭氏船が長崎で買い付ける磁器は、明らかに肥前である。ここで注目したいのは、その肥前磁器に対して、日本磁器とか伊万里焼などといっていない点である。1680年代までの肥前磁器は基本的に中国景徳鎮磁器のコピー商品をめざしてつくられており、それは実際に成功したとみてよい。ホイアンでおなじ文様の磁器が17世紀前半には景徳鎮のもの、そして後半には

肥前のものと変化したことは、まさしくそれを示している。この時点での肥前磁器の流通が中国景徳鎮磁器の代替商品としてのものであったことに注意したい。

したがってイギリスのルートだけをみても、

　　厦門・台湾→バンテン→マドラス→ロンドン

という肥前陶磁の動きがあったことが知られる。

また、この文書集には、バンテンの王・王族 Pengran Kedulle・シャバンダル（通商長官）Keay Nebbe Checodanna と商人 Abdull Mugget などの船や荷が、台湾にきていることが記されている。これらの船はジャンクで、実際の乗組員などは華人が多かった可能性もあり、ジャンク貿易の一部とよぶべきかもしれない。ただ、バンテンと台湾の直接取引がもともとあったルートにイギリスが後から参入したことは確かである。[28]

以上の資料により、バンテンに本拠があったイギリス、そして鄭政権と直接取引も行ったバンテン、さらに日本およびグエン氏との関係も深かった鄭政権が、肥前陶磁の貿易でつながった強い結びつきがあったことがより明らかになった。

これらの考古資料の出土状況を再度まとめると、群島部ではバンテンとアチェ、さらに南スラウェシとヌサトゥンガラ東部で肥前陶磁がみられる。他にマレー半島南端のジョホール Johor で確認されている。一方大陸部では、ホイアンとその周辺、ウドン、アユタヤでの発見があった。とくにかつてのチャムパとポスト・アンコール期のカンボディアなどがひしめく現在のヴェトナム南部での発見は、さらにつづくと予想される。また台湾では高雄左営以外でも考古資料の確認は、今後期待できる。[29]

これらの発見地の傾向は、先に述べた二つの共通点、つまりオランダの影響が弱いことと中国陶磁と共伴することは基本的に変わらない。前者の唯一の例外はバタヴィアのパサール・イカンだが、ここでも後者はおなじである。

したがってそのような肥前陶磁の出土状況を解く鍵が、中国陶磁の貿易を主として担っていたジャンク貿易であることは容易に考えることができる。

（4） 近世陶磁貿易でのバンテンの役割

　これまでみた陶磁器から知られる群島部での貿易のあり方を下地とするなかで、バンテンの貿易上の位置について巨視的に考えてみる。陶磁器産地である東南アジア大陸部あるいは東アジアとの関係、また消費地である東南アジア群島部の他地域やインド洋沿岸地域との貿易網のなかで、バンテンのはたした役割を政治史も射程にいれた形で検討を行う。最後に本書の論究課題である政治的退潮期の18世紀前半の問題を、群島部での陶磁貿易全体から見つめ直す。

1　ジャンク貿易と陶磁器
華人墓

　バンテンの陶磁貿易を支えた中心が華人であったことは、その大多数が中国陶磁であったことからも当然のことといえる。それは、すでに1596年にここにやってきた最初のオランダ人ヒョウトマンの記録からも明らかである（生田1981）。

　そこには、彼らが精粗二種類の磁器を運んできたことが記されている。それは景徳鎮窯製品と漳州窯などの福建・広東系製品と考えられる。同時に彼らがもたらした中国銅銭[30]は、他の東南アジア各地と同様にバンテンでの基本的な通貨になった。ヒョウトマンの記録には、磁器の価格とバンテン最大の産物であるコショウの価格が、銅銭の枚数で記されている[31]。

　彼ら華人たちのバンテンでの居住を示すもっとも重要な考古資料が、華人墓である。この華人墓のあり方をみてみたい。

　バンテン地域での最古の華人墓は、ラーマから南に10キロ離れたクラパ・ドゥア Kelapa Dua にある辛丑（1661）年銘の福建漳州海澄許氏墓である（坂井1993）。それより古い墓は、発見されていない。つまり少なくとも16世紀末から半世紀以上、華人たちはバタヴィアの場合とほぼ同様にここでの埋葬は行っていないことになる[32]。しかし、1661年以降、19世紀までバンテンでの華人の埋葬

は継続されたため、彼らの居住にかかわる重要な物的証拠が残されることになった。

なかでもバンテン地域で最大の密集度を示すラーマ南2キロのカスニャタン Kasunyatan 華人墓群（写真13）の存在が、最近報告された（Salmon 1995）。

写真13　カスニャタンの華人墓群

ここには、総数96基の亀甲墓が群集している。サモ C. Salmon によって紹介された墓誌の一部は、次のとおりである。

1693（癸酉）年	漳州海澄県出身	蔡二官墓
1697（丁丑）年	漳州竜渓県出身	馬会墓
1698（康熙戊寅）年	漳州馬岐社出身	連清墓
1706（康熙丙戌）年	漳州竜渓県出身	郭挙官墓
1706（康熙丙戌）年？	漳州海澄県錘林出身	蔡□官墓
1706（丙戌）年	漳州南靖県出身	戴外良墓
1711（辛卯？）年	漳州竜渓県出身	□章楽墓
1721（康熙60）年	漳州海澄県出身	柯挙官墓
不明年	不明州出身	蔡可官墓
不明年	漳州海澄県錘林尾出身	蔡彩官墓
不明年	漳州海澄県出身	黄興官墓
不明年	漳州海澄県錘林尾社出身	□□官墓

これら12例の墓誌に記された出身地の大部分は福建南部の漳州海澄県もしくは竜渓県であり、他州のものはほとんどみられない。すべての墓誌紀年銘の調査はなされていないので、中心の時期と下限はいまだはっきりはしないが、筆[33]

グラフ7　バタヴィア来航のジャンク

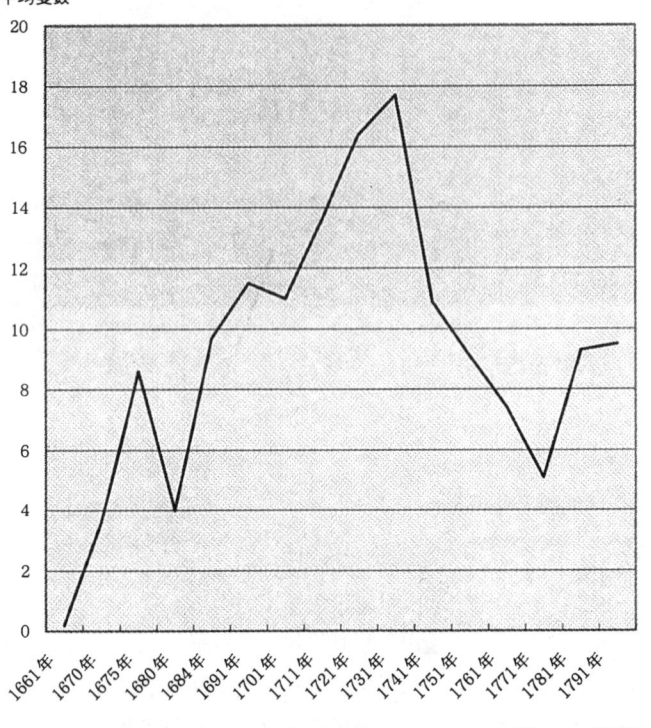

年平均隻数／起年　Blusse. 1986による

者の踏査時の記憶では上記各紀年はこの墓地では古い時期に属し、多くは雍正年間（1723～35）であった。

　第2章で述べたように、1754（乾隆19）年には、スロソワン王宮跡北西5百メートルのパベアンに現存する華人寺院観音寺地内に、華人墓は移っている。その年代を下限とするカスニャタン華人墓群は、バンテンで確認できるもっとも整然と群集した華人の墓域である。前述の陶磁器区分のⅤ期前半に相当する17世紀末～18世紀中葉に継続使用されたこの墓地は、安定して定住していた華人社会の存在を想定させる。もちろんそれはこの時期に、多くのジャンクが来航したことをも裏づけるものである。

文献からのジャンク貿易

バタヴィアにおける華人のジャンク貿易[35]については、東インド会社ならびに清朝資料を使ったブルッセの詳細な研究がある(Blussé 1986)。彼の研究に従って、この貿易を概観してみよう(グラフ7)。

17・18世紀を通じたジャンク貿易を、全体では次の3時期に区分している。

　形成期　1619～80年
　成長期　1680～1740年
　衰退期　1740～95年

1620～30年代の早期には、陶磁器も含まれるジャワ市場向けの商品が運ばれ、年平均5隻が来航した。バタヴィアからの輸出品は、コショウなどの香辛料と銀が中心である。そしてすでにこの段階から毎年千人程度の移住者が福建からやってきている。オランダは基本的にジャンク船来航と華人移住を奨励した。

1640年代以降、中国での内乱により来航ジャンクは大きく減少し、さらに鄭氏一族がジャンク貿易に大きく影響を及ぼすようになった。鄭氏政権管下のジャンクが組織的に東南アジア全域で貿易活動を行ったことに、オランダは大きな脅威を感じた。

とくに60年代初頭の清朝の遷界令[36]、鄭氏による台湾占領、そして70年代の三藩の乱という中国での政治変動は、それまでのジャンク貿易を低下させた。そのため、バタヴィア在住華人のマカオとの取引や、台湾・日本への派船がなされるようになった。

バタヴィアのジャンク貿易成長をもたらしたきっかけは、1682年のバンテン攻略と、翌年の鄭氏降伏にともなう清の遷界令撤廃である。以後厦門からの来航ジャンクが激増した結果、オランダ自身の中国への派船はほとんどなくなった。1694年には来航ジャンクは20隻に達した。80年代以降、ジャンクがもたらした重要商品には磁器とならんで茶が登場している。

1693年、ジャンクが運んだ磁器は500バリー以上で、その内300バリーはジャワ市場向け、残りが東インド会社の購入と密輸をあわせたヨーロッパ市場向けと計算された[37]。翌年のバタヴィアでのジャンク船貿易のなかで、磁器は茶に次

いで26.8%の取引金額を占めている。[38]

17世紀末からオランダは、華人移住の制限を試みたが、基本的には失敗に終わっている。またオランダ勢力圏内で他のヨーロッパ勢力の貿易介入は締めだしたが、ジャンクがほとんど自由に貿易を行うことを認めざるをえなかった。オランダは、「ジャンクには安全通行証をただちに発行した」のである。[39] 1699年には広東にいたジャンクが、バタヴィアとおなじようにバンテンの華人地区でも手形取引を行っていたことが、フランス人によって記録されている。

1686年に厦門と同様に外国船に開港した広東では、イギリスがここに移住した福建商人と取引をし、ヨーロッパ市場でオランダに対抗するようになった。この時期に清朝は、再度海禁を1716〜22年に実施した。これは、バタヴィアの経済に大きな影響を与えた。また海外在住華人の帰国も禁止されたが、海禁解除後しだいに緩和された。1734年、オランダ本国の指示で、ジャンク貿易と併行する広東への派船が実施されている。

衰退期の端緒となったのは、1740年に起きたオランダによるバタヴィアでの華人大虐殺事件である。しかし、ジャワ内部全体の政治変動のきっかけとなったこの事件は、ジャンク貿易の停止にはいたらなかった。42年、清朝は貿易再開を決定した。大虐殺事件でバタヴィアのジャンク貿易にかかわる組織などが壊滅し、また1759年以降ヨーロッパ市場向けの商品の扱いが禁止されたにもかかわらず、バタヴィアでのジャンク貿易は下降線をとりながらもなお約半世紀つづいた。

1749年、大虐殺後の貿易再開に向けた、ジャンクへの税優遇措置は撤廃された。以後、東インド会社そのものの組織的腐敗のなかで、ジャンクへのさまざまな課税と不法徴収がなされる。そのため、来航ジャンク数は年5〜10隻へと減少し、出帆地もしだいに厦門にかぎられるようになった。それは厦門船のみが移住者の同乗を許可されていたことにも関係している。1753年、群島部へ来航するイギリスとの取引を禁じるため、ジャンクの自由貿易が制限されかけている。しかしその試みが決して成功しなかったことを、次のようにブルッセは述べている。

(1755年)には、バタヴィア以外のすべての港での貿易停止が試みられたが、華人のネットワークはその完全な撤廃に対してあまりに堅固に編まれていることがわかった。マラッカ、バンジャルマシン、マカッサルは華人貿易なしに発展することはできず、すべてのこれらの港はついに再開した。

1790年代に銀の輸出が禁じられたことは、ジャンク貿易の衰退に大きな拍車をかけた。また18世紀末から19世紀初頭にかけて厦門では、貿易を担っていた組織である洋行の多くが倒産した。

ジャンク貿易の衰退、とくに東南アジア向けの取引が18世紀末に急速に凋落したことの理由を、ブルッセは「それ自体の理由ではなく（略）群島部における東インド会社の弱体化やイギリス利権の侵入」により起きたと結論づけた。さらにそれは「もっとも人目を引く方法で（ジャンク貿易という）外国の海運網によって（商品を）供給されねばならない」東インド会社自体の矛盾から生まれているものであり、さらにその矛盾は「バタヴィアが群島における中継貿易港としての地位をその巨大な華人企業家数の存在に負っているという事実」から生じたとしている。

つまりバタヴィアの東インド会社の存在とはジャンク貿易と表裏一体をなすものであり、ヨーロッパとアジアの経済が産業革命に立脚したイギリス流の帝国主義経済のなかに取り込まれたときに、同時に消滅せざるをえなかったという見解である。

ブルッセは「貿易の当事者は活動を物語るものを何も残さない」としたが、彼が描いたジャンク貿易の痕跡が明瞭にバンテンに陶磁片として残っていたことは明らかである。そこから、ジャンク貿易におけるバタヴィアとバンテンの相互依存と並立の関係を考えることができるだろう。

注意したいのは、オランダは17世紀末以降バタヴィア以外へのジャンク来航の制限を試みるがつねに挫折した、との指摘である。オランダの独占意図は当然とはいえるが、陶磁器を含める中国産品の市場支配力がジャンクに握られている以上、広大な群島部で意味のある来航制限は不可能であるといってよいだろう。実際、バタヴィア以外各地での18世紀の陶磁片の存在は、まさしくそれ

を裏づけている。[40]

日本来航ジャンク（唐船）

17・18世紀の東南アジアの華人貿易の一部をなす日本貿易については、『華夷変態』（浦 1658）などの文献が残されている。[41]そこから日本で奥船とよばれた東南アジアとの貿易をみてみたい。

総数の変化

総数の推移（グラフ8）をみると、遷界令撤廃後の1680年代と90年代が年平均80隻ほどのピークをなしている。1715年以降は、銀・銅の極端な流出をおそれた徳川幕府が「正徳新令」という貿易制限を行い、来航ジャンク船数を年30隻と制限したため減少している。また出帆地ごとの割当が決められ、東南アジア各地から直接・間接にやってきた船（奥船）は、中国大陸周辺からの船（口船・中奥船）にくらべ減らされた。

そのような状況のなかで奥船の割合は、1650年代から増加して70年代には最高の43％に達する。その後80年代以降減少はするが、15～20％の間で少なくとも1730年代前半まで一定して存在がみられる。

1670年代までの高率は、明らかに公式的には中国大陸との関係が閉ざされた台湾鄭氏の活動を示すものである。しかし台湾鄭氏が降伏した80年代以降もその割当制限のためやや低率ながら、変わらず東南アジアからのジャンクが日本に一定して来航している事実は、明らかにジャンク貿易そのものの継続を示している。とくに出帆地での日本向け船の多くが全体の2～3割程度であることをみれば、東南アジア域内あるいは中国大陸とのジャンク貿易が依然として好調であったことを知ることができる。

本拠地

これらのジャンク船について出帆地ごとに、船籍＝船主（「船頭」）の本拠地が推定できる1674～1733年の413隻について傾向（グラフ9）を検討すると、本拠地が出帆地自体の場合とそれ以外に大きくわかれる。後者は各出帆地在住の華人と他地からの来訪者を明確に区分することが困難だが、前者船数の全体に対する割合は、福建台湾25％・広東7％・浙江以北9％となる。[42]

第5章 アジア陶磁貿易とバンテン　239

グラフ8　日本来航ジャンクと奥船

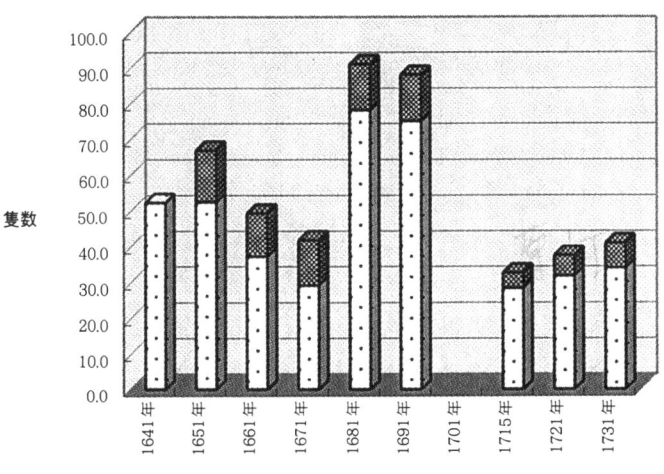

隻数／起年

凡例：奥船平均、年平均

華夷変態・唐船進港楝録及び岩生．1953・永積．1987による

グラフ9　奥船の推定船籍

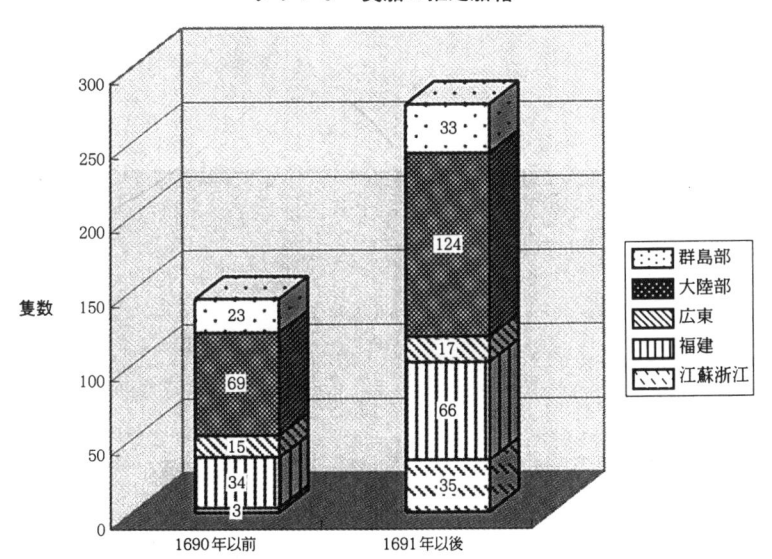

1690年以前：江蘇浙江 3、福建 34、広東 15、大陸部 69、群島部 23
1691年以後：江蘇浙江 35、福建 66、広東 17、大陸部 124、群島部 33

凡例：群島部、大陸部、広東、福建、江蘇浙江

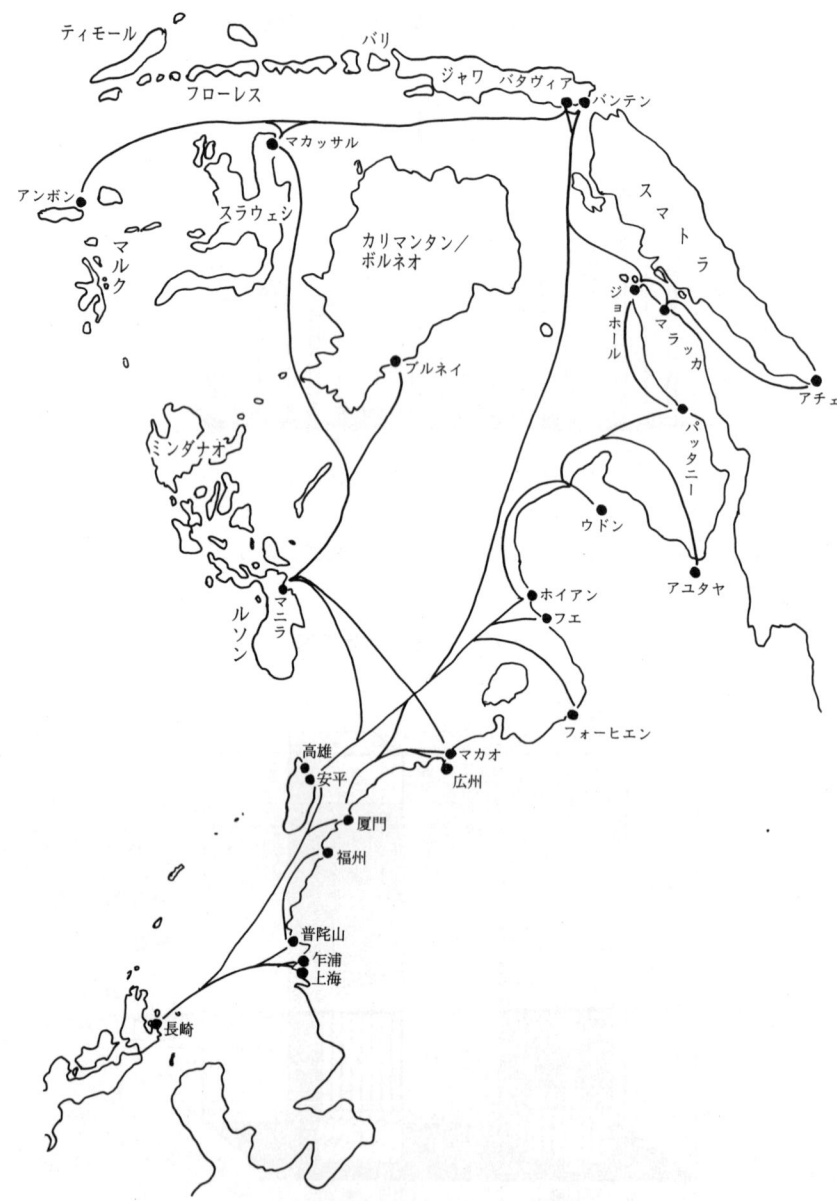

図22　東南アジアのジャンク貿易ルート

また1690年以前が144隻に対して、91年以後は275隻の総数となっている。各推定船籍ごとでは、減少が泉州・台湾・太泥（パッタニー）、同数が広東・万丹（バンテン）で、他は全体に増加している。日本来航ジャンクのそのような傾向から、1690年以降に基本的に福建系を中心とする非日本来航ジャンク、すなわち東南アジアでのジャンク貿易全体の増加を十分に想定することができる。[43]

ジャンク貿易の役割

これまでみてきたように、バタヴィアでも長崎でも、17世紀から18世紀にかけてのジャンク貿易は盛んであり、基本的には18世紀中葉まで上昇の一途をたどったといってよいだろう（図22）。そしてジャンクの輸出品のなかで重要なものの一つが、陶磁器だった。17世紀前半までは景徳鎮と漳州窯、後半は景徳鎮と肥前、18世紀は景徳鎮と徳化窯などの福建・広東系というのが、基本的な組み合わせである。[44]

バタヴィアとの関係は何回かの清朝の海禁を経験するが、17世紀の鄭氏政権の役割も含めて完全な中断はなく、ジャンク貿易はブルッセのいうように中継港としてのバタヴィアにとって不可分のものであった。われわれはそれを、次に述べるパサール・イカンから出土した中国陶磁の割合の大きさに、具体的にみることができる。バタヴィアへは日本来航ジャンクも関係していた。[45] 日本来航ジャンクだけで前述のように、出帆地はきわめて多様である。しかし、たとえばそこに重要な群島部の港マカッサルが入っていないように、東南アジア域内の寄港地の数はさらに多いことは間違いない。

バンテン、バタヴィア、長崎のいずれでも、貿易はジャンク貿易なくして成立しなかった。中国磁器が欠乏すれば肥前磁器を求めるというように、それは中国商品供給の前提で存在したのではなく、各地の商品を流通させるというネットワークへの絶えざる希求が可能にさせたと思われる。

2　バタヴィアとの相違

バンテンの華人がかかわった陶磁貿易を考えるうえで、東に90キロ離れたオランダ東インド会社の本拠地バタヴィアでの貿易は避けて通れない存在である。

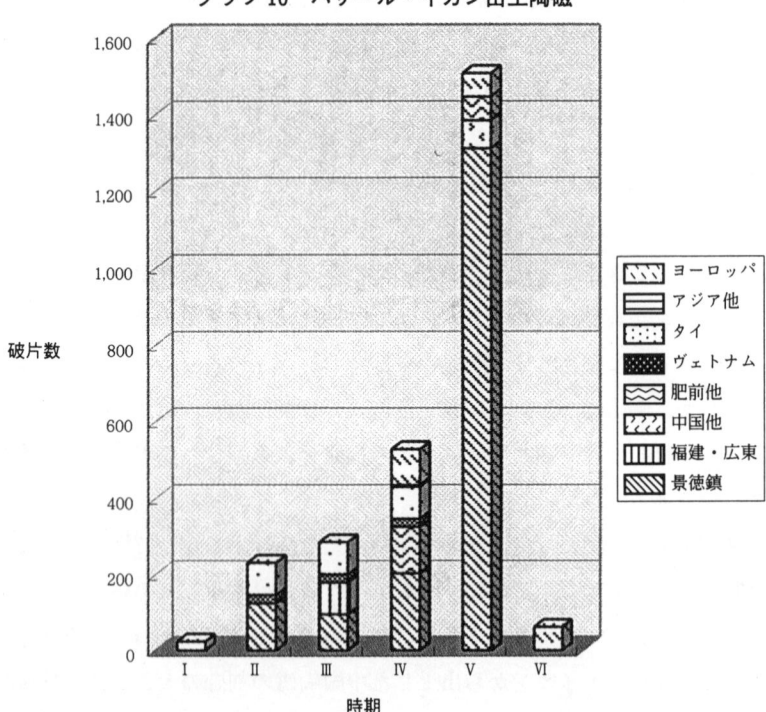

グラフ10　パサール・イカン出土陶磁

註：Hasan 1981 の数値を下記のように修正した
　　＊肥前はⅢ期103、Ⅳ期52に分ける　　＊タイ後期はⅡ～Ⅳ期に1/3づつ分ける
　　＊ヴェトナムは器種別総数（ガラスを除く）と産地別総数の差より推定し、Ⅱ
　　　～Ⅳ期に1/3づつ分ける　　＊ペルシャの半数はⅣ期のオランダとする
　　＊オランダはパイプ数を引いてⅣからⅥ期に1/3づつ分ける

考古および文献資料より、それを概観したい。

パサール・イカンの陶磁器

　現在のジャカルタ市内の旧市街地にあたるバタヴィアでは、バンテン・ラーマに匹敵するような規模での発掘調査はなされていない。しかし、1980年にバタヴィア旧港（スンダ・クラパ Sunda Kelapa 港）に隣接するパサール・イカン Pasar Ikan（魚市場）の運河改修にともない、東インド会社の倉庫跡の一部が発掘調査された（Hasan 1981）。

　このとき大量の陶磁片が出土しており、調査の主眼もそこにおかれた。今日

の研究成果からはかなり異なった見解も多いが、同遺跡の調査報告書に記された出土陶磁（破片点数）は、おおよそグラフ10のように分類することができる。

基本的にはオランダがバタヴィアを占拠した1619年以降、搬入された陶磁器が多かったことを示している。しかし、オランダの本拠地にもかかわらず、ヨーロッパ陶磁は決して多くない。むしろ中国陶磁を主体とし、それに日本の肥前や東南アジア陶磁が付随して入ってくる全体の流れは、ラーマとかなり似た傾向がみられる。16世紀段階から上昇を始め18世紀に頂点に達する動きは、基本的におなじとみてよいだろう[46]。

ラーマとおなじ時期区分をあてはめた場合、各時期の変化は、II期のヴェトナム・III期のタイ・IV期の肥前で、大きな差がラーマとの間でみられる。しかし、これはこの報告がなされた時点と現在との認識の差と考えられる。

産地別では、景徳鎮が6割と圧倒的多数を占めているが、報告の時点では分別できなかったIV期・V期の福建・広東そしてIV期の肥前が、ここにかなり混入しているはずである。そのため、景徳鎮と福建・広東そして肥前を合計したものを出してみると、7割近くになる。これはラーマの場合が9割近くになるのとくらべると、やや少ない。残りの大部分の3割近くはヨーロッパとタイ・ヴェトナムになる[47]。これもバンテンの場合、それらの合計が5％程度なのとくらべれば、かなり目立った差である。

種類ごとの区分（パイプ類を含まず）は、次のとおりになる。

食膳具　70.1％
　　皿36.9％、碗26.5％、鉢1.4％、小杯5.1％、蓮華0.2％
調度具　21.1％
　　壺9.5％、大壺0.5％、瓶2.6％、花瓶3.2％、小瓶1.3％、水注0.6％、クンディ型水差し0.0％、合子2.1％、香炉1.1％
貯蔵具　8.8％
　　甕8.8％

最大の割合を占める食膳具、とくに皿類の細別がないため不明確な数値では

表8　バタヴィアの肥前陶磁

		1650～80年代	1680～1740年代
食膳具	染付碗	9	0
	染付鉢	5	0
	染付小坏	7	0
	染付皿	19	16
	染付芙蓉手皿	15	1
	染付小皿	0	1
	白磁皿	2	0
	色絵皿	0	1
	二彩刷毛目皿	3	0
	小計	60	19
調度具	色絵芙蓉手大皿	3	0
	色絵印判手大皿	1	0
	色絵大皿	0	1
	染付芙蓉手大皿	1	1
	青磁大皿	1	0
	二彩刷毛目大皿	1	0
	染付髭皿	0	1
	色絵合子	1	0
	染付合子	1	0
	染付蓋物	1	0
	染付蓋付鉢	0	1
	染付鉢蓋	0	3
	染付瓶	2	0
	染付壺	1	0
	小計	13	7
	合計	73	26

あるが、調度具の中身をみると、壺・花瓶が多くクンディ型水差し・合子が少ない点に大きな特徴がある。他の群島部内向けの例の多くでは調度具の中身は逆になっている。ヨーロッパ産を除くここの陶磁器の大部分は、ヨーロッパへの再輸出用であったことを示しているのだろう。

もう少し細かな種類がわかる肥前の場合は、表8のとおりである（個体数が判明するもののみ）。

前期（1650～80年代）から後期（1680～1740年代）にかけて3分の1に減っているが、これは中国陶磁の輸出停止と再開という大きな状況があるためである。食膳具の減少率は全体とほぼ同率だが、調度具はより大きく減っている。種類数でみれば、食膳具が7から4種類に対し調度具は10から5種類になっている。後期での調度具の減少は顕著といえる。そして両時期を通じて変わらず存続しているのは、ほぼ食膳具では皿また調度具では大皿のみといえる。

肥前の場合、前期はオランダ船とともにジャンクがバタヴィアへ運んだが、後期の大部分はオランダ船にかぎられている。ヨーロッパ市場を第一の目的としたオランダ船の荷の中心は、皿や大皿といえる。そしてジャンクが運んだものは、碗や合子などが多かったことになる。

前述のようにヨーロッパ陶磁以外のこの遺跡の陶磁器は、基本的にヨーロッパ向けであることは間違いない。しかしそのなかでも肥前にみられる時期的な種類の変化は、内容からみると一部は群島部市場に向けられていたものがなくなってしまったことを示しているのかもしれない。

全体をみれば、ラーマにくらべ貯蔵具と調度具の比率が高い。これはパサール・イカンが倉庫跡であり、ラーマの陶磁片出土地の大部分が王宮跡であることの差からきていると思われる。調度具のなかで目立つのは植木鉢で、バンテンで多かった合子類は植木鉢より少ない。これも同様の理由だろうか。また食膳具のなかでは、皿類（971片）に近づいて碗類（碗697片・小坏135片）がみられる。ラーマにくらべ、碗類の比が高い。

以上のように、いくつか異なった点もあるが、全体の変化がラーマと同様であることは注意すべきである。しかもオランダ東インド会社の本拠地であることを考えるとき、ヨーロッパ陶磁は決して多いといえない。

たださらに重要なことは、ラーマとの差を考えた場合もっとも目立つことが、ヨーロッパ陶磁の比率である（P.50 グラフ2参照）。王権が崩壊した19世紀にはラーマでもヨーロッパ陶磁はかなり多い。しかしそれ以前は、バタヴィアとくらべればはるかに少ない。このことは18世紀までバタヴィアからラーマに陶磁器が運ばれたことが決して多くなかったことを示している。

最後に、17世紀後半のバタヴィアとラーマの間の陶磁器の動きを、フォルカーの研究（フォルカー 1979）より抽出してみよう。

　　1666年　ラーマからバタヴィアへ磁器4百個

　　1676年　ラーマからバタヴィアへ肥前磁器1,500個

　　1677年　ラーマからバタヴィアへ磁器120梱

　　1680年　ラーマからバタヴィアへ北部ヴェトナム製の磁器1万個

　　1681年　ラーマからバタヴィアへ北部ヴェトナムの磁器5千個、バンテンのジャンクが32樽、2箱の磁器

　　1682年　ラーマのイギリス人所有の磁器179樽・10包・3梱を没収

予想以上にバンテンからバタヴィアへ運ばれた磁器が多いことがわかる。18

世紀の資料は残念ながら記されていないが、上記のようなパサール・イカンの陶磁片の状況から考えれば陶磁器移動の流れが完全に逆転したとは考えにくい。

3 陶磁器の再輸出

陶磁貿易を考えるうえで大きな要素である再輸出について、使用者の問題もからめて検討してみたい。

港市・政治拠点と再輸出

海上貿易による流通の拠点として港市が存在する以上、輸入されたものが港市内部のみで消費されつくすことは考えにくい。とくに可搬性の高い陶磁器では、ふたたび外に運ばれる可能性はきわめて大きいといえる。基本的に輸入商品の一程度以上の部分が、また運び出されることは原理的には当然である。そしてそれは遠距離にある次の港市への再輸出と、内陸もしくは近隣の消費地への短距離取引に分けることができる。

しかし、具体的に個々の考古遺物が再輸出商品であると確実に断定することは、沈没船積荷以外では簡単ではない。ただ、たとえば産地Aの製品が港市Bと他地点Cで発見され、この3点が航路上の延長として無理がなく、さらに発見数量が多い場合は、そのような再輸出商品である可能性がかなり高いといえるだろう。とくにAからCへの航路が単一の航海ではむずかしくかならずBを経由しなければならない場合は、なおさらである。

陶磁器では、希少的なものをたぐることでその証明に接近できる。たとえばタイ南部のインド洋岸のコーカオ Kohkao 島とシャム湾岸のポー Poh 岬の9世紀イスラム陶器は、その好例である。地峡の両側である両者の間はもちろん、産地の西アジアとは反対方向のフィリピンのいくつかの遺跡やヴェトナム中部のクーラオチャム Kurao Cham、中国の揚州、そして日本の大宰府で発見されていることから、両遺跡のイスラム陶器は再輸出された可能性はきわめて高い。

ラーマの場合、同様の考え方で理解しやすいのは、オスマン帝国との関係である。イスタンブールのトプカプ宮殿などにみられるラーマとの同種品のなかでも、17世紀後半の肥前や福建・広東の青磁大皿や18世紀の福建・広東の青花

小碗は、ヨーロッパにはみられないものでオスマン帝国への輸出は東からしか考えられない。そして航路上の中間にあたるスマトラ北端アチェ地方のおなじイスラム教港市のカジュー、ランバロ、ギエンでそれらが出ていることから、それらは量的に多いラーマからの再輸出である可能性がかなり大きいと考えられる。ラーマの集約ともいえるティルタヤサの場合は、短かい存続期間で人口集中も考えられないにもかかわらず出土陶磁の1割ほどがトプカプ宮殿収蔵品と同種品である点が注目され、同様の想定をさらに補強している。

オランダの拠点であるバタヴィアでは、当然ヨーロッパへの再輸出品が多いはずである。ただパサール・イカン出土の肥前の場合をみると、ドイツでの伝世例と共通する型打ち成形の陽刻白磁皿のようなものもあるが、上記青磁大皿や二彩刷毛目鉢のようにヨーロッパではまったくみられないものも含まれている（大橋 1990）。量的な問題を検証する必要があるが、それらはオランダ船ではなくジャンクが運んできたと思われ、バタヴィア内での中間層である華人の消費用と考えるのが妥当であろう。

一方、近隣への短距離取引商品については、近接する寺院群コタチナで同種の中国陶磁が多くみられる北スマトラのパヤパシール出土のものが明確になっている例である。ボルネオ内陸への陶磁器搬入の大拠点であるブルネイにあるトゥルーサン・クーパン Terusan Kupan は、もう少し距離が離れた内陸部への短距離取引拠点になっていたことが想定できるが（森本 1991）、まだ確実な短距離取引先の状況が不明である。

次に支配層の問題がある。港市がそこに在住する権力単独に支配されているような港市国家の場合と、他地域に本拠を置く政治権力に支配されている場合とでは、陶磁器に差があるだろうか。

サムドゥラ・パサイの例にそれを考えることができる。ここは15世紀に独自の港市国家だったが、16世紀になるとポルトガル占領を経てアチェ王国の勢力下になった。表面採集陶磁片の状態をみると、15世紀代は食膳具9種類8個体・調度具4種類1個体・貯蔵具1種類0個体だったのが、16世紀には食膳具4種類7個体・貯蔵具1種類0個体に変化している。

表9 アチェの港市とバンテン・ラーマ出土陶磁の比較

年代	種別	カジュー	ランバロ	ギエン	バンテン・ラーマ	
		個体数	個体数	個体数	個体数	種類数
17c前半	食膳具	6	2	3	1,072	15
	調度具	0	0	2	802	10
	貯蔵具	0	0	0	138	8
17c後半	食膳具	3	3	2	4,612	29
	調度具	0	0	2	1,943	16
	貯蔵具	0	0	0	17	3
18c	食膳具	4	2	10	12,232	30
	調度具	0	0	0	1,971	25
	貯蔵具	0	0	0	11	3

　総個体数に大きな差はないが、調度具がなくなったことと、食膳具の種類が半分になった点がみられる。

　同様にアチェ王国内の港市だった17世紀のカジュー、ランバロ、ギエンと王都でもあるバンテン・ラーマを比較してみよう。17・18世紀のあり方は、表9のとおりである。

　アチェ3遺跡は数少ない表面採集資料で、膨大な発掘出土陶磁片のバンテン・ラーマ資料との単純な比較は問題がないわけではないが、次の傾向が認められる。すなわち、総個体数の変化は、ラーマとギエンが似ており、カジューとランバロの中心はより古い時期にある。また食膳具と調度具の割合も、ラーマとギエンに類似性があるが、他の2遺跡は異なっている。

　ラーマは港市国家の中心地だが、18世紀には王権はオランダの保護下に組み込まれて制限を受けている。そのなかで、前代にくらべ調度具の割合が減少するとともに食膳具の種類数はあまり変わらない。アチェ王国は17世紀前半にマラッカ海峡の覇権を争うほどの最盛期を迎えるが、それ以降対外的な活動は弱まるものの独立国家であることは変化しなかった。アチェの本拠に近いカジューとギエンの両港市の資料は、そのような王国の対外関係の変動を現しているようである。しかし、ラーマで王権が活発な時期に割合が高かった調度具は、

その両遺跡資料では同様の傾向を示さず、むしろアチェ王権とは距離的に離れたギエンで似た傾向がある。

やや不確実な比較資料ではあるが、このような傾向を合理的に理解するとするなら、調度具は再輸出品が多く含まれており、そのため少なからず似た資料が出土しているラーマとギエンの間では、直接の取引がつづいた可能性が考えられる。とすれば政治権力の本拠地であるかどうかの差よりも、主たる貿易ルートにのっているかどうかの差の方が、陶磁器の内容と関係が深いことになる。

サムドゥラ・パサイやラーマ自体の変化にみられるように、同一港市内では王権のあり方が陶磁器種類構成の内容と結びつくことはあるが、全体としてみるなら貿易ネットワークのなかでの位置づけの方が大きな意味があることになる。そのため使用者についても、支配層より域内流通業者（ローカルトレーダー）である中間層住民に重大な役割があったといえる。

中間層住民と転用

陶磁器は産地が限られているため、とくに自らの地域でほとんど生産しない東南アジア群島部にとっては、貴重な輸入品である。それは、もっとも基本的な用途である食器としての日常使用が一義的に考えられる食膳具であっても、寺院や墓の建材や葬送具として墓に納入することもあり、威信財あるいは荘厳財としての意味が大きかった。

そのため、これをまず取得できる階層は、とくに中国王朝と朝貢関係があったような地域の権力者であることは間違いない。たとえば、本書では刊行報告がないため事例を紹介できなかった東部ジャワのマジャパイト王朝の本拠地トロウランは、大量の元青花小形食膳具の出土で知られている。

そしてマジャパイト王がヒンドゥ教の神の化身とされたように、権力者がそのまま宗教権威となる場合がイスラム教化した後も含めて少なくない。そこでは、権力者とほぼ同時に祭祀神官層の陶磁器獲得も、当然のこととして生じている。

ここまでは、他地域の場合とそれほど変わりはない。ただ群島部は、地理的にはアジア海上航路の重要な結節点に位置しているということ、また自然的に

グラフ11　ラーマ(上)とティルタヤサ(下)出土陶磁の産地区分

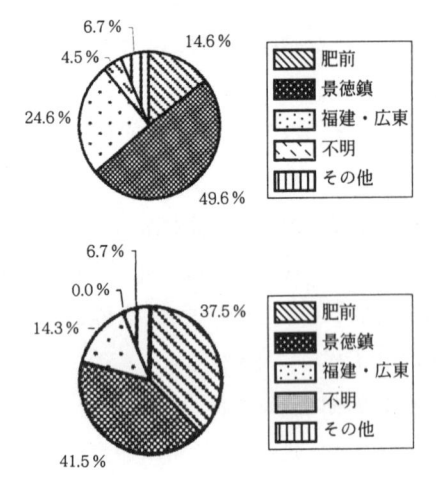

上：
- 肥前 14.6%
- 景徳鎮 49.6%
- 福建・広東 24.6%
- 不明 4.5%
- その他 6.7%

下：
- 肥前 37.5%
- 景徳鎮 41.5%
- 福建・広東 14.3%
- 不明 0.0%
- その他 6.7%

は香料や珍奇な海産物のような重要な貿易商品を産するという、特徴的な要素がある。前者からいえば、季節風を待つために港市の発達があり、そこから再輸出活動が生じている。後者では、貿易主商品取引に付随して生じた二次貿易の発達が生まれる。

そこで、陶磁器使用階層あるいは流通階層として重要な意味をもつのが、前記分類での中間層住民である。彼らは権力者の配下に直接従属する場合もあるが、それ以上に各地の自立的な港市のように独自の動きをとる場合も少なくなかった。マジャパイト時代のグレシッやトゥバンなどの港市にいたイスラム商人や、オランダ東インド会社の本拠地バタヴィアの経済を実質的に牛耳った華人などがそれである。

じつは彼ら中間層住民がもっとも大量かつ広汎に陶磁器を扱ったのではないだろうか[49]。これまで紹介したヨーロッパ向け沈没船を除くいずれの事例でも、そのような階層の扱った可能性がまず想定できるからである。もちろん、その大きな役割は再輸出であれ短距離取引であれ流通がおもな目的で、最終使用はかぎられているかもしれない。しかし、そうであればこそ、おもな港市はもちろんのこと、かなり主貿易ルートからはずれたところでも陶磁器が運ばれることになる。

ではこの中間層住民とは、港市のなかでどれくらいの割合を占めたのだろうか。それについて明確に記した文献は、バタヴィアのような西欧植民地拠点以外にはもちろん存在しない[50]。彼らが扱った陶磁器のなかで、再輸出・短距離取引用と権力者への販売用を除けば、自己消費分が出てくるはずである。それを

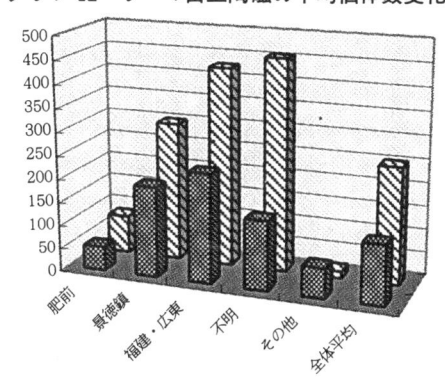

グラフ12　ラーマ出土陶磁の平均個体数変化

ラーマとティルタヤサの例から考えてみると次のようになる。

17世紀後半においてラーマは人口10万人が想定される港市であった。おなじ時期にわずか20年ほどしか使用されなかったティルタヤサは、ほとんど王とその配下の貴族層のみの居住しか基本的には考えられない政治拠点である。それぞれでの陶磁器の産地別の割合は、グラフ11にみられるような差がある[51]（不明は景徳鎮か福建・広東か識別のむずかしいもの）。

この時期には、肥前と景徳鎮製品は食膳具であれ調度具であれ全体としてみれば福建・広東製品とは大きな質の差があり、前者が支配層の使用分や再輸出などのための精製品であるのに対し、後者のかなりの部分は粗製品で中間層の使用が推定できる。肥前と景徳鎮製品を除いた割合は、ラーマでは35.8％、ティルタヤサでは21.0％である。ティルタヤサで中間層住民の存在がほとんど考えにくいとすると、そこでの肥前・景徳鎮以外の陶磁器の多くも支配層用もしくは再輸出用となる。同時期のラーマでもおなじ程度の支配層用もしくは再輸出用はあったと考えられるから、その割合の除いた残りである全陶磁器の15％程度がラーマの中間層住民用であったと推定できる[52]。

なお、ラーマでの次のⅤ期（18世紀）との1種類あたり平均個体数の変化は、グラフ12のとおりである。

前述のようにこの間に膨大な個体数の上昇があるが、その主体をなすのは福建・広東の平均個体数の2倍近い増加であることがわかる。人口上昇がなく、

グラフ13　ブアヤ島沖沈没船引揚げ陶磁種類

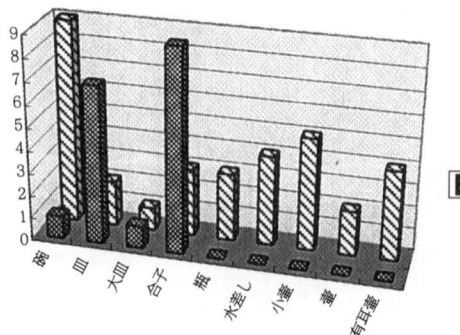

（グラフ：碗、皿、大皿、合子、瓶、水差し、小壺、壺、有耳壺／精製品・粗製品）

支配層の使用量も大差ないとすれば、単純に考えれば福建・広東の増加分が再輸出相当となる。しかし、福建・広東のなかにもⅣ期の時点ですでに支配層分や再輸出分があるはずで、その分の確実な個体数は景徳鎮製品の一種類あたりの最大個体数194個が最大値となるはずである。同数が福建・広東でも使われたとするなら、Ⅳ期の中間層の使用は福建・広東製品一種類あたりの最大個体数との差40個体となり、それは一種類あたり個体数の全体平均の3割強にあたる。同様にⅤ期では128個体で全体の5割強である。

ただこの計算方法では不明分が景徳鎮なのか福建・広東なのかで大きな変化が生ずるため、中間層の自己使用分は上記15％以上5割以下と考えるのが妥当だろう。

今、この推定値を他の資料で検証することは簡単ではないが、数量がある程度判明している沈没船引き揚げ品から考えてみたい。仏教寺院遺跡ムアラ・ジャンビ Muala Jambi に向かったと思われるブアヤ Buaya 島沖（Abu Ridho et al. 1998）の場合、精製品（景徳鎮系）と粗製品（福建・広東諸窯系）の種類数は、グラフ13に示したとおりである。

これはあくまで種類数なので個体数の推定はただちにはむずかしいが、粗製品の調度具が多いことと食膳具の碗皿では精粗の種類数が異なっている点が確認できる。ムアラ・ジャンビは寺院群であるが、この沈没船積荷に大量に含まれていたスズなどの中国製インゴットの存在から金属加工職人のような中間層

住民が存在した可能性が高い。この場合、皿の粗製品2種類が彼ら用であったのではないか。

同時期の寺院群コタチナの場合は、精製品（北方諸窯・竜泉窯系）と粗製品（浙江・福建・広東諸窯系）に分けるとグラフ14のようになる（報告個体数）。

全体の出土量は不明で報告されたのはめずらしい精製品に中心が置かれている点を考慮しても、碗に粗製品が多く、皿は精製品が目立つ傾向がある。やはり皿を中心に考えると、ここの祭祀神官層と中間層の使用個体比は2：1程度、すなわち中間層の使用率は最大で3割ほどと推定できる。

以上のように港市や寺院群での中間層が自己消費として使ったものの全輸入陶磁器に占める比率を推定した。多くの仮定を重ねたうえでの計算のためあくまで目安にすぎないが、自己消費率は支配層への販売や再輸出分にくらべて決して大きくないことは感じられる。もちろんこの計算での自己消費率は、すべて具体数が不明な中間層の人口比率とは直接関係ないことはいうまでもない。

最後に陶磁器の転用についてまとめてみよう。

主要港市でも食膳具の壁面装飾のような形での転用がみられた。主要港市から離れた遠隔地になればなるほど、器種に関係なく陶磁器そのものの威信財・荘厳財としての使用が強かったといえる。そのために、ここで用いた器種ごと

グラフ14　コタチナ出土陶磁種類
14-1　コタチナ11・12世紀

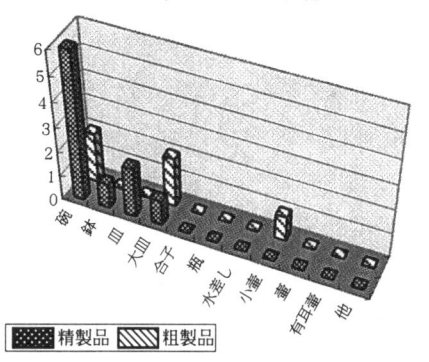

14-2　コタチナ13・14世紀

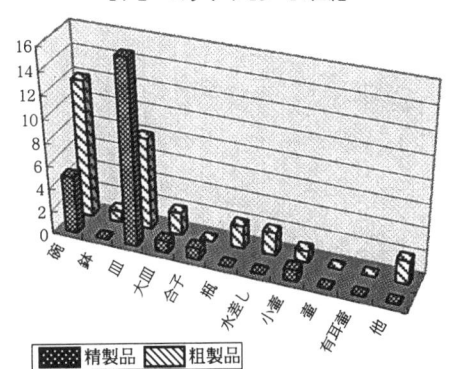

の分類は、本当はあまり意味のないことなのかもしれない。しかし、流通業者として最初に陶磁器を大量に手にいれる中間層住民は、器種ごとの区別を意識していた可能性は高い。前述の港市ごとの割合の変化は、それを示していると考えられる。

ただ、使用方法が当初から転用が大きく想定されるとするなら、そのもっとも単純な場合である貯蔵具のケースが興味深い。商品の容器として運ばれてきたにもかかわらず、その堅牢なる貯蔵機能のために、重ねて使用されることが前提となったものだからである。アンピン壺の例がもっともわかりやすいが、ヨーロッパ向けのサン・ディエゴ号から引き揚げられた3点のアンピン壺もそのような転用として考えられる。

つまり東南アジア群島部では、貿易主ルートからはまったく無縁と思われるような地域までも、二次貿易（ローカルトレードあるいは短距離取引）が大きく網の目を張っていた。そのような流通業の生育は、陶磁貿易開始以前からなんらかの形で生まれていた可能性があり、群島部社会の歴史の基調をなすことと考えられる。また権力者もマラッカやバンテンなどの港市国家でみられるように、その基盤は再輸出と短距離取引という流通業と密接に結びついていた。[53]そのために、中国を中心とする他地域からもち込まれた陶磁器の量と種類は多く、また広範囲に使用されたと考えられる。

陶磁器には単純な本来の機能に応じたこと以上の使用方法があり、そうであればこそ群島部では陶磁器にさまざまな流通価値が高まって、再輸出や短距離取引という行為に想像以上の価値がもたされていたとみるのが妥当だろう。

4 陶磁貿易での18世紀の意味

これまでみてきたように、バンテンを中心とする17・18世紀の陶磁貿易は、大きな広がりをもっている。

この期間は、前後の二つに分けて考えることができる。まず前期の問題を考えてみよう。結節点はもちろん、1682年から84年にかけてである。バンテンの内乱とオランダの介入、そして台湾鄭氏の清への降伏から遷界令の撤廃という

相互に連動する動きのなかで、これまで陶磁貿易は大きく変わったと考えられていた。

　すなわち、フォルカーが研究対象を1682年までしか扱わなかったように、前期では肥前磁器の世界陶磁貿易への突然の登場をひとつの劇的できごととして、オランダ船とジャンクが真向から競い合う状態であった。明清交替にともなう混乱のなかで陶磁器の盟主である中国磁器の輸出が激減し、それを代替するために颯爽と現れたのが輸出様式の肥前磁器である。かつて述べたように、この輸出様式の肥前磁器、別のいい方をすれば、明末景徳鎮磁器のコピー商品の誕生には、オランダではなく鄭氏政権が全面的にかかわっていた（坂井　1993）。

　輸出直前のもっとも古い段階から、肥前磁器がバンテンに輸出されていたのも、鄭氏を含む福建南部地方の貿易集団とバンテンの結びつきがもともと強かったためだろう。カンボディアやヴェトナム中部で多く発見されていることも、当時のウドン政権やクアンナム・グエン氏政権のあり方が、鄭氏を筆頭とする外来貿易集団と深い関係があったからと考えられる。

　バンテンでそれは、インド洋イスラム貿易圏の重要商品の一つに組み込まれる。「メッカへの回廊」とよばれるスマトラ北端のアチェでの肥前を含むバンテンと同種の陶磁器の出土状況は、それを物語る。そして、まだ考古資料が未発見のインド各地、さらにエジプトよりイスタンブールをめざす太い流れのなかを、肥前磁器は旅した。その意味で肥前は、東のジャンク貿易網と西のインド洋イスラム貿易網というアジアの二大在来貿易網の結びつきを象徴しており、まさしくそのためにラーマを中心とするバンテンで大量に存在した。

　しかし、ここで再度認識しなければならないのは、単独では肥前は動いていない、という事実である。肥前陶磁最大の出土量を誇るバンテンのティルタヤサでさえ割合は同時代輸入量の2分の1程度でしかなく、肥前のみが出土する遺跡は日本国内以外には存在しない。かならず中国陶磁、とくに景徳鎮磁器とともに運ばれている。

　このことはすでに述べたように清朝の遷界令が、とくに1670年代以降実際には完全なものではなかったことを示している。同時にそれは、中国陶磁といっ

しょに動くことにより肥前がアジア在来貿易網を歩んだことを意味するのではないか。オランダの注文だけでつくられていたならヨーロッパのかぎられた市場にしか運ばれず、そのアジアでの占有率はもっとかぎられたものになっていたはずだ。まさしくイギリス人が述べたように、肥前は普通名詞としての中国磁器「チャイナウエア」とよばれたものだったのである。

だが、ここでわれわれは後期18世紀の問題に直面せざるをえない。フォルカー以降のこの時期は、肥前が陶磁貿易における積極的役割を終え、またアジアの「交易の時代」が最後を迎えてヨーロッパの世紀となった、とこれまでいわれていた。[54]

たしかに肥前のはたした役割は、中国磁器の輸出再開のため大きく変質した。しかし、この時期の最大の特徴は、その中国磁器の大量輸出そのものにある。ラーマでの大量の爆発的な陶磁片の集中をみるだけでも、これまでの理解をまったくむなしくしてしまう。オランダの保護下におかれた政治単位には独自の貿易はありえない、という「常識」を覆すあり方である。

バタヴィアのパサール・イカンでもラーマと同一の様相を出土陶磁器は示している。そのためバタヴィアからもたらされた、と18世紀のラーマの陶磁器の存在を解釈することは一見できそうである。しかしそれは実際には、ラーマでのヨーロッパ陶磁の比率が少ないことから、事実として存在した可能性が乏しいことをすでに指摘した。そしてオランダ保護下の取るに足らない存在であれば、あれほどの陶磁器を受け入れる必要はない。

膨大な増加は、粗製の日常食器に集中していた。としても、ラーマにはそれだけの需要があったわけである。ところが絵画資料にみられるように、17世紀後半から18世紀中葉までのラーマの市街地は明らかに縮小しており、人口も3分の1以上減少している。[55] 内的な必然性がないとするなら、当然外部需要でなければならず、前期とは性格が異なったかもしれないが変わらず再輸出拠点であったと考えざるをえない。

この時期の増加の主体をなした日常食器と同種の中国陶磁が、オランダの勢力の及ばないスマトラ北端のアチェや群島部東部のヌサトゥンガラで出土して

いることこそ、大きな意味がある。そしてこれはバタヴィアでの、あるいは全東南アジアでのジャンク貿易の最盛期と重なっている。

バタヴィアがヨーロッパとつながるジャンク貿易の拠点とするなら、バンテンはアジア域内流通の中心である、という前期以来の構造は基本的には変化していないのではないか。ただ両者の関係はヘゲモニーをめぐっての明らかな対立から、棲み分けに転じたといえる。そのときにでもバンテンは、左営でも出土した雑器を含めてオスマン帝国とつながっていた可能性がある。

そのような曖昧な関係の払拭をヨーロッパの帝国主義が考えたとき、オランダ東インド会社は解散になり、ジャンク貿易は終焉を迎え、ラーマの王宮は徹底的に破壊されることになったのである。

以上のように一次資料としての陶磁片のあり方は、文献に多くが残されなかったバンテンをめぐるジャンク貿易ならびにインド洋貿易の存在した姿を、十分に示していると思われる。

註
1) ここで述べる群島部での展開とはかなり異なったクンディの流れが、大陸部とくにチャムパ地域の初期にみられる。これはインドのクンディカからの最初の影響でつくられた土器である（Yamagata et al. 1994）。
2) インドネシアやマレーシアでは Adhyatman (1987) や Khoo (1991) のように、クンディのみを記した陶磁書が刊行されている。
3) スペイン船は、沈没船サン・ディエゴ号で発見された多数のフィリピン在地土器のなかにクンディがみられなかったことから、中国磁器以外のクンディをもち込んだ可能性は乏しい（Torre 1993）。
4) タイマイの日本への輸入については坂井・山村2002に詳述した。
5) 現在まで土器クンディは長崎と堺、またタイ製の練上げ手クンディは豊後府内で出土している。
6) バリ島南端のサヌール Sanur 海岸に位置する埋葬遺跡である。1984年に発見された後、インドネシア国立考古学研究センターによって発掘調査がなされた（Naniek 1984）。
7) ルソン島中部の現在のマニラの中心を流れるパッシグ川河口から6キロの位置にある。ここは290基以上の土坑墓が確認された墓地遺跡で、そこから総数1,800点

以上の中国陶磁・2点のシーサッチャナライ陶磁・1点の北部ヴェトナム製陶磁が出土した（青柳1985・1992）。

8）クチン博物館展示例では伸展葬の被葬者の手足の下に皿が置かれている（三上2000）。また後述のように群島部ではないが、ヴェトナム南部山岳地のダイラン遺跡の少数民族墓では、碗皿類を敷き詰めた上に遺体を埋葬した例がある。これも荘厳財として陶磁器が葬送儀礼に使われた例といえる（森本1996）。

9）南宋1225年に記された『諸蕃志』には、黄蠟・吉貝・真珠・タイマイ・薬檳榔・于達布などを産する麻逸国およびその属国である三嶼との取引で磁器が使われていることが記されている。この二つの地域はフィリピン群島西部であると考えられている。

10）「この年、セラムの未だ非常に未開な部族やこの近隣の部族は、サゴ椰子と磁器とを交換している」（フォルカー1979、第13章　内海貿易）。

11）中国大陸の研究者は福建省連江の沈没船資料（林果1993）より、宋元時代として認識するのが一般的だが、各消費地遺跡の出土状態は17世紀全体を示しており、そのような時代と認定できるものはまったくない。

12）菊池1997Aによる。

13）同上

14）アンピン壺は、日本では長崎・熊本地方の一部でしか出土しなく、また管見での伝世品は存在しない。ところがヴェトナム産の焼締陶器の壺類は、茶器としてかなり多く残っており、日本各地の近世都市遺跡で比較的広範囲な出土がある。日本へもたらされた貿易品としては、中身がかなり異なっていたことになる。

15）これまで世界各地のアンピン壺の発見例のなかで、唯一内容物とともに発見されたのが、日本の熊本県天草河浦町崎津小高浜例である。外洋から深く入り込んだ湾口の海浜に埋納されており、銅製ロザリオと骨角製マリア像が入っていた。1614年のカトリック大禁教以前に搬入された容器が、禁教後に転用されて埋納されたと考えられる。天草以外で、日本では長崎・平戸・堺でしか出土していない事実は大きい。その中身は日本全体には需要がないが、カトリック教徒には必要があったことになる。なお台湾や中国大陸の福健や江西の墓地で、アンピン壺を蔵骨器として使用する例がある。刻書されたそれらの年代は乾隆40年代から嘉慶期（1779～1810）が中心で、最も新しいものは道光15（1832）年がある（陳信雄2002）。

16）新安船の積荷には大量のコショウが含まれていたことからも、この船は単に中国から韓国経由で日本をめざしたのではなく、東南アジア群島部からの広い貿易網の一部を担っていたことは間違いない。

17) この壺の生産期間は長い。現在まで確認できる最古の例は、1580年代の日本の大分市豊後府内遺跡出土のものがあり、また最新の出土としては1682年以前のインドネシア、ティルタヤサ遺跡でみられる。褐釉または黒釉で白彩を施すという基本的あり方は、この約1世紀間、変わっていない。
18) 琉球王国の中枢であった首里城の京の内遺跡で、大量のタイ製の貯蔵具が出土したことは、その現れの一つでもある。ここでは酒類との考え方が、中心になっている（金城 1999）。
19) フォルカー前掲書第13章1673年の条には、「バンテン王から即金で施釉のマルタバンの壺6個の注文があったが、バンテンの会社の商務員はそれらを供給することができなかった。というのもこれらの壺がいかに高価であったかということは、利息をつけることを条件にして、20,000ライクスダールデルの借金の申込にたいして、バンテンのイギリス人は王に担保として弾薬帯200とマルタバン壺2個を要求したという事実によっても明らかになるであろう」と記されている。中身ではなく、容器としてすでに高価な取引がなされていたのである。
20) 一般に書名からオランダの役割のみを語っていると誤解されているが、1682年までという限界があるもののアジア在来の陶磁について多くを記している。
21) 具体的な船籍は不明だが、マラッカ王国の後継港市国家であるジョホール Johor の船かもしれない。
22) モカは対岸のエティオピア産のコーヒーの取引港としても有名であり、ここからイスタンブールへ大量のコーヒー豆が運ばれている。取引された陶磁器のかなり多くは、コーヒー飲用器だった（大橋 1995）。
23) トルコのイズニーク陶器やキュタフヤ陶器は、オスマン帝国領であった東欧や黒海沿岸にはかなり運ばれているが、東方ではわずかにフスタートで一定量が確認されているにすぎない（中近東文化センター 2000）。
24) 17世紀前半には景徳鎮青花荒磯文碗と漳州窯青花日字鳳凰文皿があるが、17世紀後半になると同文様の肥前のものが多数みられる。
25) 1825年に一時鳳山県城の再建が計画されたが、中断している。
26) これらの焼締陶器は当初ヴェトナム系とも考えられていたが、証拠はなく、華南のどこかが産地の可能性もあると推定されている。
27) この指示書が出された時点で、すでに厦門は清朝にふたたび奪われてしまっている。
28) シャバンダル shahbandar は、東南アジア群島部の港市にふつう設置された通商大臣兼外国人居留民長。バンテンの場合は、17世紀以降は華人が任命されていた。

Keay Nebbe Checodanna は Kiai Ngabehi Cakradana で Kayts の後任の華人シャバンダル (Heriyanti 1998 による)。王族 Pengran Kedulle はキドゥル公 Pangeran Kidul であろう。

29) 17世紀の王都コタ・ティンギ Kota Tinggi のバトゥ・サワール Batu Sawar 遺跡の発掘調査資料のなかに肥前磁器が含まれていることを、森本朝子氏が確認している。

30) 出土した中国系銭貨は明の万暦通宝から数量が増えるが、最多は清の雍正通宝である。六角形孔をもつバンテン銭も16世紀末には鋳造される。

31) 磁器は銅銭千枚で2～6個の値段だが、コショウ2～8袋は銅銭10万枚だった。つまり、上質の磁器百個がコショウ1～4袋に値する。

32) 1619年、オランダによって占領されたバタヴィアには、20年代以降バンテンからの移住者も含め多くの華人が住み着いた。しかしバタヴィア(現在のジャカルタ)に現存する最古の華人墓は、1643年銘の福建南部出身の華人長蘇鳴崗墓である。この墓は、インドネシア全域の華人墓としてももっとも古い。

33) 海澄県には16世紀～17世紀前半に栄えた月港があり、その頃の輸出陶磁の主体は漳州窯陶磁で、18世紀の泉州徳化窯製品が輸出上質製品の主体になったときには厦門が発展した。

34) 残念ながら、近年の盗掘で現在はきわめて残存状態が悪くなってしまった。

35) ジャンクは、長崎で華人(唐人)が使用した船の意味で「唐船」とよばれた。本論では地域にかぎらず華人の貿易船への総称とした。

36) 1661～83年の間の遷界令の実施は、完璧なものではなかった(金沢 1999)。この期間中のみの存続期間しかないティルタヤサ遺跡出土陶磁の割合は、景徳鎮37.1%、福建・広東16.8%になる(坂井編 2000)。中国陶磁輸出は減少はしたが、依然として最大地位をしめる規模の輸出は継続していた。

37) おなじ1690年代のジャンクであるヴェトナム沖コンダオ沈没船の積荷陶磁器の3分の1近くは、ヨーロッパ向けの製品であったことがこの記録を裏づけている。

38) ジャンク搬入品の7.4%が日本銅である。長崎貿易以外にもジャンクルートで日本銅がバタヴィアに入っていることは、バタヴィアへの肥前磁器輸出と同様である。

39) オランダの独占を実態以上に大きくみる文献研究者がいるが、18世紀後半にいたるまで文献そのものから得られる事実も、このようにジャンクを独占対象外とせざるをえなかったことを示している。

40) これらの大部分は、ヨーロッパに運ばれていない徳化窯などの福建・広東系製品

である。なお、より条件が整っており完璧と思われがちな清朝の遷界令でさえほとんど守られていなかったことは、前述のようにティルタヤサ遺跡出土の中国陶磁が物語っている（坂井編 2000）。

41) ジャンクの船長が長崎奉行に報告した風説書集。なお『華夷変態』から遷界令廃止後の中日貿易全体については、朱徳蘭の研究が詳しい（朱 1988）。

42) ブルッセによれば18世紀のバタヴィア来航ジャンクは、厦門63％、寧波10％、広東17％、その他10％であり、やや傾向は近い。

43) ジャンクと船長の動きは複雑で、たとえば1694年にバンテン船船長として来日した林二官は、21年間の長崎貿易で12回来日し、船の交換率は67％に及ぶ（朱 1988）。出帆地は、寧波5回・台湾5回・高州1回と頻繁に変わっている。

44) 19世紀においてもジャンクがいかに膨大な陶磁器を群島部にもたらしたかは、1822年に厦門からバタヴィアに向かって出帆して南スマトラ沖で沈没した前述のテッシンTek Sing号の積荷として、35万個の福建・広東系を中心とする陶磁器があったことからも知ることができる（Nagel Auctions 2000）。このジャンクはきわめて大型で、1,600人の乗員を乗せていた。なお肥前が十分な生産を行っていた日本へは、17世紀後半以降ほとんど中国磁器は運ばれていない。

45) 肥前磁器輸出では、ジャンクのバタヴィアのみへの輸出数は約2百万個で、オランダ船の全輸出量約5百万個の4割近いと山脇悌次郎は計算している（山脇 1988）。

46) 都市化したバタヴィアで19世紀の陶磁片が存在しないのは、農村化したバンテンに予想を越えた量が存在するのとは好対照である。

47) 高率のヨーロッパ陶磁471片のなかには、259片のクレーパイプが含まれいるが、それを引いても割合はバンテンの倍以上になることは確かである。なおパサール・イカンの陶磁片を実見した三上次男は15世紀以前のヴェトナム陶磁の不在を強調した（三上 1982）。本遺跡の報告書は現在からみると陶磁器同定がまだ未成熟であったことと、報告数値に不明瞭な点が少なからず存在するが、写真などの具体的記述はないものの出土陶磁一覧表にはヴェトナム陶磁の項目が上がって割合も記されているため、三上が未見の部分と想定して記した。同時期のバンテン・ラーマでは、ヴェトナム陶磁の存在は確認されている。

48) 二彩刷毛目鉢は、肥前陶器（唐津）のなかで唯一東南アジアへ輸出されたものである。とりわけ群島部の肥前磁器出土地では、バンテンでもアチェでも普遍的に出土している。かつて三上次男は、白彩での波状文のデザインが、イスラム文化の好みにあったからと考えた（三上 1981）。

49) 前述のブルッセの指摘した例で明らかなように、たとえば1693年に華人のジャン

クがバタヴィアへ運んだ磁器の6割は群島部向けで、残りが東インド会社経由のヨーロッパ向けであった。群島部内用の最輸出は、華人自身が行ったことは間違いない。また1822年沈没の大型ジャンク・テッシン号の前述の膨大な粗製陶磁器数も、そのことを現わしている。

50) 1673年のバタヴィアの人口統計では、総人口27,086人のなかでオランダ人（混血と他のヨーロッパ人を含む）10.1％、プロテスタント教徒のインド・スリランカ人19.8％、華人10.1％、ジャワ人とイスラム教徒のインド人4.9％、バリ人3.6％、マレー人2.3％の自由民がおり、そして49％はインドや東部インドネシア出身の奴隷だった。18世紀前半には華人は29％に増え、反対にプロテスタント教徒のインド・スリランカ人は7.2％に減り、奴隷は変わらず50％を占めていた（Heuken 1997）。このなかで、陶磁器貿易にかかわる中間層住民とは当然華人が相当するだろう。

51) バンテン・ラーマはIV期の数値を用いた。17世紀後半から18世紀初頭のこの時期のなかでティルタヤサの機能が停止した1682年以降は肥前の割合が激減したはずで様相が異なってくるが、福建・広東などとの比較ではそれほど大きな問題はない。なおV期は福建・広東の製品の再輸出が想定されるため、おなじ考え方での中間層住民の推定は簡単にはできない。

52) ここでは肥前全体を精製品としたが、そのなかには東南アジア各地で広く見出せる染付荒磯文碗や二彩刷毛目陶器鉢などの粗製品も含まれている。これらは従来「東南アジア向けだから粗製品」というように理解されてきたが、肥前全体のなかではあくまで一部である。そして群島部も含めて東南アジアの港市では中間層住民自身も購買者層であるため、必然的にこのような粗製品が取引されたと考えられる。したがってそれらの存在は、東南アジア向け肥前輸出の幅の広さを示す証拠といえる。

53) 両港市国家に顕著に現れた通商長官（シャバンダル）の役割の大きさにそれをみることができる。居留外国人たちのなかから任命されたシャバンダルは単なる通商管理者のみならず、外交政策にも大きな影響をもっていた。それどころか1670年代のバンテンでは、王国そのものが自らの商船隊をもって直接貿易を行っていた（Guillot 1990）。このとき、バンテンの権力の性格は、オランダ東インド会社と似た要素が感じられる。また逆にジャンク貿易に大きく依存していたオランダ東インド会社のバタヴィアの華人の役割にも、シャバンダル的な要素をみることができる。

54) 代表的なリードの見解は、1682年のオランダのバンテン内乱介入と翌年のティルタヤサ大王の降伏を象徴的な事件として、それ以降イスラム教国家が主体的に貿易に加わることがなくなり、また華人たちが中部ジャワのマタラム王国の場合のよう

に徴税請負人化する役割を重視している（Read 1988）。
55）ヘリヤンティの集約（Heriyanti 1998）によれば、ラーマ市内の人口調査数値は1694年が31,848人、1708年が36,302人で、ティルタヤサ大王最盛時の1670年代の推定10万人から大きく減少している。ただしこの14年間は、16.2％年平均1.2％増加の増加で、1726年のファレンティンが調査した8,170家族から推定される30,000〜40,000人という数字も含めれば、18世紀前半の相対的安定が読み取れる。

第6章　バンテン遺跡の保存活用

　バンテン遺跡群は、群島部で最大規模の港市遺跡であり、これまでみてきたように陶磁貿易の面のみをとっても大きな内容を包含しているところである。しかしその現況をみると、世界遺産であるおなじインドネシアのボロブドゥールとくらべれば地上残存遺構はまったく乏しい。にもかかわらずここはラーマを中心として膨大な巡礼者が訪れている「生きている遺跡」である。そのようなこの遺跡の特質を考えたうえで、どのような遺跡の保存活用があり、また国際協力の意味があるのかについて考えてみる。

(1) 「生きている」遺跡の保存

　ラーマを中心とする遺跡の保存の経緯を振り返りながら、各遺構そして出土遺物の保存について現況をみつめ、さらによりよいあり方を検討したい。

1　バンテンでの遺跡のあり方
バンテン遺跡の調査・保存の歩み
　10万人の人口を誇ったバンテンの町は、19世紀初頭オランダによって破壊されてからは、ただの農村＝バンテン・ラーマ（古バンテン）に景観を変えてしまった。わずかに、かつてのスロソワン王宮廃虚に隣接するイスラム大寺院への参拝者の賑わいだけが、往事の様相を感じさせるのみである。
　しかしオランダはこの失われたイスラム王国への追憶を、人びとの心のなかから消し去ることはできなかった。悪名高い強制栽培制度などオランダの圧制[1]に対する住民の反抗は、なんらかの形での王国復興に思いを抱きながら、19世

紀を通じて頻繁に発生した。

　強制栽培制度の廃止後も反乱はつづき、1888年にはイスラム学者らを中心とした19世紀最大のチレゴン Cilegon 蜂起事件が起きる。それよりも少し前の1881年、オランダ人ファン・デル・チイス J. A. van der Chijs は、初めてラーマの大寺院と王墓そして70年前にダーンデルス総督によって破壊されたスロソワン王宮跡についての記録を残した。さらに20年後の1900年、セルリエルによるラーマの現況図作製と古地名の採集がなされている。前述のように、このセルリエルの仕事は、今日までの研究に大きな影響を及ばした。彼らの仕事は、当時のオランダ植民地政庁が行いはじめた融和政策である「倫理政策」との関係が考えられる。[2]

　自然発生的な力の衝突の時代が過ぎた20世紀初頭になると、インドネシア民族主義運動がさまざまに誕生しはじめた。そんなときに世に出たフセイン・ジャヤディニングラットのバンテン史研究は、インドネシア人として最初の歴史学研究であった。オランダ語で書かれライデン大学に提出された彼の論文そのものは、バンテンの遺跡群そしてそれを取り巻く住民たちと直接かかわったわけではない。しかし、ラーマの廃墟が記憶すべき対象であるとの認識による遺跡への関心は、その後植民地政庁との複雑な動きのなかで少しずつ高まっていった。

　フセインの論文発表とおなじ1913年、誕生したばかりの植民地政庁の考古局は、大寺院と境内の王墓の最初の修復を行った。これは当時急速に勢力を拡大していた民族主義組織イスラム同盟の動きに対する、懐柔的な施策であったかもしれない。しかし中部ジャワのボロブドゥールやプラムバナン Prambanan[3]などの古代ヒンドゥ・ジャワ期の遺跡に対する修復・整備の動きにくらべ、考古局のラーマに対する関心は明らかに低調だったといわざるをえない。以後30年間の植民地時代を通じて、積極的な措置がラーマにとられたことはなかった。[4]バンテン住民の反オランダ感情は、植民地時代を通じて大きかった。

　1942年、天然資源を求めてオランダ植民地インドネシアの奪取を企図した日本軍は、最後にジャワ島の攻略にやってきた。そしてオランダの拠点バタヴィ

写真14　バンテン・ラーマの発掘調査

写真15　バンテン遺跡博物館

アとバンドゥン Bandung 攻撃の足掛りとして、バンテン湾に上陸した。瞬く間に3百年以上居座ったオランダを追放した日本軍は、バンテン州の知事に王族の末裔であるコティブ Tubagus Chotib を任命する。彼は地元民として最初に、大寺院の修復を行った。

やがて1945年の独立宣言そして5年間の独立戦争の後にインドネシアの独立が達成されてから、何回かの大寺院の修復がつづけられた。57年の考古局による尖塔修復、68年の国立文化財研究所（考古学センターの前身）による本堂の修復、そして74年の石油公社プルタミナが資金を提供した本堂修復がそれである。

一方、政治経済的にインドネシアが安定を始め、イスラム文化復興の気運が高まった60年代末以降、イスラム文化考古学への胎動が始まった。その嚆矢は、スロソワン王宮などでの68年のインドネシア大学と文化財研究所による表面採集調査であった。やがて前述のように1976年、考古学センターを中心にラーマの発掘調査が本格的に開始された。[5)]

常にイスラム大寺院への参拝者を中心とする一般の人びとの関心を受けながら継続された発掘調査（写真14）に併行して、さらに80年代になるとスロソワン周辺の公有地化が計られるようになった。これはもちろん、史跡としての保

存活用を考えた結果であるが、その背景には経済発展に裏打ちされたスハルト政権のイスラム勢力懐柔策[6]としてみることができる。

公有地化にともなって、当時居住していた住民との間で少なからぬ争いも生じたが、なんとかそれも解決されて85年にはスロソワン王宮の前に建てられた遺跡博物館が開館した。インドネシアではいまだめずらしい存在であるこの遺跡博物館（写真15）には、西部ジャワ等地域文化財管理事務所（以上文化財事務所）も併設され、文化財保護行政の中心となった。

考古学センターのハッサン Hasan M. Ambary 所長と同事務所のハルワニ Halwany Michrob 所長のコンビは、90年代後半までバンテン遺跡群の調査研究と保存整備をともに手掛けていく。またこのラーマの遺跡博物館は、その展示方法の研究や展示資料解説書刊行にフォード財団の助成を受けている。[7]

2　バンテンでの遺構の保存

現在インドネシアでは、文化遺産の保存行政と調査研究は分離された形ながら、中央政府の機関が統括して行っている。保存行政は観光文化省文化総局の文化遺産保護局が担当であり、各地方に具体的な保護行政を行う出先の文化財事務所がある。バンテン遺跡群については、バンテン文化財事務所が所管している。[8]

一方、調査研究は同省直属のセンターが一手に引き受けており、バンテン遺跡群の調査はジャカルタのセンター本部が対応してきた。しかし95年にラーマに開設された遺物研究所（写真16）が、現在の調査の際には実際の中心になっている。[9]

写真16　バンテン遺物研究所

写真17-1　バンテン・ギラン遺物展示場

写真17-2　バンテン・ギランの郷土史家ハサヌディン氏

　そのようななかで行われてきたバンテン遺跡群3遺跡での遺構の保存と活用状況を、概略的にみてみよう。

バンテン・ギラン遺跡

　ギランでは1990年から、フランス極東学院とセンターとの共同調査が3年間行われた。それ以前から地元の郷土史家ハサヌディン Hasanudin が、レンガ用の粘土採掘で出土する大量の陶磁片を集め、遺跡内にあるイスラム聖人キ・ジョンジョの廟内に収蔵していた。

　共同調査終了後、文化財事務所は、このイスラム聖人廟内に遺物展示場（写真17）を開設した。すでに収蔵されていた陶磁片などの遺物を整理して展示するとともに、発掘調査で判明したことなどを説明したパネルが設置されている。常駐の専門説明員が配置されているわけではないが、実質的にはギラン遺跡の案内所の役割をはたしている。

　保存されるべき遺跡としての指定を受けてはいるが、ほぼすべて民地のままの状態である。もちろん保存範囲の表示もない。そのため、継続している粘土採掘のため、少しずつ遺跡の破壊は進行している。

　遺跡内でみられる遺構は、石窟（写真18）と小規模な基壇跡そして環濠跡（写

真19)だけである。環濠内は1950年代の開墾により削られてしまい、まったく遺構の痕跡も残っていない。

そのような現状であるため、バンテン地方の中心地セランの町から3キロの距離にありながら、見学者は陶磁片をみにくる研究者にほぼかぎられている。

バンテン・ラーマ遺跡

ラーマはこれまでの調査と保存の中心になってきた遺跡であり、さまざまな施設がもっとも充実している。

後述するようにスロソワン王宮跡など廃虚となった建築跡が、数多く点

写真18 バンテン・ギランの石窟

写真19 バンテン・ギランの環濠

在している。また町を囲んでいた外壁もわずかに一部が地上に残っている。さらに本遺跡をもっとも特徴づけるのが、「生きている遺跡」の代表として存在する16世紀以来の建築様式が残るイスラム大寺院と18世紀後半以降に創建された華人寺院観音寺である。両寺院は、現在でも参拝する数多くの信徒で賑わっている。

イスラム大寺院とスロソワン王宮跡に隣接して、1985年に遺跡博物館が開館した。毎日大寺院には膨大な参拝者（写真20）がやってくるが、そのなかのあ

写真20　イスラム大寺院と参拝者

写真21　復元整備されたスロソワン王宮の城壁

る程度はこの博物館を見学し、また一部は野外博物館ともいえるスロソワン王宮跡へも立ち寄っている。

しかしラーマの建築跡は、スロソワン王宮跡を含めて大部分がレンガ造であったため、本来の状態をとどめているものはきわめて少ない。一部でなされている復元も石造の城壁（写真21）などを除けば、発掘調査成果も十分でないため、かつての姿を彷彿とさせるにはいたっていない。

一日少なくとも5千人程度は数える来訪者の大部分は、大寺院もしくは観音寺への巡礼者である。遺跡見学のみを目的にした見学者は、ごく一部といえる。なおセンターの遺物研究所は、一般公開はしていない。

セランから10キロの道は、参拝者のためにかなりよく整備されている。

ティルタヤサ遺跡

ティルタヤサは文化財事務所による93年の範囲確認緊急調査により、初めて本格的な調査と保存活用の手が入った。

ここはギラン以上に地上残存遺構が少なく、わずかに「グヌン・セウ」とよ

ばれる小さな塚だけがあるといっても過言でない。ただ村の共同墓地として使用されている遺跡地では、建物の構造材である珊瑚石灰岩やレンガなどが大量の陶磁片とともに造墓活動により地上に現れている。

94年にギランと同様の遺物展示場が開館し、村人への啓蒙と見学者への案内の役目を担っている。ただしここも常駐の専門説明員はいない。遺物展示場とおなじ敷地には、ティルタヤサ大王墓所と伝えられている廟がある。

セランからは30キロほど離れて道もあまりよい状態ではなく、地上残存遺構に乏しいため一般見学者の来訪は稀である。たまにみられる大王廟への参拝者も、現状では遺跡へきた認識をもっておらず、また遺物展示場を見学をすることはめったにない。

後述のように、この遺跡の保存は住民の遺跡理解がもっとも重要な問題である。

以上のようなバンテン遺跡群の現状は、いわゆる「遺跡観光」とはかなりかけ離れた状態であることは間違いない。その点について、ギオーはラーマを中心に次のように述べている（Guillot 1990）。

> バンテンの遺跡は、あまり想像力をかきたてないといわざるをえない。だから現代の旅行者は乏しい案内情報のもとに、非印象的だがこの王国の栄光をわずかに伝える文化財のなかをうろつき回されることになる。広大な水路は閑散としているが、ときおり漁民の小舟が遠くで行き交う。多くのコショウや砂糖の袋が積み出され、何反ものインドからの衣類や多量の中国からの陶磁器が運び込まれたかつての港は、現在では悪臭の立ちこめる溝以上のものではない。王都を取り囲んでいた高い城壁は消え去っており、東南アジアで最大の人口をもった都市の一つであったここは、現在農民がはたらく水田になってしまっている。ただボルネオからの木材の陸揚げがなされているカランガントゥ地域だけが、かつての栄光ある貿易活動の活気を保っている。たしかに王都は単なる農村になってしまい、そこではすべてがこの国の魂の永遠なる死だけを印象づける。

> しかし文明とは、死に絶えるものではない。そしてバンテンの精神は、

地元の人びとの記憶や象徴的に破壊を免れて現存する華人寺院とイスラム大寺院のなかに多くが生きている。華人寺院の例大祭への巡礼は、疑いもなくこの精神が実際に生きつづけていることを示している。数千人の参拝者がインドネシア各地からやってきて、彼らのコミュニティがここで数世紀間重要な役割を演じていたことを、今日でも気づかされている。誰もが毎日到着する馬車の行列に驚かされる。参拝と王たちの墓所に近づいて霊力を得るために、かつての王国のイスラム寺院にやってくる数えきれない村人たちが運ばれてくるのだ。

　バンテンの精神は死んではいない。名高い多くのイスラム学者たちが教えるイスラム学校は多く、そこではバンテンの文化に強く染まったイスラムの伝統が生きつづけている。強力な隣人の貪欲な計画から王国を護るためあれほどしばしば、また長く闘いつづけた住民たちの力強い意志もみることができる。20年ごとにバンテンで起きた反乱は、誇り高い現在をつくった主張であり、誇張ではなく真実の輪を含んだ要求でもある。インドネシアの他の地域以上に、その歴史はあるべき運命が引き裂かれてしまったとの思いによって燃えつづけた。

　それが訪問者に再体験を促している。最初のバンテン旅行の失望を忘れさせる再訪とは、遺跡をみつめてここの過去の栄光を眼前に浮かび上がらせ、インドネシア文明の枠組みのなかにはたした役割を理解することである。

やや長く引用した彼の思いこそが、ラーマを中心とするバンテン遺跡群の現状をはっきりと示したものといえる。
　次にラーマのおもな遺構の状態を、紹介してみよう。
イスラム大寺院 Mesjid Agung Banten（写真22）
　現在のラーマでもっとも多くの来訪者がきているところである。ジャワ様式の5層の赤瓦屋根をもつ木造本堂と、その前に立つ白亜の尖塔の組み合わせが美しい。たびたびの修復がなされているが、基本的な部分は16世紀以来のものであると信じられている。本堂の傍らには、初代ハサヌディン王、また英主テ

ィルタヤサ大王などの王墓群がかたまっている。

　一般のイスラム寺院とおなじようにイスラム教徒全員に開放された参拝施設であるが、同時に王墓群は神秘的な霊感を得ようとしてやってきた参拝者たちが瞑想する場所でもある。かつては礼拝の呼びかけを行う場所であった尖塔は、現在は来訪者たちの展望台として使われている。ラーマ全体そしてバンテン湾まで見渡せる場所である。

　参拝者たちが乗ってくる馬車から替わった観光バスの駐車場から大寺院まで約200mほどの道沿いには、彼らを目当てにした土産物屋台が軒を連ね、一日中賑わいが絶えない。

写真22　ラーマのイスラム大寺院

写真23　スロソワン王宮跡

スロソワン王宮跡（写真23）

　ラーマの中心であり、これまでの発掘調査の最大の対象地となった。旧バンテン川の左岸に接する王宮前広場の南東側に位置する。前述のように、現在も多くの参拝者で賑わうイスラム大寺院と遺跡博物館に近接して、一体の見学対象になっている。

　珊瑚石灰岩切石が積まれた城壁はきれいに整備され、またその外側の濠も西

写真24　カイボン宮殿跡

側ではかつての姿をとどめている。城壁内は、北西側の正門近くを中心とする一帯の建物基礎が整備されている。応接殿（ジャワ王宮のプンドポpendopo）と推定される建物基壇には、印象的な半円形の階段が3基付けられている。また水浴場や上水施設などの地下に深く掘り込まれた構造物や、城壁内側に付設された台所跡などの小部屋群などは、比較的十分に整備されている。

　しかし、個々の建物については、確実に2時期以上の重複があることもあり、上部構造の復元は現在模索されている状態といえる。また発掘調査そのものが、内部面積の5分の1程度にしかすぎず、全体状況は依然として不明のままになっている。

　ただ単一の構造物としてはラーマでもっとも大きなものであり、とくに多くの来訪者たちが登るイスラム大寺院の尖塔の上からは、長方形城壁の内部が眼下に一望できることもあって、きわめて魅惑的な見学対象遺構であることは間違いない。

カイボン宮殿跡（写真24）

　スロソワン王宮跡から南東に約500m離れ、現バンテン川放水路と旧バンテン川流路に挟まれた地域にある。

　バンテン川の流路変化により現在残っているのは半分程度であるが、象徴的な割れ門がならぶ白く石灰で塗られたレンガ塀の内側には、多くの建物跡が残っている。もっとも年代的に新しい遺構であることもあって、それらの建物跡はスロソワンにくらべればはるかに残存状態がよい。そのため、これまでかなり復元整備が進められて、ラーマの各遺構のなかではもっとも人目を引きやす

とくにセラン方向からやってきた来訪者がラーマに入る際に渡るバンテン川放水路の橋の手前に位置しているため、このカイボンは誰もが眼にする遺構となっている。

スピルウィク要塞跡（写真25）

写真25　スピルウィク要塞跡

オランダが1685年に築いたもので、スロソワン王宮跡の北西に約800m離れた旧バンテン川の河口部右岸側に位置する。

すべて珊瑚石灰岩を素材として建てられた遺構であり、また整備が進められたこともあって、城壁だけでなく内部の施設も立体的に残っている。この要塞の城壁にはかつての町の外壁がそのまま使われた部分もあり、現在ほぼ唯一外壁の状態をみることができる場所でもある。

城壁の直下は17世紀にはすぐ海岸だった場所で、現在は1キロ沖合に後退した海岸も遠望することができる。

すでに水が流れていないバンテン川旧流路の対岸には、今でも参拝者の多い華人寺院観音寺がある。観音寺とセットになって見学者も訪れるが、旧バンテン川流路が整備されず住民の生活廃棄物がたまりやすいこともあって、見学者に失望感を与えることもある。

観音寺 Klenteng Banten（写真26）

ここはイスラム大寺院と同様に現在でも参拝者の多いところだが、建築そのものは度重なる寄進によって補修されつづけ、大寺院とは対照的に歴史的建造物とは見なしがたい。しかし内部には、観音・媽姐・関帝という東南アジアの華人廟でふつうにみられる祭神の他に、この場所が聖域化した出発と推定できる1750年代の華人墓など、バンテンの華人の歴史と深い関係のある礼拝場所が

写真26　観音寺

写真27　華人地区跡

多く存在する。

　裏手は宿坊になっており、年に一度の例大祭には千人以上の宿泊者も含め、数万人の華人たちがインドネシア中から集まってくる。

華人地区跡（パチナン）（写真27）

　スロソワン王宮跡の西約600m方向で、復元整備されたイスラム寺院跡の一部、そして19世紀の華人墓がある。そこから現在の観音寺に向かう道筋には少し前まで数棟の華人住居跡が残り、わずかながら歴史的景観が残っていた。しかしそれに対する保存措置が取られないままに、壊されてしまっている。見学者は少ない。

跳ね橋跡（写真28）

　王宮前広場の北側で、バンテン川旧流路にかかる唯一の橋の跡である。発掘調査の後、中央部が舟の通行用に開閉できる跳ね橋として復元整備された。しかし旧バタヴィアに現存するオランダ風の跳ね橋を意識して整備されたものの、開閉部分が復元されていないためにすぐには跳ね橋として理解しがたい状態になっている。

なお、この橋が跳ね橋であったとの推定は、岸と水面の高低差のみが根拠である。

大市場跡（写真29）

スロソワン王宮跡の北東約700mに位置する。現在も活気があるカランガントゥ港とその市場にあたる。バンテン川の新流路河口の港は、おもにカリマンタンからの木材移入港として使われており、常設の市場はラーマ周辺ではもっとも賑やかである。

コショウ貿易時代の国際貿易港と大市場の姿を、多少なりともイメージさせる場所である。とくに興味深いのは、ここから隣接するバンテン川放水路にかけて、スラウェシの海洋民族ブギス人が多く住んでいることである。独特の高床住居そして伝統的帆船の造船所などがあり、17世紀以来のスラウェシ南部との深い関係が眼に入る場所である。

写真28　跳ね橋跡

写真29　大市場跡のカランガントゥ港

タシッ・アルディ Tasik Ardi 池と上水道施設跡（写真30）

スロソワン王宮跡から南西に2キロ離れた場所に、上水用の水源地としてつくられたのが方形のタシッ・アルディ池である。そこから直線状の暗渠水路がスロソワンまで延びるが、途中3カ所、水路浄化用のサイホン施設が設けられ

写真30　タシッ・アルディ池

た。そのうち2カ所は、華人建造物風の覆い屋が整備されている。

このような上水道施設遺構はインドネシアでは唯一のもので、きわめて興味深いものだが、ラーマ中心地から離れているために一般の見学者は稀である。またタシッ・アルディ池は、発掘調査後に民間に公園として整備管理が委託された。しかし現状では有料化にともないボートなどの遊具が目立つが、歴史的意義の説明などはなおざりにされている。

以上の他にラーマの南には、カスニャタンのイスラム寺院と華人墓地、ユスフ王墓、カナリ Kanari 王家墓地、クラパ・ドゥアの華人墓地などの史跡が点在しているが、参拝対象であるユスフ王墓を除いて来訪者はほとんどいない。とくに保存対象になっていない華人墓地遺跡は年々荒廃がはげしく、盗掘による大規模な破壊さえ進んでいる。[10]

このようにバンテン・ラーマには、多くの人が驚愕する建造物は地上には存在していない。また発掘調査で現れた遺構も、まだ決して多くない。そのため、歴史に特別に関心のある人を除いて、一般の観光客が訪れることは稀である。

だがここには、毎日少なくとも数十台の大型観光バスとそれをはるかに越える小型バスがやってきている。公共輸送機関の乗合自動車を利用する人も含めれば、1日あたり最低でも5千人を越す参拝者たちがやってきている。

彼ら参拝者たちは宗教的動機で来訪するが、その流れのなかで遺跡と博物館の見学を行っている。そのため、決して大きくもないこの遺跡博物館の入館者は、インドネシアの博物館のなかでも抜きんでて多い。参拝者は「生きている遺跡」である16世紀以来のイスラム大寺院に参拝するだけではなく、「死んだ遺

跡」の王宮跡や博物館もあわせて見学しているのである。

　全人口の9割の1億8千万人という世界最大のイスラム教徒人口を有するインドネシアで、このような「生きている遺跡」と「死んだ遺跡」が同時に人びとの関心を受けている例は他にはほとんどみられない。

　この遺跡を保存し活用することは、第一には毎日怒濤のようにやってくるそのような参詣者たちと直接向かい合うことにつながる。そのため、一般に理解を得やすい保存活用すなわち遺物展示と遺構修復が、もっとも必要性を帯びている。[11]

3　バンテンでの遺物の保存

　ラーマの遺跡博物館の展示品には、王宮内を飾った土器の大型装飾具、石製の水道管、金属製品製造用の坩堝、各種コインなどがあり、やや大きいものでは華人やイギリス人の墓碑もみられる。ティルタヤサの遺物展示場には、珊瑚石灰岩製の建物基礎も飾られている。

　そのようにバンテン遺跡群で出土した遺物の種類は、かなり種類が多い。しかしこの遺跡群の特質をよく示している遺物である陶磁片は、もっとも大量に出土した。これまでの調査で出土した数は、全体では100万片近くに達していると思われるほどである。その中心は景徳鎮および福建・広東地方を二大産地とする中国陶磁であるが、他にも日本の肥前、また東南アジア大陸部・西アジアさらにヨーロッパ陶磁と産地は非常に多様である。

　ここでは、その陶磁片の保存活用について言及したい。

　センターの発掘調査は前述のように1976年に開始されたが、すでにその最初の調査の際にこれら出土陶磁片に対する関心は出現していた（Hasan et al. 1978）。とくに日本の肥前陶磁研究の進展あるいはジャカルタのパサール・イカン遺跡の調査（Hasan 1981、三上 1982）などを踏まえて、バンテンでの陶磁片研究の気運は徐々に高まった。そのなかで、故三上次男博士ら日本人研究者の関心も生まれはじめていた。

　そして、1990年の『海を渡った肥前のやきもの展』（大橋 1990）でラーマ出

土の肥前陶磁片が展示されたことが、大きな進展につながった。翌91年にはナニッ・ウィビソノは、それまでの調査での肥前陶磁片の出土状況をまとめ（ナニッ他 1994）、さらに92年にはバンテンで「インドネシア出土の日本陶磁国際セミナー」が開催され、日本からは7人の参加者があった。このとき以降、遺跡の保護整備行政を直接担当していた文化財事務所では、故ハルワニ・ミフロブ所長を中心に、積極的に陶磁片の保護および資料活用を図るようになった。

この頃バンテンの陶磁片については、表面採集資料などが部分的に報告されることがあり（Edwards McKinnon 1991、あるいは坂井 1991など）、また一部は共同研究のなかで図録として紹介している（ハッサン・坂井 1993）。しかし発掘調査資料の全容については正式な報告がなされていないこともあり、ほとんど未解明であった。

そのため、中国・日本磁器の分類整理を目的とした日本とインドネシア共同の第1次調査（大橋他 1994）は、最初の本格的な陶磁片調査となった。そしてこれが契機となって、考古学研究センターのバンテン分室は陶磁片の研究を主とする遺物研究所に組織変えされた。また97年の第2次調査では、陶器と第1次調査で漏れた中国・日本磁器が対象になった。

この両次の調査は、併行して行われていたバンテン遺跡群の発掘調査にも多少なりとも影響を及ぼし、フランスとインドネシアの共同調査であるギランの発掘調査報告（Guillot 1994）のなかでは陶磁片の分析が重要な要素を占めるようになった。

このラーマの陶磁片分類調査での経緯をみてみよう。

日本人研究者が大きな関心を抱いたのは、肥前磁器の存在であった。すでに1976年の調査開始時において、肥前の出土は確認されていた。これは日本国外の発掘調査で発見された肥前の最初の例である。

もちろん当時は、中国磁器との差が顕著な18世紀の肥前しか認識されていなかった。しかし、その後日本国内での研究が進み中国陶磁との外見上の区別が小さい17世紀後半の状況がわかるなかで、ラーマでの出土も確認されるようになった。

さらに詳細な陶磁片調査をしてみると、第3章で述べたようにこの時期の肥前の占める割合は全体の2割以上という非中国陶磁としては最大の割合をなしていたのである。これは、バンテンが肥前磁器貿易の最重要拠点港市であったことを誰もが否定できない事実となった。

　また、1640年代後半のもっとも早く輸出されたものや、国外初めての初期色絵（古九谷様式）の破片出土など、バンテンでみられる肥前の破片は量が多いだけでなく、じつに重要な資料を含んでいたのである。

　このようなバンテン遺跡群の特異なあり方に対して、私たちは研究交流を目的として結成した任意団体バンテン遺跡研究会の活動を通じて多くを知り、やがてその保存にわずかながら協力するようになった。

　バンテン遺跡研究会結成のきっかけは、1990年に肥前磁器の産地佐賀県有田で催された前記展示の準備であった。東南アジアとくにインドネシアに輸出された肥前のこの里帰り展で、ラーマ出土の陶磁片が多数展示されることになった。その実現にいたるまでの作業のなかで、関係したインドネシアと日本の考古学・陶磁器研究者の間に親近感が生まれ、また継続的な交流と相互理解の拡大の気運が高まったのである。

　それは、つづく2カ年の間に連続して行われた関係者の相互訪問、そして前述のセミナーを含んで両国で交互に開催されたインドネシア出土の肥前磁器をめぐるシンポジウムでさらに拡大されていった。

　ラーマ出土の陶磁片分類調査は、出土陶磁片の主要部分である約30万片について、その産地・時代・種類を分ける作業である。

　これはもともとバンテンでのシンポジウムの際に、サンプルとして提示された陶磁片の分類から始まったことである。しかし、じつは想像以上に根気の要する仕事だった。この膨大な陶磁片は出土状態こそそれぞれ註記されているものの、屋外にほとんどただ山のように積まれていただけであった。表面にあるものは見ることができるが、内側のものは手にすることすらむずかしい感じを抱かせる状態だったのである（写真31）。

　そのため最初私たちが行わなければならなかったのは、簡易収納箱の作成で

写真31　陶磁片の山積み状態

あった。この頃、センターのジャカルタ本部にすら規格的な遺物収納箱というものは存在していなかった。全体の発掘調査規模の少なさから、システム的な遺物収納はまだそれほど必要とされていなかったのである。

しかし、ことバンテンにかぎれば出土遺物は陶磁片だけでもものすごい量であり、実際には本部以上に収納の必要性があった。最初の調査のとき、私たちは村の大工に頼んで200箱の積み重ね可能な木箱をつくった。そして分類ごとに陶磁片をそこに入れていった。

最初の調査で物理的に私たちが行ったのは、それだけである。だが、その後それらの陶磁片の処遇は年ごとに劇的に変化した。

まず、木箱は屋外から遺跡博物館の館長室に納められた。次にこの陶磁片をおもな収蔵物とするセンターの遺物研究棟が建てられた。木箱はもちろんそこに入れられたのだが、まもなくジャカルタの本部とおなじ恒常的な収納棚が設置されて移し換えられる。

このハード的な変化のなかで、最初の調査に参加したローカルスタッフのなかには日常的に陶磁片調査を職務とされる者が生まれた。彼らは私たちが教えた分類記号である「肥前」「景徳鎮」「福建広東」などの漢字さえ、見よう見まねで書くようになっていた（写真32）。もちろん外形的なものにすぎないかもしれないが、このシステム的収納への意欲というソフト的な変貌は大きなものだった。

以上の経緯で、ラーマ出土陶磁片の大部分は、分類整理した状態でセンター分室から改組された遺物研究所に収蔵され、必要なときには比較的容易にみる

ことが可能になった。しかし他の遺物、とくに陶磁片に近い膨大な量がある土器片については、まったく整理されないまま屋外に積まれたままになっている。その他の遺物についても、博物館展示品以外は決して十分な整理や保存措置がなされて

写真32　遺物収納木箱と分類記号

いるとはいいがたいのが現状である。

　少なくとも土器片の整理収蔵は、陶磁片と同程度に近くなされる必要があることは間違いない。

(2)　文化財保存国際協力の問題点

　ここではバンテンの場合を一つのケース・スタディとして、国際協力のなかで史跡・文化財の保存についての問題点を考察してみる。

1　ボロブドゥル爆破事件の意味

　1984年、アンコール・ワットとならんで東南アジアでもっともよく知られた遺跡である中部ジャワの仏教遺跡ボロブドゥルが、爆破される事件が起きた。イスラム教過激派によるこの爆破は、たぶんに象徴的な行為であった。破損したのは最頂部にある72基の仏像を内蔵したストゥーパのなかで、数基にすぎない。

　しかしユネスコによる本体の修復工事が終了し、日本の援助での遺跡公園が完成したばかりのボロブドゥルに対する意識的な破壊活動は、大きな意味をもっていた。

誰もが衝撃を受けざるをえなかったこの事件は、ふつうその後インドネシア人自身の手によってただちに修復がなされたことが、強調して語られている。どんな破壊に対しても対応が可能なほどに、修復技術が移転された肯定的なできごととして論じられるのである。遺跡公園内の博物館には、その意味で誇らしげに爆破被害とその修復の写真が展示されている。

　その視点は、修復技術の面においてたしかに間違いではない。しかし、それだけでは片づけられない点もあることを忘れてはならない。

　1998年、スハルト長期独裁政権の崩壊後、インドネシアでは民主化がはじまった。さまざまな政治犯の釈放や復権運動が、急速に高まりつつある。そのような動きのなかで、投獄されているボロブドゥール爆破犯に対する釈放要求運動も生まれたのである（図23）。

　社会的な公正を求めるイスラム教徒の動きはスハルト政権時代に徹底的に弾圧され、そのため強権政治に反対する象徴的な行為として行われたボロブドゥール爆破は、長期にわたって投獄されるようなものではない、との主張である。この考えの是非は、ここでは論じない。しかし今日のインドネシアでは、この釈放要求運動が一定度の共感をもって受け入れられている事実を、直視する必要がある。

　1991年に世界遺産に登録されたボロブドゥールは、いったいインドネシア人にとってどのような存在なのか。

　いうまでもなくボロブドゥールは、8世紀に建立された仏教遺跡である。4世紀頃にインドから伝来した仏教そしてヒンドゥ教は、ジャワ島やスマトラ島などインドネシアの西部に瞬く間に広まった。その代表的な文化遺産がジャワ島中部に残るボロブドゥールだが、後にこの文化は衰えていった。すなわち、13世紀頃にスマトラ島に拠点を確立したイスラム教徒は、16世紀初頭にはジャワ島の大部分を支配するにいたった。

　その後現在、前述のように2億人のインドネシア人の9割はイスラム教徒といわれ、インドネシアは世界最大のイスラム教徒を有する国になっている。[12]

　ボロブドゥールを信仰対象とする仏教徒の数は、ほんの微々たる数でしかな

第 6 章　バンテン遺跡の保存活用　285

———— LAPORAN UTAMA ————

KORBAN Peradilan Rekayasa

Para narapidana politik Islam umumnya merasa tak bersalah atas apa yang mereka perjuangkan. Tapi mengapa mereka dihukum?

SEBAGIAN besar narapidana politik Islam yang kini menghuni lembaga pemasyarakatan di Indonesia berpendapat bahwa pengadilan atas diri mereka adalah buah rekayasa, dan masalahnya terlalu dibesar-besarkan. Inilah tiga narapidana Islam —dari sekitar 61 orang— yang masih berada di lembaga pemasyarakatan (LP).

TIMSAR ZUBIL, 58 TAHUN

LELAKI bertubuh kurus dan berjenggot ini sudah 21 tahun menjalani hidupnya di balik terali besi. Kini ia menghuni LP Tanjung Gusta, Medan. Timsar Zubil bersama empat rekannya ditangkap pada 17 Januari 1977, di Medan. Tuduhannya, membentuk gerakan Komando Jihad, dengan melakukan serangkaian tindakan subversif pada 1976.

Yang dilakukannya, antara lain, meledakkan Masjid Nurul Iman, Padang, serta meledakkan gereja dan sekolah Methodis, serta Bioskop Riang di Medan. Timsar mengaku melakukan serangkaian pengeboman karena tidak puas terhadap sikap pemerintah yang mempersulit ulama melaksanakan syiar Islam. "Pemerintah mempersulit orang mau berdakwah dan beribadah, tapi pelacuran, perjudian, dan minuman keras dibiarkan," katanya kepada Bambang Sukma Wijaya dari GATRA, yang menemuinya di LP Tanjung Gusta, Sabtu pekan lalu.

Tapi mengapa masjid dan gereja menjadi sasaran? "Tujuan utamanya, agar pemerintah sadar dan dapat mengundang perhatian dari masyarakat," katanya. Untunglah, para pemeluk agama tak saling tuding yang mengakibatkan terjadinya saling tuduh antarpemeluk agama.

Ketika ditangkap, Timsar mengakui perbuatannya. "Tapi kasusnya terlalu dibesar-besarkan," katanya. Buktinya, menurut Timsar, ketika ditangkap ia dipaksa untuk mengaku sebagai orang yang membentuk Komando Jihad. "Padahal, nama Komando Jihad itu dibuat oleh juru periksa di Laksus (Pelaksana Khusus — Red.)," katanya. Maka, pada 11 Maret 1978, Pengadilan Negeri Medan memvonisnya dengan hukuman mati. Pada 1982, Timsar mengajukan grasi kepada presiden, tapi ditolak. Belakangan, atas usaha pengacaranya; entah bagaimana, hukumannya diubah menjadi seumur hidup.

Dalam gerakan Komando Jihad yang dilansir Laksus itu, Timsar disebut sebagai asisten I. Sedangkan Sulaiman (almarhum), yang dituduh sebagai Panglima Komando Jihad, dan Azis Simorangkir, yang dituduh sebagai kepala staf I, masing-masing cuma dihukum 7 tahun penjara. Padahal, pada waktu itu Pangkopkamtib Laksamana Sudomo membuat surat pernyataan bersama dengan Ketua Umum Majelis Ulama Indonesia, Buya Hamka, yang menyebutkan bahwa Komando Jihad itu tidak ada. "Tapi kenapa saya terus dihukum dengan tuduhan gerakan Komando Jihad," kata Timsar tak habis pikir. Logikanya, katanya, kalau organisasi itu tidak ada, "Seharusnya saya dibebaskan."

Di era pemerintahan B.J. Habibie ini, dengan mengemukakan sejumlah bukti-bukti rekayasa pihak penguasa di zaman Soeharto seperti itu, Timsar berharap bisa mendapatkan keringanan hukuman. "Saya sangat merindukan rumah dan berkumpul bersama keluarga," kata ayah dua anak itu penuh harap.

HUSEIN ALI ALHABSYI, 45 TAHUN

DI antara 61 narapidana politik (napol) Islam yang kini menghuni LP, hanya Husein Ali Alhabsyi yang tunanetra. Ayah lima anak ini sejak 1990 telah menjalani hidup sebagai napol di LP Lowokwaru, Malang, Jawa Timur.

Meski ia sudah delapan tahun mendekam di penjara, penampilannya sehari-hari tak berubah. Pakaian kebesarannya, berupa jubah, songkok, dan serban —yang semuanya putih— tak pernah lepas dari badannya. Juga jenggotnya yang lebat tetap dipelihara.

Apa tuduhan terhadapnya? Ia didakwa sebagai otak peledakan Candi Borobudur, dua gereja di Malang, dan bus Pemudi di Banyuwangi —yang terjadi pada akhir 1984 sampai awal 1985. Ia didakwa telah melanggar Undang-Undang Nomor 11/PNPS/1963, atau yang dikenal dengan Undang-Undang Antisubversi, dan divonis seumur hidup oleh Pengadilan Negeri Malang pada 31 Januari 1991.

Rentetan peristiwa peledakan Candi Borobudur, gereja di Malang, dan bus Pemudi tersebut sebenarnya merupakan reaksi politik waktu itu. Pemerintah berencana memaksakan Pancasila sebagai satu-satunya asas bagi organisasi sosial politik dan organisasi kemasyarakatan.

Reaksi pun muncul dari kalangan Islam. Ada yang "terpaksa" menerima, ada pula yang mengambil sikap menolak asas tunggal dengan segala risikonya. Belum habis orang membicarakan asas tunggal, muncul peristiwa berdarah di Tanjung Priok, 12 September 1984. Inilah yang, antara lain, memicu beberapa pemuda, yang notabene adalah murid-murid Husein, untuk bereaksi.

STUPA DI BOROBUDUR SETELAH KENA BOM, 1986. Sudah direkayasa.

28　GATRA, 20 JUNI 1998

図23　ボロブドゥール爆破犯釈放要求運動の報道（Gatra 20 Juni 1998）

い。そのような今日のインドネシアにあって、ボロブドゥールに宗教的精神的な価値を見出す人はかなり限られており、「死んだ遺跡」といわざるをえない。大多数の人びとの心のよりどころになっているとは、いいがたいのである。イスラム教徒を主体とする多宗教多民族国家のインドネシアでは、ジャワ島にある仏教遺跡ボロブドゥールは国家統合の意味をもつモニュメントとしての要素も、カンボディアにおけるアンコール・ワットにくらべればはるかに小さい。[13]

　さらに重要なことに、本体の修復後に完成した遺跡公園整備の背景には、大きな波紋があったのである。用地となった周辺地域の旧住民への補償が十分になされないまま、遺跡公園の運営が高額の入場料を取る民間会社に委託されてしまい、住民の土産物販売業も少なくない影響を受けていた。

　日本のODAによってなされたボロブドゥールの遺跡公園化は、いつのまにか特定の人間のみが利益を上げられるシステムを生み出していた。そのような背景があったため、衝撃的なボロブドゥール爆破事件は今日にいたっても社会的に一定度の共感を得ているのである。

　なお、アフガニスタンのバーミヤン大仏爆破ともあわせて、このボロブドゥール爆破はイスラム教徒の文化遺産への敵対性として語られることがある。しかしそれは大きな誤りであり、歴史的にインドネシアのイスラム化は既存の文化との融合の形でなされてきており、強烈な偶像破壊運動が起きたことは少なかった。少なくともインドネシアでは現在の住民生活との関係が、事件の背景にあったことを抜きにしてはならない。

　ここであらためて考えるべきは、文化遺産の保護とは、誰のため、何のためになされるものなのか、ということである。

　現在の住民生活を阻害するような文化遺産・遺跡の保護ということは、もともと無理な行為といわざるをえない。とくにボロブドゥールのような現在の住民の精神基盤と直接関係のない「死んだ遺跡」の場合、周辺住民の生活を損なうような保護にはもともと無理があるのは当然である。

　誰もが眼にできる巨大モニュメントのボロブドゥールの存在は、そのため精神的にはかえってきわめて危うい状況になったといえる。より安定した状態で

遺跡の保存がつづけられるためには、公正な形での遺跡公園運営がなされることが最低条件であり、きわめて今日的な課題を背負っていることは間違いない。

この点でバンテンは、正反対の位置にある。バンテンには地上にほとんど何も残っていない。それだけをみれば、文化遺産としての価値は乏しいかもしれない。しかし、ラーマに参拝にくるイスラム教徒にとってオランダによって破壊された王宮跡などの遺跡は、大きく感情をそそがれる対象である。しかも、ティルタヤサ遺跡を造営したバンテンのティルタヤサ大王は、植民地化をもくろむオランダと徹底的に抵抗したことで、現在のインドネシアでは民族英雄として誰もが学ばねばならない存在になっている。

おなじく小学校の教科書に登場するボロブドゥールとティルタヤサ大王は、国家の形成にかかわる文化遺産と歴史的人物という意味では同格である。しかし、インドネシアという多民族多宗教国家そのものの存在意義が問われはじめている現在、スハルト前政権がボロブドゥールに象徴させたかったような統一国家という考え方が各地でゆらぎはじめている。それだけに、ティルタヤサ大王のような記憶にまだ残っている英雄たちの存在の比重が高まっており、それにかかわる遺跡地のもつ影響力も増加している。

19世紀初頭、バンテンのスロソワン王宮を物理的に破壊した植民地権力が、ほぼ同時期に「発見」したのがボロブドゥールである[14]。この相反する姿勢で文化遺産に取り組んだ植民地権力のあり方を、今日のインドネシアという国家も引きずっていることは間違いない。抵抗をつづけて破壊されたバンテンの王宮は、その後20世紀初頭のアチェにまでいたるオランダによるジャワ以外の各地の征服を象徴した姿である。一方オランダの保護下の立場に甘んじた中部ジャワのマタラム系諸王家では非イスラム的な文化希求が強くなる。ボロブドゥールとその他のヒンドゥ・ジャワ期の古代遺跡は、諸王家のそのような指向性とつながっていたことは確かである。

相反する出発から二世紀近くたった今日、1年間にボロブドゥールを礼拝する仏教徒の数は、バンテンにくる1日の参拝者の数と大きく変わらない。この両者において、それぞれを「生きている遺跡」として認識する人びとの絶対的

な数の差は、文化財そのものの保存意義ともかかわってくる。

　少なくとも、巨大モニュメントだが「死んだ遺跡」のボロブドゥールを修復するなら、同程度に力を入れて地上に残るものの少ない「生きている遺跡」バンテンの保存を行う必要があると、多くのインドネシア人は考えているのである。

　　2　ティルタヤサでの実験

　バンテンでの遺跡の保存活動は、前述のように多彩な要素がある。ここでは、筆者らが参加してきたティルタヤサ遺跡の保存の例を紹介したい。

　ティルタヤサ遺跡は既述のように、バンテン・イスラム王国がもっとも繁栄した時代の英主ティルタヤサ大王が居住した場所で、1663年頃に最初の建設がなされ1682年にオランダ軍の攻撃で廃絶した離宮跡である。植民地化をもくろんだオランダに徹底的に抵抗したティルタヤサ大王の居所跡として、地表には何も残っていいない遺跡は住民には一種「聖地」としてみられつづけた。

　反オランダ抵抗の経済的裏づけとして積極的に台湾からメッカまでの貿易を行ったティルタヤサ大王の根拠地であるだけに、「大王の土地」の名のもとに村の共有地になっている遺跡地では多くの陶磁片が地表に現われている。

　住民にとっての「聖地」意識とは、大王の魂が残る土地に建物を建ててはならないとの禁忌であった。しかし、それは同時に聖なる墓所としての感覚でもある。その結果、この遺跡の空間には住民の墓地が築かれつづけた。墓が掘られるたびに、邪魔な地中の遺構が壊され、また陶磁片が地上に露出されていった。

　民族英雄の遺跡は保存されねばならない、との考えを住民に理解させるには、遺跡の保存とは「聖地」をさらに高める行為である、ということを認識させねばならない。

　この遺跡に対する文化財保護側の対応は、ハルワニによれば（Halwany 1993 B)、次のような経緯があった。

　　　　ティルタヤサの墓地で珊瑚石灰岩（自然のものと加工したもの）が発見

されているという情報は、すでに以前から国立考古学研究センターや文化財保護局に知られていた。また1983年度からバンテン・ラーマ遺跡博物館は、ジョクジャカルタのガジャマダ大学地理学科と共同で、当該地の確認調査を何回か行った。それは、航空写真の解析による遺跡の範囲の確認が目的で、バンテンとジュパラ（中部ジャワ）が対象地であった。

　電磁探査と表面調査による総合的な測量の結果、ティルタヤサの墓地では地下に建物基部を確認した。この建物基部を、遺物の分布や原位置を保っている珊瑚石灰岩から、離宮城郭の城壁の一部であると推定した。

　1991年度の西部ジャワ等文化財管理事務所の調査で、陶磁片と珊瑚石灰岩塊を発見した。陶磁片は碗皿類で、日本と清のものであった。

　住民の情報では、現在地上にみえている珊瑚石灰岩塊は以前地中にあったもので、埋葬による掘り下げの結果露出した。1993年10月30日付のティルタヤサ村長の報告では、この村では死者が出るたびにティルタヤサ墓地に葬られ、その時珊瑚石灰岩塊が発見されると家へもち帰られている。この状況を放置すれば、いつの日にか地中の珊瑚石灰岩塊はなくなってしまうことが危惧された。

　そのためティルタヤサ離宮遺跡の緊急発掘調査を、1993年11月20日から12月8日まで行った。

この最初の緊急発掘調査によって、墓地に壊されながらも地中に離宮跡の遺構が残っていることが確認され、この「大王の土地」が史跡に認定された。それはそのまま、遺跡破壊を意味するここでの埋葬行為の禁止を意図した。

　一方、前年の1992年10月にラーマの遺跡博物館で行われたインドネシア出土日本陶磁国際セミナーの際、参加した筆者ら6人の日本人研究者は初めてティルタヤサ遺跡を訪ねた。そしてそこで大量の肥前陶磁片が地上に散布していることを知った。翌93年の緊急発掘調査の状況を視察した筆者らの参加するバンテン遺跡研究会は、遺跡の重要性を認識して、文化財事務所が計画していた遺物展示場の建設に協力を申し出た。翌年、遺跡地内のティルタヤサ大王廟の一画に、簡単な施設ながら同展示場は落成し、住民向けの遺跡保護普及啓蒙活動

写真33　ティルタヤサ遺跡遺物展示場

の拠点となった (写真33)。

　一片の史跡認定通知と遺跡破壊禁止を記した警告板、そして有刺鉄線での範囲明示のみでは、住民の意識はまったく変わらなかった。とにかく住民に対し、地下に埋まっているものの重要性を理解させる必要がある、という考えが展示場建設の理由である。だがそれとともに、一部の住民からこのときの調査で得られた遺物のラーマ遺跡博物館への移送について、不満が生じたことも直接の動機となった。それは大王の関係した遺物を、1682年の内乱で大王を苦しめたオランダの傀儡がいたラーマへもち出すことは認められない、という歴史的な抵抗感であった。

　たしかにこの施設のオープン後しばらくは、遺跡内での新たな墓の造営は明らかに減っていったのである。しかし完全に止まったわけではなかった。そのため、地下の遺跡の状態をさらに早く把握する必要性はなくならなかった。そして、遺跡内容を明らかにする意味で発掘調査に対する理解が生まれ、97年には筆者らのバンテン遺跡研究会とセンターとの共同発掘調査が実現したのである。

　このわずか2週間の発掘は、日本の研究者が一方の当事者となったインドネシアでの初めての学術的な共同調査となった。さらにスハルト政権倒壊後の混乱のなかながら、99年に第二次調査、2001年・02年には第三次・四次調査が継続されるにいたっている。

　以上の経緯を、再度整理してみよう。

　この遺跡は村の共有地として保存された形にはなっているものの、地上にはなんら痕跡を残していなかった。伝承的な「大王廟」が一角にあり、集落際に

小マウンドが存在するだけである。つまり視覚的には、ほとんど文化遺産的なものはないのである。だが、大王の故地であるという感情は住民に強く残っており、ラーマにくらべればはるかに少ないが「大王廟」への参拝者もたまに訪れる。

つまり、きわめて精神的な土地＝「聖地」という意味で、ラーマのあり方をさらに凝縮した感じである。

だがそのような「聖地」意識とは、現実には住民にとっては墓地としての意味をなしていた。死者は大王の魂がこもる「聖地」に埋めて清めるというような感覚である。その結果前述のように、死者が出るたびにここで土葬がなされ、陶磁片はどんどん地上に現れるが、建物基礎などの遺構は次々に無意識的に壊されていったのである（写真34）。

写真34　ティルタヤサ遺跡での新しい墓

ここで当然いちばん必要なことは、住民に遺跡の意味を理解させることであった。遺跡を保存することが「聖地」の維持につながる、という考えをもってもらうことである。しかし、墓地と「聖地」がほとんど同義語であった以上、その変化は簡単には生じない。新しい墓地の確保が最低の前提であり、さらに地下に眠る「聖地」の実態としての遺構に対して、少なくとも無意識の破壊を停止させるように考えを改めさせることは決して容易なことではない。

そのための第一歩である遺物展示場は「大王廟」の片隅に建てられたが、裸電球1個しかなく、まともな展示ケースさえほとんどない簡便な施設にすぎない。それでも住民にとっては、初めての存在であった。抜群の効果があったわけではないが、地下の遺構や遺物は「聖地」を構成する要素であるとの感覚は、わずかながら住民に生じだしたことは確かである。

その後数年して、墓地使用はまた行われだした。これはおそらく文化財事務

所の集中的な関心が弱まったことに、直接の原因がある。だがそれ以上にスハルト政権末期からつづいている経済危機と、それからくる社会意識の変化も大きく関係している。同時に、文化遺産保護意識がまだまだ十分には根づいていないことを、露呈したものである。

必要なことは遺物展示場の充実を含めた継続的な啓蒙活動であり、同時に新墓地用地獲保を促す経済的な裏づけも求められる。

いずれにしてもティルタヤサでの経験は、文化遺産保護と宗教的な「聖地」観が微妙にずれており、それを一致させるためには時間をかけた地道な努力が要求されることを、明らかにしている。

3 「ハルワニ構想」と国際協力の可能性

ラーマを中心とするバンテン遺跡群の活用について、長年この遺跡群の保存に生涯を費やしたハルワニ・ミフロブが1996年に大胆な構想を発表している[15] (Halwany 1998)。次にその概要を紹介するとともに、それにかかわる国際協力のあり方をこれまでの筆者の経験も踏まえて提示したい。

ハルワニ構想

構想の前段階は、自らの個別の遺構保存修復経験ならびにイスラム・バンテン史への理解を踏まえた、保存修復の基準を制定したことにある。そして中長期的な視野に立って、観光開発も含めた活用問題を展開した。

その基礎になったのは、日本のJICAが1988〜93年に行った西部ジャワ地域開発プロジェクト研究に含まれている、バンテン地方の観光開発計画である。その時点での見学者は、過去6年間で年間70万〜170万人だった。そこでは史跡公園開発、海岸リゾート開発、関連開発との3段階の観光開発で、17年間に最大年間259万人の集客を計算している。最終段階の2010年で観光開発をまったく行わなかった場合の人数は182万人とされるので、4割の増加を見込んだ計画になる。

ハルワニ構想の内容をみてみると、まずラーマにある各遺構や社会施設を、次のように「死んだモニュメント」と「生きているモニュメント」に分けてい

る。

死んだモニュメント

　スロソワン王宮跡、バンテン川旧流路、カイボン宮殿跡、カナリ墓地の門、博物館収蔵の遺物、パコジャンPakojan地区建物跡、跳ね橋跡、上水道サイホン跡、スピルウィク要塞跡

生きているモニュメント

　イスラム大寺院境内、バンテン川新流路、観音寺、カスニャタン寺院、カランガントゥ港、タシッ・アルディ池、遺跡博物館、鉄道駅、カランガントゥ市場[16]

そしてラーマ周辺を、3地域に区分した。

1　歴史景観復元ゾーン
2　開発準規制ゾーン
3　海岸レクレーションゾーン

1は17世紀前半の外壁内部分であり、ここでは考古学調査成果にもとづいて歴史的建造物の復元を行い、来訪者に歴史的環境を実感させることを目的とする。内部は完全な保存地区と、復元を行う開発制限地区を含んでいる。

2は1と3の中間の地域で、観光産業の基地となる地域である。景観規制を行う地区もここにはある。

3は北のバンテン湾海岸部で、純粋な海岸リゾートとして開発する地域である。

そして上記の各モニュメントについて、以上の区分に従いながら個々に整備開発する目標を定めて、さらに開発イメージを具体的に描いている。

これらの遺跡公園開発は単独で行うのではなく、以下の各部門を統括するバンテン地域開発総合プロジェクト調整機構が、管理実施する。

　都市計画部（総合計画）
　外壁部（歴史景観復元）
　博物館部（遺構保存・展示）
　祭典部（文化的イベントの宣伝・案内・解説）

事業部（民間開発管理）

研究出版部（建築・歴史・文化などの研究と成果公表）

総務部（全体の経理など）

そしてこれらの開発にかかわる経費がかなり細かく試算され、基本的な実施は地方政府機関と民間企業の協力によってなされるべきだとしている。

以上の開発構想の基本をなす考えは、バンテン地方全体にかかわる文化復興運動の一環とすべきとされる。イスラム王国滅亡以来、現在ではほとんど失われかけている地域文化を再生させるための、中核的な事業と位置づけている。そこには、細々と残っていた王国時代以来の伝統産業（土器製作、更紗染め、籠作りなど）に光を当てて現代風に再生させることも含めて、オランダによって奪われたままの地域文化意識を取り戻すことを目的としている。[17]

その背景にあるのは、スハルト政権時代にバンテン地方では、スンダ海峡沿いには一貫製鉄所などの重化学工業そしてジャカルタ側には製靴工場などの軽工業の開発がいちじるしく進んだことにある。これらの開発により経済的格差をともなう社会的な流動現象が生じ、またジャカルタの中央政府と直結するだけのそのような開発に対する反感も出はじめていた。そんななかで、地域文化の復興を行うことにより社会の安定的な発展を模索したのが、このハルワニ構想であった。

しかし97年からインドネシア全体が、スハルト政権崩壊にもつながった深刻な経済危機に陥ったことを直接の要因とし、またリーダーシップをとるはずだったハルワニ自身が同年急死したため、構想全体がそのまま実施される可能性はなくなってしまった。

次にこの構想自体について、問題点を考えてみよう。

まず遺跡の活用としての観光開発への方向性は肯定的に評価されるべきだが、集客対象としてのみジャカルタを考えることは、その前身バタヴィアとバンテンとの歴史的関係を切り放したことになり、矛盾する設定になる。これはある程度やむをえないことかもしれないが、歴史の位置づけと観光開発の整合性の意味で整理すべき問題ではある。

実際、1996年のオランダ人来航4百周年記念として、ラーマに1596年のヒョウトマン上陸記念碑が建てられる計画があった。この最初のオランダとバンテンの出会いそのものは基本的には平和的に近い関係であったから、観光の効果も考えてこれを認めようという雰囲気が当初存在した。しかし、その後のバンテンの苦しみは結局そこから始まったという考えが大勢を占めるようになり、記念碑設置は見送られたことがあった。現在のジャカルタはオランダのバタヴィアそのものではもちろんないが、バンテンの文化復興の拠点とする史跡公園であれば、考慮すべき課題であることは間違いない。

個別的には、外壁復元はどの時代のものとするのかが不明で、遺跡公園地区の設定がやや具体性に欠ける点がみられる。外壁だけにとどまらず各遺構についても、実際には上部構造を正確に復元できるような発掘調査成果や建築史的総合研究確立の見通しが曖昧になっている。そのためこのまま実行段階に入れば、簡便な素材を用いた安易な復元がなされかねやすく、それはそのまま遺跡公園そのものの価値を下げる結果に陥ってしまう。正確な歴史研究成果との整合性の点で、この構想のもつ弱い部分といえる。

また全体としては、民間投資を含めた開発そのものの実施計画は進んでいるものの、地域社会発展全体を考えたとき、周辺の工業地域との関係がどうあるべきかについてはあまり深く言及されていない。現在でもラーマへの来訪者のなかには少ない人数ながら、参拝者ではなく外部から転勤してきた工場従業員がみられる。また経済状態が好転すれば、工業地帯そのものの公園地区近隣までへの拡大もないとはいえない。さらに小規模とはいえラーマ周辺に点在する、製材所や養魚場など既存の産業と公園計画の関係も、厳密に地区区分に取り込まれているわけではない。[18]

とりわけ重要なことは、構想自体のなかでも指摘されてはいるが、現在の来訪者の大半が参拝者（写真35）であるという点である。彼らの来訪目的は、当然宗教的な満足である。それに付随して歴史的な追憶をも含んではいる。しかし、それらはレクレーションとはまったく異なっている。地区分離したとしても、海浜リゾートを訪れる客と参拝者では、行動パターンをはじめとしてすべ

写真35 イスラム大寺院への参拝者たち

てが簡単には一致しないことはいうまでもない。

しかし構想そのものの前提が、前述のJICAの試算にもとづくようなレクレーション客の部分を当て込んだ来訪者増加を考えているようにみえる。そしてそのことにより民間投資をよび込むことを意図している。

もちろん地区分離はそのような矛盾を軽減させるために設定されたものではあるが、根本的な解決になっているとは考えにくい。観光を設定するなら、現在でも相当数が来訪している参拝者のパターンと大きな齟齬のない、史跡観光のみで設定した方が問題が起きにくいだろう[19]。動機が地域文化復興にあるだけに、この点は残念なことである。

しかしこの構想そのものに含まれる遺跡の存在に対する強固な愛着感は、積極的に評価されるべきであることは間違いない。さらに遺跡の整備活用を正面から追求したこのような全体構想の提示そのものは、インドネシアではまったく他にみられないことを留意すべきである。

ハルワニの急死により、以上の問題点を修正した形で構想が再構築される可能性は遠のいてしまった。現状ではインドネシアの経済状態が好転するにはまだ少なからぬ時間が必要であり、そのためこの構想のような大規模な観光開発はしばらくは実現されないだろう。そうであればなおさら当面の時間が、ハルワニ構想の発展的再構築の研究期間として利用されることがのぞまれる。

国際協力の問題

バンテンでは、繁栄した港市遺跡として研究が深まれば深まるほど、国際的な広がりを知ることができる。同時にこの遺跡は、個別の民族性を越えたイスラム社会の歴史的変化を語ってくれる。

ただ、遺構の多くが状態のもっともよいラーマであっても前述のように地下にのみ残されたものであり、ボロブドゥールのような驚異的なモニュメントが存在するわけではない。そのため、首都ジャカルタから車で2時間ほどの至近距離にありながら、いわゆる観光客が訪れる場所ではなく、現在の博物館入場者の大部分はイスラム大寺院への参拝者であることも、すでに何回か述べたとおりである。

遺跡そのものは、ラーマのカイボンやスロソワン王宮跡などを中心に徐々に復元整備されつつあるが、レンガ造建物が中心であったため、なかなか本来の構造などが把握できない場合が多い。そのためこれまで復元整備されたものも、観光資源としての価値は決して高いとはいえない。まして、ラーマの場合でさえ遺跡範囲の大部分は、現在も農漁民が居住する私有地である。良否を別にして、「美しく整備された遺跡公園」とはかけ離れた状態である。ギオーの描写にもあるように、初めてやってきた史跡見学者は十分な満足感をえられないまま失望させられることも少なくない。

前述の遺跡公園開発を目的としたハルワニ構想がつくられたのも、そのためである。ラーマに参拝者が引き寄せられる現象は、経済危機にあっても激減はしていない。むしろそうであればこそ、かなり無理をしても来訪する人びとが存在している。その意味で、「生きている遺跡」としてのラーマの価値は、インドネシアのなかでもきわめて高いものでありつづけている。そのため、今後もなんらかの形での整備が継続されることは、たとえきわめて遅々としながらであっても間違いない。

このラーマを中心とするバンテンが「生きている遺跡」ということは、もっとも重要な特徴である。

そのようなこのバンテン遺跡群の全体的な保存と活用を考えるとき、国際協力とはどんな形がありうるのかについて、とくに日本が協力できる範囲を考えてみたい。

研究交流活動にかぎれば、筆者らがこれまで行ってきたような陶磁器を中心とする分野で、これからも発掘調査を含めて日本の果たす役割は、技術的かつ

資金的な面でまだ大きいことは確かである。遺跡から出土する陶磁片研究や都市遺跡の発掘調査は、日本が世界中でもっとも経験を積んでいるからである。ただ任意団体による個人的な協力は限界があり、なんらかの形でその枠を越えることは間違いない。[20]

肥前陶磁は19世紀までの日本の文化所産のなかで、ほぼ唯一海外で考古学資料としてまとまって発見されるものであり、その大きな中心がバンテンであるといえる。すなわち、外国の文化財としてではなく、日本自身の文化と歴史の再発見と確認への道として、バンテン遺跡群の整備活用が存在していることを、認識する必要がある。

しかし遺跡整備面の場合、個々の建物の復元でさえ日本ではなじみの少ないレンガ建造物である点にむずかしいものがある。さらに、「生きている遺跡」をどのように観光開発するか、というこの遺跡が抱えるもっとも大きな問題については、日本での遺跡公園あるいはテーマパーク建設の経験を、かならずしも直接役立たせることはできない。インドネシア以上に日本では、両者が併存する例が皆無に近いからである。これは、かなりむずかしい問題だといえる。

前述のように日本のJICAは、バンテンの観光開発基礎調査を行ったことがある。しかし、インドネシアにおけるバンテンのもつ重要性と特殊性についての巨視的な視点が欠けていたため、JICAの調査は後につづく事業をよび起こすにいたらなかった。

かつて第二次大戦中にバンテンは、日本軍のジャワ島上陸地点の一つだった。そこで日本が果たしうる独自の役割とは、一般的かつ客体的な観光開発ではありえない。インドネシアとの間の相互補完的な協力調査が、もっとも現実的かつ必要性を帯びている存在なのである。

日本側にとって肥前陶磁の輸出をめぐる日本文化と歴史の再発見・確認の道は、同時にインドネシア側にとってはイスラム聖地の研究に大きな発展をもたらすものになりうる、という関係である。ここに、バンテンをめぐる日本独自の協力の基盤が存在していることが注目される。

これまでの国際協力のなかで、筆者らもかかわってきたバンテンにおける日

本の協力のあり方を、振り返ってみたい。

　この遺跡の調査には多くの外国研究者・機関が協力してきた。なかでも遺跡博物館の遺物整理に大きく貢献したアメリカ、そしてギラン遺跡の発掘調査を考古学センターと共同で行ったフランスの役割が大きい。いずれも長期的な視野に立った、協力体制を組織的に行っている。その他にもマレーシア、タイさらに台湾の研究者などがここを訪れており、今後の研究交流はさらに拡大する可能性がある。

　日本人では、1970年代頃からインドネシア在住の陶磁器収集家が最初にこの遺跡の存在に興味をもちはじめた。その後80年頃になると、故三上次男博士を中心とする貿易陶磁研究者が、しだいに深い関心を抱くようになった。

　そのようななかで1990年、肥前磁器の産地佐賀県有田で「海を渡った肥前のやきもの展」が開催され、ラーマ出土破片を含めたインドネシアを中心とする肥前陶磁の里帰り展示がなされた。このときのインドネシアと日本の研究者の協力を軸として、筆者らは「バンテン遺跡研究会」を結成した。

　この研究会は、陶磁器を中心とするインドネシアと日本の考古学・陶磁器研究者の交流発展を目的とした任意団体である。直接には、インドネシア研究者が肥前陶磁についての認識を、日本研究者が港市遺跡の実状把握を、それぞれ深めることが動機となっている。その後さらに内容がしだいに広がって、これまで次のような活動を行ってきた。

　　人的交流
　　　シンポジウム　　　　　　　相互に開催　計8回
　　　陶磁器研究者中期滞在研修　インドネシアの若手研究者
　　　　　　　　　　　　　　　　半年間計5回
　　　若手研究者短期訪問　　　　日本の若手研究者　数週間
　　　文化財指導者短期訪問　　　インドネシアの研究者　数週間
　　共同研究
　　　ラーマ出土陶磁片整理　　　2回
　　　ティルタヤサ発掘調査　　　4回

出版活動
　　２カ国語遺跡写真集　　　共同編集・相互刊行　ラーマ
　　２カ国語発掘調査報告書　共同編集・相互刊行　ティルタヤサ
その他
　　遺物展示所建設への寄付　ティルタヤサ

　これらの活動にあたっては、任意団体である研究会独自で行ったものはほとんどなく、さまざまな形での各方面からの協力によって可能になっている。それと同時に、両国の研究交流発展に期待を寄せる個人的な熱意によっているところも大きい。

　以上のなかでもっとも大きな意味があると考えられながら、さまざまな困難にあたった若手陶磁器研究者の日本での滞在研修について、記してみたい。

　発展途上国のなかで、インドネシアの考古学関係者の数はそれほど少ない方ではないかもしれない。しかし研究交流を考えるとき、膨大な日本の研究者層とくらべてしまうと、大きな欠落を感じざるをえない。[21]

　少なくとも肥前陶磁に関する知識、それも中国陶磁との識別がむずかしい17世紀後半のものについての情報は、日本側と大きな差があった。

　そこで筆者らは、インドネシアの若手研究者を招いて日本での研修活動を行ってきた。これは本人たちの知識増加だけではなく、日本の研究者との膝を交えた交流もねらった活動である。当然、専門知識の研修だけではなく、日本語の短期集中教育もあわせて行った。

　これは97年まで5回5人を実施し、1回の期間は最初が3カ月だったが、次からは半年間とした。専門知識は、陶磁器分類の基礎だけでなく、日本式の発掘調査への参加、また遺跡の整備・活用業務の実務までも含めた。

　だが、この日本での研修活動（写真36）は、少なくとも短期的にみてかならずしも予定した成果をあげてはいない。人材育成という課題の大きさにくらべ、あまりにも筆者らの側の能力が小さすぎたことがもっとも大きな理由である。

　具体的に問題点を挙げるなら、まず日本での研修にはかなり多額の資金が必要になる。日本政府の国費留学生に準じた待遇を用意するには、渡航費や生活

費などの直接経費の他に、宿泊施設の確保など間接的な経費の支出も大きい。次に研修受入機関を捜すことがむずかしい。筆者らの大部分は、地方自治体行政の文化財担当機関に勤務しており、正式には職務上外国人研修者を受け入れる立場にはない。本来的には受入

写真36　若手研究者の来日研修

制度がないため、個人の努力で実質上の研修を行ったとしてもさまざまな問題が生じ、大部分は最大3カ月の受入が限度であった。

　この資金と受入機関の確保は、いずれの場合も決して容易なことではなかった。

　またより重要なこととして、研修者の選定問題がある。他の発展途上国の場合と同様に、インドネシアでも大卒研究者と高卒実務者の間には、とてつもなく大きな溝が存在する。それは日本の研究状況とはまったく異なっており、どのような場面でも大きな問題点となった。いったい具体的に何を研修させるのか、研修で得たものは帰国後後進への指導も含めて生かされるのかなど、むずかしい問題が多々あった。

　結果として5人の研修は、短期的にはインドネシア学界の陶磁器知識の大きな向上にはつながらないままに終わった。

　NGO協力としての人材育成活動は、個人的な信頼関係を確立することができ、その後の発展の大きなベースになりうる。とにかく顔を付き合わせた仲だから、人間として深く知り合うことが可能である。

　だが時間と資金がないなかで、半年間かそれ以上の受入先を捜すことは、かなりむずかしことである。受入支援をする筆者ら自身が休暇をとってボランティアでしか動けず、恒常的な受入機関は宿泊先も含めて、毎年変わらざるをえ

写真37　ティルタヤサ遺跡共同調査

なかった。偶然によい条件が探し出せたとしても、それは個人の奉仕の微妙なバランスの上に成り立ったものであった。資金の枯渇とともに筆者ら自身のわずかな条件変化によって、受入事業そのものが存続できなくなったのである。

結論的には筆者らの立場での人材育成活動は、大きな限界があることを知らされたのだった。

以上のような経緯で若手研究者の日本での研修活動は、推移した。もちろんそのような大きな限界がありながらも、少しずつ人的な関係は築き上げられたことは確かで、その結果として、民間任意団体ながら筆者らがインドネシアの国立機関である考古学センターと実質的な共同調査[22]（写真37）を行うことができたのである。

前述のように「生きている遺跡」の理解は、その地域社会の成員でなければ、かなりむずかしい側面がある。そのような遺跡の保存はもとより活用は、単純な資金提供を除けば、国際協力はむずかしい。また単純な資金提供は、往々にして成果をともなわないことも稀ではない。

とすればそのような遺跡の保存活用については、本質的には国際協力の意味は存在しないのかもしれない。ただバンテン遺跡群の場合は、日本の陶磁片の出土があるために研究協力をとれる構造にあった。そしてその十分な効果を得ようとするために、来日研修を含めるさまざまな交流活動を行ってきた。

そのような活動からはたして遺跡の保存活用について、成果の上がる協力が誕生しただろうか。たしかに、ラーマの陶磁片共同調査は考古学センターの遺物研究所設置を促し、ティルタヤサの遺物展示所建設は住民の理解のもとに共同発掘調査に進んだ。しかしそれらは少しずつ築かれた個人的な人間関係のな

かでなしえたものであって、恒常的な協力体制ではなく、さまざまな理由でその関係が途切れると、それらの小さな成果も維持すらむずかしくなることが少なくない。

　本章で示してきたことにより、「生きている遺跡」であるバンテン遺跡群の保存活用は「死んだ遺跡」以上に大きな価値があることだが、そのための国際協力は容易な作業ではないことは指摘できる。もちろんバンテンの場合はこれまで述べたように、出土陶磁の点からみれば一般の外国ではなく、歴史的背景のある当事者としての日本が持つ役割を認識することはできる。だが、そのような日本側自体の動機による研究交流の発展には、一程度の協力活動を本務とする組織的背景が必要であることは間違いない。

註
1) バンテン地方ではコーヒーの栽培が強制された。このバンテンの悲惨なコーヒー栽培を描いたオランダ人ダウエス・デッケル E. Douwes Dekker（筆名ムルタトゥリ Multatuli）の小説『マックス・ハーフェラール Max Havelaar』は大きな反響をよび、この制度の廃止を促すきっかけとなった。
2) オランダの繁栄は植民地インドネシアの富から得られたものであり、そのためオランダはインドネシアに対し「名誉ある負債」を負っているとの論理で、植民地統治維持の前提のなかでインドネシア人に教育環境整備などの文化的な面を中心に行った融和政策。初めてオランダ語教育を受けたジャワ貴族の娘カルティーニに象徴される西欧価値観による啓蒙主義的な様相もあったが、同時に最後までオランダ支配に抵抗しつづけたアチェ王国に対しては残虐な武力制圧も行っており、二面性をもっていた。
3) ボロブドゥールとともに世界遺産に登録されたプラムバナンは、中部ジャワ、ムラピ Merapi 山南麓に位置する9世紀のヒンドゥ寺院ロロ・ジョングラン Loro Jongran を中心とする大石造寺院跡群。ロロ・ジョングランの修復は、オランダ植民地時代の象徴的な文化遺産整備事業だった。
4) 1926・27年に起きたインドネシア共産党指導下の反乱（第1章註5参照）事件の影響も、考古局のラーマ整備への対応に関係があったかもしれない。
5) その後、研究調査は考古学センター、保存整備のための緊急調査は文化財管理事務所、そして考古学科学生の教育研修調査は国立インドネシア大学というように、

目的と性格を異にした調査が併存している。さまざまな理由により、残念ながら統一された調査報告書はいまだ刊行されていない。

6) 65〜67年にスカルノ政権と共産党勢力を武力で倒して成立したスハルト政権は、70年代になると西側資本導入開発政策のひずみとして生じた貧富の格差を放置したため、急進的なイスラム勢力と敵対関係をもつようになった。

7) 1988年に刊行されたこの解説書（Hasan et al. 1988）は、発掘調査成果を網羅した総合的な概説書である。もちろん主要な遺物である陶磁器についての項目もあるが、説明されているものは一部にすぎない。

8) 現在セランの町に移ったこの文化財管理事務所の所管は、バンテン州・西部ジャワ州・ジャカルタ首都特別地区さらにスマトラ南端のラムプン州も含んでいる。そのため、保存対象は出発となったバンテン遺跡群のみにとどめるわけにはいかず、現在はむしろ他遺跡への対応に重心が移っている。

9) 考古学センターは、2001年1月現在、中央政府の機構改革にともない、文化総局とともに教育文化省から観光省の管下に移った。また現在、同遺物研究所には常勤者がおらず、遺物収蔵庫および調査時の拠点としての役割で運営されている。

10) ここにはフランス・インドネシア共同調査隊が発掘を行った、バンテン最古の1662年紀年銘をもつ華人墓がある。それは同時に、1642年のバタヴィアの華人長の墓に次いで、インドネシアの華人墓では第二の古さをもつ墓である。しかしバタヴィアの華人長墓とともに、保存措置はまったく取られていない。

11) 他のインドネシアの遺跡と同様に、ラーマでも各遺構の歴史を説明した案内板などはまったく整備されていない。ただみられるのは、遺跡破壊や汚染が文化財保護法で処罰される、という内容の警告板だけである。

12) にもかかわらずインドネシアはイスラム教を国教とした国家ではなく、新旧キリスト教とバリ・ヒンドゥ教そして仏教などへの信仰がイスラムと同格になった憲法下の国である。これは、オランダ植民地下の各地域が民族主義のもとに統一して独立国家を形成した、という経緯にもとづいている。

13) ボロブドゥールのある中部ジャワおよび東部ジャワに居住するジャワ人が、全人口の4割を占め官僚や軍人の中枢部を握っているだけに、他の民族の反ジャワ人感情は決して小さくない。それだけにとくにイスラム教徒の非ジャワ人にとって、圧倒的な迫力をもつがゆえに、ボロブドゥールは複雑な気持ちを抱かせる遺跡でもある。

14) スロソワンを破壊したのは強権的政策から歴代のオランダ総督のなかでももっとも悪名高いダーンデルスであるのに対し、その5年後にボロブドゥールを「発見」

したのがナポレオン戦争の関係でジャワを一時占領したイギリスの副総督ラッフルズである。『ジャワ史』の著作もある「開明的」なラッフルズのイメージもあって、二つの事件は二人の考え方の相違が現れているという印象があるが、ラッフルズもカイボン宮殿に移っていたバンテン王の権力縮小政策を行っている。

15) 初代の西部ジャワ等文化財管理事務所長で、遺跡博物館開設や各遺跡の保存修復に努めた後、考古学センターのバンテン遺物研究所の設置にも尽力したが、97年に急死。本構想は千葉大学大学院に提出された博士論文「イスラム都市バンテンの歴史復元と現代の発展」に掲載されたものである。

16) パコジャン地区は旧海岸に接する西アジア出身のイスラム教徒が住んだと伝承される地区で、ここでレンガ造の建物跡が発見されている。鉄道駅は、カランガントゥ市場の南にあり、ジャカルタからスンダ海峡沿いの港ムラッMerakまで延びる鉄道の駅である。しかし現在セランより先のこの区間では、客車の運行を行っていない。

17) その延長線上に現れる政治的主体性の確立は、西部ジャワ州から分離したバンテン州設立運動となり、インドネシア全体の構造改革のなかで、2000年にはバンテン州が誕生した。

18) 実際2001年にはスピルウィク要塞跡の前に、海ツバメの巣を採集するためのセメント造の高層建物が建ってしまい、歴史的景観を大きくそこねてしまった事件が起きている。

19) 構想で上げられている内容は、海浜でのダイビング・ボート・釣り・ヨット・サーフィン・キャンプなどであるが、現在のバンテン湾は遠浅で浜は泥質である。リゾート観光資源としてみれば、30キロほどしか離れていないスンダ海峡のサンゴ礁海岸のリゾート地帯にくらべて、はるかに集客能力は弱い。

20) ただしインドネシア側も、行政機関の文化財管理事務所と調査研究機関の考古学センターとの関係が単純ではなく、現状ではバンテン遺跡群を統括的に調査研究・保存活用する組織が存在していない。今後バンテン州設立にともない、なんらかの変化が期待される。

21) 代表的な学会の会員数をあげると、日本考古学協会は約3,500人強であるのに対し、インドネシア考古学者協会IAAIは約3百人である。日本の場合上記会員数の倍近い人数が発掘調査を職業としているのに対し、インドネシアの上記会員数には歴史学や美術史など関連諸科学の専門家も多く含まれている。とくに陶磁器研究者はインドネシアでは極端に少ない。

22) 建前上はインドネシア側独自の調査に参加する、という形をとった。

第7章 まとめ

（1） アジア陶磁貿易におけるバンテン

1 再輸出の可能性——流通拠点の役割

　バンテン史の研究は長い歴史があるが、その研究に考古学が関係して厚みが増したのは、ラーマを中心とする各遺跡での発掘調査によるところが大きい。そこから、オランダ語文献で得られる資料だけでは予想もできなかった、港市国家バンテンに内在するさまざまな側面が現れるようになった。

　しかし残念ながらそのような考古学上の調査研究成果は、全体像としていまだ十分にまとまっているとはいいがたい。文献史研究との間の齟齬も小さくないが、その理由の一つは発掘調査そのものがいまだ小範囲でしかないこと、さらに調査されたものについても統合的にまとめられる機会がなかったことがある[1]。

　そのようななかにあって、本書で論究しようとした陶磁貿易の問題に関しては、筆者らは直接全体像に触れうる調査を行うことができた。しかしそこで得られた結論は、とくに時期区分をめぐって、文献史からのものとは大きく離れたものになった。

　これまで論じてきた各視点をまとめながら、冒頭に提示した問題点の答えを考えてみたい。

　まずバンテンの陶磁貿易の特徴は、ギラン時代においてはこの地域の特産物であるコショウ貿易の動向そのものと直接関係していた。そのため、輸入品である陶磁器の受入状態は、おなじ頃存在していた他遺跡とはかならずしも一致

していないところがみられる。14世紀中葉から15世紀にかけての欠落である。
　またラーマ期では、16世紀末から18世紀までのあり方は、文献史からの様相とはかなり異なっている。ここではっきりしたのは、政治上の動きと経済上の動きがかならずしも一致していないことである。
　次に出土陶磁器の内容からみると、ギランの性格は宗教センター的な様相が強いことが指摘できる。しかしそれは輸入陶磁器すべてが宗教儀礼に使われたことを意味しない。むしろ二次的移動である再輸出や搬出にむけて、ローカルトレーダーである中間層住民が輸入陶磁器の直接の受け手であった可能性が高い。ラーマの場合は、もともと王宮用や高級贈答用と考えられる調度具の比率が高かったが、17世紀中葉以降しだいに粗製の食膳具が大量に入りはじめ、18世紀前半で頂点にたっしている。ギラン以上にその使用者は中間層住民の存在が考えやすい。なお17世紀後半の離宮ティルタヤサでは、粗製品の出土は少ない。中間層の存在があまり考えにくいここでの傾向は、彼らと粗製品の当然ともいえる関係をあらためて認識させるばかりでなく、トルコのトプカプコレクションとの共通品種の多さから長距離貿易の拠点としての様相も想定させる。
　各遺跡の都市構造の検討からは、それぞれ次の点がまとめられた。ギランは中心部に深い環濠があるが、その機能は内側に想定されるなんらかの宗教施設の境界が貿易の進展とともに発達したものと考えられる。そしてこの宗教中心と貿易港である後のラーマは13キロの距離で離れていた。港であるラーマに本拠を置いたイスラム王朝はより貿易依存の性格を示したが、ラーマ自体もその後の発展のなかで川を境にして貿易領域と政治領域が分離する形態をとった。ラーマ期に一時政治機能だけが分離した状態で誕生したティルタヤサは、運河交通網と密着して建設され、貿易拠点をも包括したような企図が感じられる。
　そのようなバンテンの各遺跡のあり方は、東南アジアの諸港市に一般的にみられる政治機能と貿易機能の領域が分離した状態を体現した好例ということができる。またギランの環濠とラーマの外壁は、より境界的なものからより防衛的なものへ役割が変化している。その理由は他の東南アジア港市の場合とおなじように、ヨーロッパ人の武力をもっての来航からの脅威だった。

ラーマ自体の都市構造変化を絵画資料からみてみると、17世紀中葉から１世紀の間に政治領域空間の減少、それまでなかった王宮城壁建立と外壁の喪失という軍事的退潮ならびに王権の孤立化が確認できる。だがそれと同時に貿易機能領域では、活性化さえ感じさせるような活力の維持状態が現われている。
　そのようななかでバンテンの存在意味をアジア陶磁貿易全体のなかで検証すると、次のような理解が可能になった。
　もともと自らは陶磁器を生産しない東南アジア群島部は、陶磁器に対して独自の需要をもっていた。それはインド文化の影響を受けた西部地域ではクンディ型水差しのような宗教用具に対して、またその要素が少なかった東部では埋葬儀礼用の荘厳具としての陶磁器そのものに対し大きな需要があった。さらに全域において、ローカルトレードのなかで転用や再輸出が可能な、貯蔵容器に対しても商品価値をもっていた。そのなかで早くから域内産品と交換する陶磁貿易が発達していた。
　ラーマの時代には、そのような群島部での陶磁貿易は、貿易全体の広域化と併行してさらにインド洋地域など長距離への搬送、また域内のより多くの地域への大量輸送が18世紀まで確実に増大している。主な製品の産地が中国南部であることは基本的に変化していないが、政治的理由などにより中国製品の供給が減った時期には、日本の肥前など他産地のものも登場してきた。とくに肥前の貿易は、イスラム・バンテンの政治的な最盛期である17世紀後半においては、バンテンの陶磁貿易の重要部分であった可能性が高い。
　これら陶磁器の取引を担ったのは、主産地が中国南部であることからも、福建を主とする華人たちのジャンク貿易だった。彼らの貿易ネットワークは、ヨーロッパ人来航後も基本的に変化していない。とくに17世紀中葉以降、彼らは群島部に定住をはじめ、17世紀末には域内の貿易を独占したかにみえたオランダ東インド会社の活動そのものも、かなり多くをジャンク貿易に依拠していたことが彼ら自身の記録から知ることができる。
　そのようなジャンク貿易の拠点の一つが、18世紀においてもバンテンであった。それはバタヴィアのパサール・イカンとラーマ出土の陶磁片を比較すると、

基本的に似た傾向ながら前者から後者への搬出の可能性が低いという状況からも傍証されている。ラーマでの17世紀中葉から18世紀の陶磁片と群島部内のいくつかの地域や、あるいは西アジアのオスマン帝国の資料をも比較すれば、かなり多くの共通性をみることができる。またとくに18世紀のものは粗製品の割合が増えるが、それはラーマにいたローカルトレーダーである中間層住民が再輸出した商品である可能性が高い。そのような中間層住民とはジャンク貿易を行っている華人に他ならず、18世紀前半で頂点に達した彼らの貿易は、戦略的位置にあるバンテンを引きつづき拠点としており、一部は前世紀同様にオスマン帝国までのルートも残っていた。

つまりラーマでの出土陶磁片が18世紀前半で爆発的に増加し最大にたっした理由は、そのような華人のジャンク貿易の拠点としてバンテンが存在していたことに他ならないと考えられる。それは港市バンテンの性格が本来的に貿易に依拠したことによるものだからであり、コショウという重要な貿易商品を産したことのみならず、季節風の変換点でもあるインド洋を見据えた戦略的位置にあったからだろう。

しかしオランダの圧迫以上にバンテン湾の河川堆積物による港湾機能の低下が18世紀中葉にはかなり生じており、そのことがその後の急速な退潮をもたらした可能性が高い、と推定できる。

まとめればラーマは、華人貿易網の一角として少なくとも18世紀中ごろまで陶磁器の再輸出根拠地として栄えていた、と結論できる。

2　バンテン政治史への視点

以上のような陶磁貿易のあり方は、当然政治状況とは異なった経済状況の歩みを反映している。第1章で述べたように、ティルタヤサ大王がオランダに屈服した1683年以降については、多くの文献史研究では衰退期あるいはオランダ従属期として、ほとんど研究の対象外としてきた。

そのため、とくに17世紀末から18世紀中葉にいたる陶磁貿易最盛期の、政治的な動きは多くを知ることができない。そのようななかでやはり1682年までを

基本的な対象としてバンテンの貿易構造を考古資料から解明しようとしたヘリアンティの研究のなかで、いくつか興味深い事実を知ることができる。

まずバンテン王の王位からみると、ティルタヤサ大王と対決したハジ王の次男（ティルタヤサ大王の孫）であるザイヌル・アビディン王の在位が1690年から1733年までと44年間の長期に及んでいる。確実に判明しているイスラム・バンテンの王のなかでは、16世紀末から17世紀中葉まで55年間王位にあったアブルマファヒル王に次ぐ長い在位期間である。もちろんアブルマファヒル王の在位期間がオランダの来航によるバンテンの政治経済退潮期であったことを考えれば、このザイヌル・アビディン王の在位期間もはたして安定していたかは不明である。

しかし彼の死後100年間に王位を継承したのは13人に達し、平均在位は8年に達していない。しかもアビディン王を次いだ次男のザイヌル・アリフィン王を含めて少なくとも9人の王は殺害されるか、オランダにより追放されている。そのことからも、アビディン王の治世までが相対的な安定期、少なくとも王位継承による混乱が起きなかった時期と考えることはできる。

また前述のようにこの時期のラーマの人口は、ティルタヤサ大王期にくらべればはるか3割ほどに減少しているものの、1694年から1708年にかけては31,848人から36,302人へと16.2％の増加がみられる。その後1726年の推定でも大幅な低下はみられず、この時期の相対的安定を示すものといえる。

一方、コショウ主産地のスマトラ南端のラムプン地方は、依然としてバンテンの支配下にあった。もちろん、この時期のコショウは、王国とオランダの独占輸出のなかにあった。すでにティルタヤサ大王時代からラムプンの住民には強制栽培が課せられていたが、オランダが最終的に独占することにより、住民からの買い付け価格はかなり低下させられている。

そのためにラムプン地方の在地首長たちには、さまざまな特権の付与の代わりにコショウ供出を義務づける銅版布告が与えられた。今日残っているそれらの年代は、圧倒的に18世紀後半のものが多い[2]。政治的動揺が頻発したからこそ、そのような布告が多く出されることになったと考えられる。

なお、1691年のアビディン王の即位式に際しては、ラムプンの首長たちには絹、またラーマ市内の民衆には銀糸など、膨大な繊維製品が配られている（Heriyanti 1998）。当然それらはジャンクがもたらしたものであり、陶磁貿易と対応するこの時期の経済的状況を示す証拠の一つである。

以上のように、具体的な政治動向については明確なことは不明だが、このアビディン王の治世時期は、大きな混乱がないなかで経済的な活況化にあったことが考えられる。それこそが、前述の華人たちによる陶磁貿易最盛期の姿であり、バタヴィアと相互補完的な形でジャンク貿易の拠点化した状態を反映したものだと思われる。

3 新たな時期区分の提唱

最後に全体を総括する形で、ラーマ史の新しい時期区分を次のように提唱したい。

　　Ⅰ期　　15世紀以前
　　Ⅱ期　　16世紀前半〜後半
　　Ⅲ期　　16世紀末〜17世紀前半
　　Ⅳ期　　17世紀後半〜1682年
　　Ⅴ期　　1682年〜1750年代
　　Ⅵ期　　18世紀後半〜末
　　Ⅶ期　　19世紀前半

これは、主として陶磁資料による時期区分を修正したものである。陶磁片資料に基礎を置いて、陶磁貿易からバンテン史解明をめざした本書の論究構成からは当然の帰結である。ただし、陶磁資料時期区分でのピークとなったⅤ期18世紀の内容についてのこれまでの検討を踏まえると、文献研究が重要視する1682年と1752年の両次のオランダとの対決の時点は、否定できない区分点といいうる。そのため、陶磁資料Ⅳ期とⅤ期を細分して、ここで新しくⅤ期とⅥ期を設定した。その概要は、次のとおりである。

　Ⅴ期：1682年のティルタヤサ大王の対オランダ降伏以後、バンテンの自主

的な貿易活動は制限を受ける。しかし華人のジャンク貿易はさらに活発になり、バンテンの経済的力量はむしろさらに活性化を迎えた。その勢いの奪取を目的として、この時期の末にはオランダのさらなる介入が起きた。

VI期：1752年のキ・タパの対オランダ抵抗鎮圧により、オランダの全面的な介入がはじまる。王権はきわめて制限されるが、華人の居住はつづき、ジャンク貿易拠点としての役割は、規模は小さくなるものの、依然として無視できないものが残った。

VII期：オランダ東インド会社の解散と軌を一にして、バンテンの王権はまったく衰微し、新たな植民地権力により1832年の王国滅亡まで継続的な干渉を受ける。しかし、華人たちは植民地権力との融和のなかで、最後まで居住をつづけた。

この修正時期区分についての物的資料としては、V期とVI期については陶磁片の細分が今後の課題となる。またVII期については、この時期に増えるヨーロッパ陶磁の存在そして1820年代まで存在するパチナン（華人街）の華人長墓群[3]が大きな意味をもっている。

スロソワン王宮跡の遺構時期区分の問題も含めて、この提唱に対する検証的な研究を期待したい。

（2）　国際協力下における遺跡の保存活用

1　保存活用の目的

遺跡とは、そのように認識された時点で実際の生活が途絶えている、人間の生活の跡である。過去の人間の生活の跡は無数に近く存在したはずで、ある程度の時間を過ぎて残っているものの数も、きわめて多い。たとえば住居跡というような種類のものを考えただけでも、極端に自然条件のきびしい場所でないかぎり、特定の地域において存在する数は無限に近いほどであろう。

そのなかでなんらかの過去の情報を現在に伝えると評価されたものが、遺跡

として認識される。つまり遺跡であるという判断は、すでにそれが過去の情報を伝達するという活用にかかわることが含まれている。その意味で、活用されない遺跡は存在しない。

しかし、情報伝達としてのその活用の幅は広く、ある瞬間にのみ情報を伝えることもそのように考えることができる。現在の日本で年間2万件ほど行われている行政発掘調査では、終了後99％以上の遺跡は開発のために破壊してしまう。だが調査により過去の情報が記録されたことで、すでに広義の活用が図られたことになる。

そのような活用は、きわめて少数の人に対してなされたものである。場合によっては、遺跡であると認識した人だけのこともあるだろう。

けれども、その伝えんとする情報の質と量がかなり多くの人びとに大きな影響を及ぼす可能性があると判断されれば、短期間でその遺跡を破壊することに対し異論が生じる。そのような場合、遺跡はなんらかの方法で保存される。この保存とは、半永久的な密閉ではなく、あくまで情報提供をしつづける＝活用されることが前提である。保存のみを目的とした保存は、ありえないことになる。

さらにその情報提供という活用がその地域の人びとの広汎な精神的なよりどころになるとき、その遺跡は文化遺産という呼び方がより適切になるだろう。

バンテン遺跡群の場合で、そのような保存と活用の問題を考えてみよう。

1809年、オランダの総督ダーンデルスは、バンテン王を追放してスロソワン王宮を破壊した。以後、そこで居住し生活する人びとはいなくなった。その時点からスロソワンは、使われなくなった生活の跡、つまり廃虚になった。約100年後の1900年、オランダ人セルリエルはバンテン王国の痕跡をラーマで探し求め、地図をつくって著した。彼は廃虚が、なんらかの情報を伝えると考えたはずである。このとき、スロソワンを中心とするラーマは公的に遺跡になった、といえる。

4)

しかしその間、スロソワンの廃虚にはバンテン王たちの怨念がこもっている、という見方がバンテン地方の人びとには伝わっていた。怨念という情報がそこ

にはあると認識されたということは、彼らにとってはセルリエルの調査よりもっと早い時点で、遺跡だったことになる。それは漠然とした情報であることは間違いないが、19世紀にオランダの植民地支配に対してたびたび起きた反乱の当事者たちにとっては、その漠然とした情報の活用が原動力になったかもしれない。

　逆にみれば、セルリエルが行った公的な遺跡化とは、あるいはそのような反乱への精神的拠りどころという活用を避けることが目的だったとみることができる。当時の「倫理政策」という融和政策下の植民地支配の方法がそれであり、むしろ遺跡の「オランダ化」といった方が近いのだろう。

　スロソワンの破壊とほぼ同時期のボロブドゥールの発見、そしてセルリエルのラーマの調査とおなじ頃に行われたその最初の修復は、明らかにヒンドゥ・ジャワ時代を賛美することでマタラム・イスラム王国の末裔たちにオランダ植民地権力への従属を求めた、と考えられる。オランダと闘ったイスラム時代の記憶は捨て去るため、はるか古代の栄光に酔わせようとした、ともいえる。

　いずれにしても、活用にはかならず目的があり、その目的しだいによって遺跡としての扱い、すなわち保存の方法も大きく変わる。

　バンテン遺跡群の60年代からはじまった調査は、イスラム文化考古学の確立[5]をインドネシア考古学のなかに促した。オランダ植民地時代にはセルリエルが行った程度しかこの分野での調査研究はなかったが、独立インドネシアの民族主義的なアイデンティティを求めることで、オランダと闘ったイスラム王国の遺跡、あるいはイスラム王や聖者の墓が重要となった。そこにイスラム文化考古学が、誕生することになった。そしてバンテンの調査は、そのもっとも貴重な実践場と考えられた。

　この新たな活用の目的が積極的に考えられ、それが人びとの支持を受けたとき、バンテンの遺跡群、とくにラーマはその象徴であるスロソワン王宮跡を中心に、復元修復されることを前提に保存の方向に向かう。さらにイスラム文化考古学がインドネシアという国家あるいは群島部という広い枠組みで考えられたのに対し、次の段階にはバンテン地方というエスニック的な単位を目的とし[6]

た活用の考えが生じた。

　それがバンテン文化復興運動を旗印としたもので、史跡公園開発を考えたハルワニ構想を生み出すことになる。ハルワニ構想そのものは、経済危機とハルワニの急死によってついえたが、文化復興運動はバンテン州成立によって今後もさらに盛んになることは間違いない。おなじ目的での活用構想は、かならず今後も新たに生まれてくるだろう。

　そのように、バンテン遺跡群をめぐる保存活用は目的を変えながら継続しており、直接地域住民の精神的基盤とかかわってくる今後の活用は、文化遺産としての段階と考えてよいと思われる。

2　「生きている遺跡」と考古陶磁資料

　すでにみたように、バンテン遺跡群はラーマの場合、「生きている遺跡」としての要素がきわめて大きい。その根幹をなすのはジャワ島のイスラム教聖地の重要な一つであるイスラム大寺院であり、付随するものはインドネシア華人の信仰対象として名高い観音寺である。

　両者への膨大な遠方からの参拝者が、ラーマへの来訪者の根幹をなしており、その数は経済危機のなかでも大きな減少にはいたらなかった。イスラム大寺院への参拝者は一日平均5千人近くあり、そのなかのかなりの部分は遺跡博物館やスロソワン王宮跡を見学する。少しずつ整備復元されているとはいえ、いまだ大部分が土中に朽ち果てた状態になっているスロソワンとそこから出た遺物をみて、彼らはもちろんオランダ植民地時代の反乱者たちが感じた怨念に似た感覚、そしてそれに加えてもう少し洗練された歴史体験を得ているはずである。

　一方、観音寺への参拝者は例大祭のときの数万人に集中するが、そのとき参拝者の多くはスピルウィク要塞跡を駐車場として利用する。スピルウィクそのものを見学するわけではないが、1685年に築造されたこの要塞跡の遺構をとおして、観音寺の歴史、またそれより古いラーマでの華人の歴史[7]を無意識のうちに体感している。

　今後も減ることのない参拝者たちの行動は、単なる宗教的な礼拝行為にとど

まらず、両寺院がまさしく遺跡地に存在するために、歴史体験を重ねるということになっている。この行動パターンが変化する可能性は少なく、そのためハルワニ構想で提言された海浜レクレーション地区が建設された場合、そこへの来訪者との間で、大きな齟齬が生ずる恐れがある。

そのような「生きている遺跡」であることを理解できない外部者あるいは外国人の協力は、とくに保存活用の点で簡単には参入しにくい。たとえば個々の遺構の復元など個別の技術協力はそれなりに成果を上げる可能性もあるが、遺跡全体のなかでの役割を十分認識しなければ、遺跡に思いをはせる多くの参拝者たちから反発を受ける可能性もないとはいえない。

技術論だけでの協力は、遺構修復の場合は簡単ではないと考えられる。

それに対して、出土遺物に対する国際協力は、かなり受入れられる要素がある。貿易で栄えた遺跡であるからこそ、遺物に輸入品が多いことは自然であり、それらの遺物に対して輸出側の知識を提供することは、十分な協力関係を期待できる。

実際に筆者らの陶磁器に関する協力の経験は、それを明らかにしてきた。同様に陶磁器について中国あるいは台湾からの協力意図があったとしても、やはりある程度の成果を出すことは可能であろう。数は多くないが、その他の輸入品遺物についての協力でも、おなじことがいえる。それらは、やがて遺跡博物館のなかに肥前陶磁とおなじように産地を明示されて、参拝者たちの眼に触れることになるだろう。

このような「生きている遺跡」としてのバンテンで、国際協力が効果を上げうる分野はかぎられている。しかし参拝者たちにとって自らの文化遺産から出てきたものが、他の国の文化背景をもつ品であることはむしろ肯定的なことである。そこに相互の信頼的な協力関係を築きうる要素があると考えられる。

なお、地元住民に支持されない、あるいは十分に精神的な紐帯関係を意識させるような教育がなされなかった遺跡は、悲惨な運命をたどることがある。それはどんなに「世界規模」の「人類的」なものであっても、たやすく破壊され、また国際協力が意味をなさないことは、最近のアフガニスタンのバーミヤン大

仏の例を待つまでもなく、80年代のボロブドゥール爆破事件にすでにみることができる。遺跡と当該地域住民の関係は、国際協力においてもっとも大きな前提とすべきであろう。

註
1) ラーマの発掘調査報告は、いまだ1976年の調査成果しか刊行されていない。そのため、各調査参加者が記した個別の論文についても、一次的な資料で検証することがむずかしい現状である。
2) ヘリヤンティによれば、第1次保護条約の年の1684年の後は、1746・61・71年になっている。なおラムプン地方のコショウ供出制度については、鈴木恒之の研究がある（鈴木 1975）。
3) 現在、パチナンのパチナン・ティンギ Pacinan Tinggi イスラム寺院跡脇には、道光年間の銘をもつ華人の亀甲墓が残っている。またバンテン遺跡博物館には、この地域出土の華人墓誌が多く収蔵されており、道光年間まで華人長（カピタン）の称号をもつ人物が存在していたことを示している。
4) 前述のようにスロソワンを中心とするラーマ出土陶磁片は、19世紀中葉まで一程度の量がみられるため、このスロソワンの完全な破壊が1809年より遅くなる可能性は残っている。
5) バンテンの発掘を長年指導してきた考古学センター前所長のハッサン・アムバリィ Hasan Ambary が、イスラム文化考古学の確立者である。
6) 現在のバンテン州地域の住民は、バンテン・ジャワ語を話す海岸部住民と内陸のスンダ語住民に大別され、さらに南部山中には独自の閉鎖的な文化を保持するバドゥイ人も含んでいる。その他に王国時代にはすでに渡来していた華人・ブギス人なども少なからず混在している。そのため、この場合単一のエスニックグループのみを考えるのではなく、かつてバンテン王国をともに構成した人びとというアイデンティティにならざるをえない。
7) 観音寺の建物自体は新しいものであるが、その場所は16世紀末に最初の華人街があったところであり、寺の出発と考えられる18世紀中葉の古墓も内部に礼拝対象として存在するため、参拝者の歴史体験はかなり深まっていると考えられる。

バンテン関連年表

西暦	出来事
932年	クボン・コピー第二碑文にスンダ王記載
13世紀	ギラン、コショウ輸出で繁栄
14世紀前半	ギラン、大規模な火災後衰退
1511年	ポルトガル、マラッカを占領
1513年	琉球船スンダに寄港
1518年	琉球船スンダに寄港
1527年頃	ラーマにイスラム王権成立
1550年頃	イスラム・バンテン自立
1570年頃	西部ジャワの大部分を支配
1596年	パレムバン遠征失敗　最初のオランダ人来航
1609年	摂政ラナマンガラ、内乱を鎮定
1619年	オランダ、バタヴィアを占領
1628年	イギリス、バンテンへ復帰
1636年	オランダと第1次和平条約
1638年	メッカ太守よりスルタン称号獲得
1651年	ティルタヤサ大王即位（〜1682年)
1659年	オランダと第2次和平条約
1660年代	『バンテン年代記』成立
1661年	クラパ・ドゥアにバンテン最古の華人墓　清、遷界令実施
1663年	ティルタヤサ地方の開発開始
1671年	フランスとデンマーク、商館設置
1674年	ハジ王2回目のメッカ巡礼
1678年	ティルタヤサ大王、ハジ王に日常政務を委譲
1680年	スロソワン王宮、稜堡式に改修
1682年	ティルタヤサ大王とハジ王の内戦にオランダ介入　ティルタヤサ離宮陥落
1683年	ティルタヤサ大王降伏　台湾鄭氏、清に降伏
1684年	オランダと第1次保護条約　オランダ、翌年スピルウィク要塞建設　清、遷界令解除
1690年	アビディン王即位（〜1733年)
1726年	ファレンティン、『新旧インド誌』刊行
1740年	オランダ、バタヴィアで華人虐殺
1750年	キ・タパの反乱（〜1752年)
1752年	オランダと第2次保護条約
1754年	パベアンに華人墓　以後観音寺成立
1809年	オランダ、スロソワン王宮破壊

1832年	ラフィウッディン王、スラバヤへ追放　バンテン王国完全に消滅
1888年	チレゴンでの反オランダ反乱
1900年	セルリエル、ラーマの古地名を採集
1913年	フセイン、「『バンテン年代記』の批判的検討」発表
1926・27年	インドネシア共産党の反オランダ反乱
1966年	サルトノ、「農民反乱研究」発表
1968年	ラーマでの初めての考古学調査
1975年	ハッサン、バンテン創始者の新説発表
1976年	本格的な発掘調査開始
1977年	ウカ、『インドネシア国史第3巻』刊行
1985年	遺跡博物館開館
1988年	リード、『東南アジア商業の時代』刊行
1988年	ハッサンら、『バンテン考古学資料集』刊行
1990年	ギオー、『バンテン王国』刊行
1994年	『バンテン史研究論文集』刊行
2000年	バンテン州、西部ジャワ州より分離

参 考 文 献

青柳洋治 1985「フィリピン出土中国貿易陶磁の変遷－カラタガン遺跡とサンタ・アナ遺跡の年代について－」『三上次男博士喜寿記念論文集』陶磁編

青柳洋治 1991「東南アジア島嶼部出土の貿易陶磁器」『貿易陶磁研究』11、日本貿易陶磁研究会

青柳洋治 1992「「交易の時代」(9～16世紀)のフィリピン－貿易陶磁に基づく編年的枠組－」『上智アジア学』10、上智大学アジア文化研究所

青柳洋治他 1995「ベトナム中部諸省の遺跡調査と考古学的課題」『東南アジア考古学』15、東南アジア考古学会

天草切支丹館 1994『資料目録』本渡市

荒松雄 1993『多重都市デリー』岩波新書

生田滋 1992「東南アジア群島部における港市国家の形成－十六世紀末のバントゥンを例として－」『東洋文化』72

生田滋訳 1966『トメ・ピレス 東方諸国記』大航海時代叢書1－5、岩波書店

生田滋註／渋沢元則訳 1981『大航海時代叢書Ⅱ ハウトマン、ファン・ネック 東インド諸島への航海』岩波書店

伊原弘 1993『中国人の都市と空間』原書房

岩生成一 1953「近世日支貿易に関する数量的考察」『史学雑誌』62－11

岩生成一 1966『南洋日本町の研究』岩波書店

岩本小百合 1996「「シュリーヴィジャヤ」時代におけるクダー－いわゆるルンバ・ブジャン遺跡について－」『東南アジア考古学』16、東南アジア考古学会

浦廉一解説 1958『華夷変態』東洋文庫

江上幹幸 2000「インドネシア、ラマレラ村の経済システム－物々交換による共生社会」『高宮廣衞先生古稀記念論集』那覇

江上幹幸 2001「レバッ・チベドゥ遺跡とバドゥイ族－西ジャワの石積基壇遺構－」『沖縄国際大学社会文化研究』5－1

エコワティ他／坂井隆訳 1993「イスラム時代インドネシアの貿易陶磁」『貿易陶磁研究』13

エドワーズ・マッキンノン／坂井隆訳 1993「北スマトラ東部、コタチナ・パヤパシー

ル表採の陶磁器」『貿易陶磁研究』13、日本貿易陶磁研究会
大庭修編 1974『唐船進港回棹録・島原本唐人風説書・割符留帳』関西大学東西学術研究所
大橋康二 1990「東南アジアに輸出された肥前陶磁」『海を渡った肥前のやきもの展』佐賀県立九州陶磁文化館
大橋康二 1995「オスマン・トルコの盛衰と東洋陶磁」『トプカプ宮殿の名品－スルタンの愛した陶磁器』佐賀県立九州陶磁文化館
大橋康二・坂井隆 1999「インドネシア・バンテン遺跡出土の陶磁器」『国立歴史民俗博物館研究報告』82
大橋康二・森本朝子・坂井隆・稲垣正宏・鈴木裕子 2002「インドネシア、ソンバ・オプー要塞跡出土の陶磁器」『日本考古学協会第68回総会研究発表要旨』
小川博訳 1969『瀛涯勝覧』吉川弘文館
金沢陽 1999「明から清にかけての海禁政策と民間貿易への影響について」『貿易陶磁研究』19、日本貿易陶磁研究会
菊池誠一 1997A「ベトナム発見の安平壺」『東国史論』12、群馬考古学研究会
菊池誠一他 1997B『ホイアンの考古学調査』昭和女子大学国際文化研究所
北川香子 1998「ポスト・アンコールの王城－ロンウェークおよびウドン調査報告」『東南アジア－歴史と文化－』27、東南アジア史学会
金城亀信編 1999『首里城京の内』沖縄県教育委員会
坂井隆 1991A「マラッカ海峡沿岸港市の外来文化と伝統生活－スマトラなどの遺跡表採遺物より－」『社会科学討究』107、早稲田大学社会科学研究所
坂井隆 1991B「南海の水注－インドネシアのクンディ」『古代探叢III』早稲田大学出版部
坂井隆 1992A「スンダ海峡地域の城郭都市遺跡－バンテン・ギラン遺跡調査参加記」『東南アジア考古学会会報』12
坂井隆 1992B「クンディ水注の起源－型式学的考察の試論」『東西海上交流史研究』2、中近東文化センター
坂井隆 1993A「イスラム港市バンテン－博多・堺・長崎との比較－」『社会科学討究』113、早稲田大学社会科学研究所
坂井隆 1993B「肥前陶磁の輸出と鄭氏・バンテン王国」『東南アジア歴史と文化』22
坂井隆 1993C「日本輸出陶磁バンテン国際セミナー報告」『東南アジア考古学会会報』13
坂井隆 1995A「マラッカ・スンダ海峡港市の陶磁器」『古代探叢IV』早稲田大学出版

部
坂井隆 1995B「東南アジアと日本の中近世港市－図化資料から見た港市の防衛と機能－」『日本考古学』2、日本考古学協会
坂井隆 1995C「安平壺の貿易－17世紀の東南アジア貿易ノート－」『東南アジア考古学』15
坂井隆 1996A「イスラム港市バンテン遺跡の保存」『アジア知の再発見』クバプロ
坂井隆 1996B「17世紀の陶磁貿易－アンピン壺の流通をめぐって－」『日本考古学協会第62回研究発表要旨』
坂井隆 1996C「書評 C. Guillot 他. Banten avant l'Islam: Etude archeologique de Banten Girang (Java-Indonesie) 932?-1526」『東南アジア歴史と文化』25
坂井隆 1997A「アンピン壺のたどった海－インドネシア・ベトナム・フィリピン・台湾・九州－」『最新海外考古学事情(Ⅱ)アジア編』ジャパン通信情報センター、東京
坂井隆 1997B「港市の橋」『物質文化』62、物質文化研究会、東京
坂井隆 1997C「築町遺跡発見のクンディ型土器」『築町遺跡』長崎市教育委員会
坂井隆 1999A「東南アジア港市と日本の中近世都市」『季刊考古学』66、雄山閣
坂井隆 1999B「南北を結ぶ港市の遺跡」『考古学ジャーナル』448、ニューサイエンス社
坂井隆 1999C「インドネシア・バンテン遺跡の保存修復の経緯、現状、問題点」『第4回国際文化財保存修復研究会報告書』
坂井隆 2001A「17、18世紀のアジア陶磁貿易－バンテンでの貿易を中心に」『東洋陶磁』30、東洋陶磁学会
坂井隆 2001B「長崎悟真寺の唐人墓地－近世の日本・東南アジア交流の足跡－」『九州考古学』76
坂井隆 2002「東南アジア群島部の陶磁器消費者」『国立歴史民俗博物館研究報告』94
坂井隆、ナニッ・ウィビソノ編 2000『バンテン・ティルタヤサ遺跡発掘調査報告書』上智大学アジア文化研究所
坂井隆・西村正雄・新田栄治 1998『世界の考古学　東南アジア』同成社
坂井隆・山村博美 2002「鼈甲－その製品普及と原料輸入」『考古学研究』48-4
重松伸司 1993『マドラス物語　海道のインド文化誌』中公新書
朱牟田夏雄訳 1983「スコット　ジャワ滞留記」『イギリスの航海と植民1』大航海時代叢書、岩波書店
首里城研究グループ編 1998『首里城入門』ひるぎ社
上智大学アジア文化研究所 1999『17世紀アジアの海上交流－東南アジア出土のイマ

リー東京シンポジウム』資料
鈴木重治 1982「マレーシア・インドネシアの貿易陶磁調査の概要」『貿易陶磁研究』2、日本貿易陶磁研究会
鈴木恒之 1975「バンテン王国支配下におけるランポン地方社会の変容」『東南アジア歴史と文化』5、東南アジア史学会
関俊彦 1983「マニラ・ガレオン貿易と中国陶磁」『佐久間重男教授退休記念中国史・陶磁器論集』燎原
高良倉吉 1998『アジアのなかの琉球王国』吉川弘文館
ターパル，B. K. 1990『インド考古学の新発見』
田中和彦 1993「ルソン島中部、墓地遺跡出土の交易陶磁器と土器」『貿易陶磁研究』13、日本貿易陶磁研究会
千原大五郎 1982『東南アジアのヒンドゥ・仏教建築』鹿島出版会
中近東文化センター 2000『トルコ陶器』
陳信雄／坂井隆訳 2002「安平壺－東南アジアで多出する17世紀の灰白色釉磁器壺」『東南アジア考古学』22、東南アジア考古学会
永積洋子編 1987『唐船輸出入品数量一覧1637～1833年』創文社
那覇市 1986『那覇市史資料編第1巻4 歴代宝案第一集抄』
西田宏子 1993『南蛮・島物－南海請来の茶陶－』根津美術館
ハッサン・アムバリィ／坂井隆編 1994『肥前陶磁の港バンテン』穂高書店
ハッサン・アムバリィ／坂井隆訳 1993「バンテン・ラーマ港市遺跡の特徴」『東南アジア考古学会会報』13
ハルワニ・ミフロブ／坂井隆訳 1993C「インドネシア西部ジャワの古都バンテンの復元」『東南アジア考古学会会報』13
フォルカー，T／前田正明訳 1979/85「磁器とオランダ東インド会社」『陶説』312～370、日本陶磁協会
藤善真澄訳 1990『諸蕃志』関西大学東西学術研究所
松本伸之 1994「インドネシアの金工品I」『月刊文化財』370、第一法規出版
繭山康彦 1977「デマク回教寺院の安南青花陶磚について」『東洋陶磁』4、東洋陶磁学会
三上次男 1982「パサリカン遺跡出土の貿易陶磁」『貿易陶磁研究』2、日本貿易陶磁研究会
三上次男 1988A「トプカプサライ博物館の中国陶磁」『陶磁貿易史研究 下』中央公論美術出版

三上次男 1988B「中世エジプトと陶磁貿易」『陶磁貿易史研究　下』中央公論美術出版
三上次男 2000『陶磁の道』中央公論美術出版（三上 1969『陶磁の道』岩波新書の復刊）
森村健一 1996「フィリピン・パンダナン島沈没船引き揚げ陶磁器」『貿易陶磁研究』16、日本貿易陶磁研究会
森本朝子 1991「マレーシア・ブルネイ・タイ出土の貿易陶磁　11世紀末～14世紀末－日本出土の貿易陶磁との差異－」『貿易陶磁研究』11、日本貿易陶磁研究会
森本朝子 1996「中部ベトナム・ラムドン省ダイラン遺跡の陶磁器」『貿易陶磁研究』16、日本貿易陶磁研究会
山脇悌次郎 1988「唐・蘭船の伊万里輸出」『有田町史　商業編Ⅰ』佐賀県有田町

〈中国文〉

謝明良 1995「安平壺芻議」『台湾大学美術史研究集刊』2、台湾大学
謝明良 1996「左営清代鳳山県旧城聚落出土陶瓷補記」『台湾史研究』3-1、中央研究院台湾史研究所籌備処、台北
朱徳蘭 1988「清開海令後（1684－1722）的中日貿易商与国内沿岸貿易」『中国海洋発展史論文集』3、中央研究院中山人文社会科学研究所、台北
曹永和 1979『台湾早期歴史研究』聯経出版事業公司
曹永和 1986「明末華人在爪哇万丹的活動」『中国海洋発展史論文集』2、中央研究院三民主義研究所、台北
曹永和 1997「英国東印度公司与台湾鄭氏政権」『中国海洋発展史論文集』6、中央研究院中山人文社会科学研究所、台北
臧振華・高有徳・劉益昌 1993「左営清代鳳山県旧城聚落的試掘」『歴史語言研究所集刊』64-3、中央研究院、台北
陳佳栄・謝方・陸峻嶺 1986『古代南海地名彙釈』中華書局
陳信雄 1986「澎湖群島出土の宋代泉州陶瓶について」『貿易陶磁研究』6、日本貿易陶磁研究会
傅宋良・王上 1988「邵武四都青雲窯址調査簡報」『福建文博』88/1期、福建省博物館
林果 1993「連江定海出水文物」『福建文博』93/1・2期、福建省博物館

〈欧文〉

Abu Ridho & Wahyono M. 1983 The Ceramics Found in Tuban, East Java. 亀井明徳訳「東ジャワ・トゥバン発見の陶磁」『貿易陶磁研究』3、日本貿易陶磁研究会

Abu Ridho & Edwards McKinnon, E. 1998 *The Pulau Buaya Wreck, Finds from Song period*. Ceramic Society of Indonesia. Jakarta

Abdul Halim Nasir. 1990 *Kota-Kota Melayu*. Kuala Lumpur

Adhyatman, Sumarah. 1981 *Keramik Kuna Yang Ditemukan Di Indonesia*. Himpunan Keramik Indonesia. Jakarta

Adhyatman, Sumarah. 1987 *Kendi*. Himpunan Keramik Indonesia. Jakarta

Adhyatman, Sumarah. 1999 *Zhangzhou (Suwatow) Ceramics, Sixteenth To Seventeenth Centuries Found In Indonesia*. Himpunan Keramik Indonesia. Jakarta

Adhyatman, Sumarah & Abu Ridho. 1977 *Tempayan Martavans*. Himpunan Keramik Indonesia. Jakarta

Adhyatman, Sumarah; David Rehfuss; Hitoshi, Shindo. 1984 Japanese Porselain from the Seventeenth Century Found in Indonesia, *Studies On Ceramics*. edited by Satyawati Suleiman. Pusat Penelitian Purbakara dan Peninggalan Nasional. Jakarta

Alba, Larry A. 1993 A Preliminary Survey of the Storage Jars. *Saga of the San Diego* Concerned Citizens for the National Museum. Manila

Ali Akbar. 1990 *Peranan Kerajaan Islam Samdera-Pasai Sebagai Pusat Pengembangan Islam Di Nusantra*. Lhokseumawe

Blussé van oud-Alblas, Johan Leonard. 1986 *Strange Company; Chinese Settlers, Mestizo Women and the Dutch in VOC Batavia*. VKI 122. Foris Publications. Dordrecht

Carre, D.; Desroches, J. P.; Goddio, F. 1994 *Le San Diego Un Tersor Sous La Mar*. Association Fransaise d'Action Artistique. Paris

Chang Hsiu-jung; Farrington, Anthony; Huang Fu-san; Ts'ao Yung-ho; Wu Mi-tsa. 1995 *The English Factory In Taiwan 1670-1685*. National Taiwan Univ. Taipei

Chandavij, Natthapatra. 1989 *Ceramics From Excavations Lop Buri 1986-1987*. Bangkok

Doko, I. H. 1974 *Nusa Tenggara Timur Dalam Kancah Perjuangan Kemerdekaan Indonesia*. Masa Baru. Bandung

Edwards McKinnon, E. 1977 Oriental Ceramics Excavated In North Sumatra. *Transactins of the Oriental Ceramic Society 1975-76, 1976-77*. London

Edwards McKinnon, E. 1991 Banten Girang and Banten Lama. in *SPAFA Train-*

ing Course on Conservation of Ancient Cities and/or Settlements. Jakarta

Edwards McKinnon, E. 1992 Ceramic Recoveries (Surface Finds) at Lambaro, Aceh. *Journal of East-West Maritime Relations.* vol. 2. The Middle Eastern Culture Center in Japan. Mitaka

Guillot, C. 1990 *The Sultanate of Banten.* Gramedia. Jakarta

Guillot, C. ed. 1995 *BANTEN Histoire d'une region. ARCHIPEL* 50. EHESS. Paris

Guillot, C.; Lukman Nurhakim; Sonny Wibisono. 1994 *Banten avant l'Islam: Etude archeologique de Banten Girang (Java-Indonesie) 932?-1526.* Publications de l'Ecole Francaise d'Extreme-Orient. Paris

Halwany Michrob. 1989 *Catatan Sejarah Dan Arkeologi: Ekspor-Impor Di Zaman Kesultanan Banten.* Kamar Dagang dan Industri Daerah Serang. Serang

Halwany Michrob. 1992 *Arca Ganeca Di Panaitan Hasil Penelitian Arkeologi di Taman Nasional Ujung Kulon.* Saudara. Serang

Halwany Michrob. 1993A *Sejarah Perkembangan Arsitektur Kota Islam Banten.* Yayasan Baluwarti. Jakarta

Halwany Michrob.1993B *Laporan Hasil Penelitian Arkeologi Situs Tirtayasa dan Situs Pagedongan.* SPSP Jabar-DKI-Lampung. Banten

Halwany Michrob. 1998 *Historical Reconstruction and Modern Development of the Islamic City of Banten Indonesia.* thesis for Chiba Univ., Chiba

Haris Sukendar. 1976 *Survai di Daerah Lampung.* Berita Penelitian Arkeologi. No. 2. Pusat Penelitian Purbakara dan Peninggalan Nasional. Jakarta

Haris Sukendar. 1979 *Laporan Penelitian Daerah Lampung.* Berita Penelitian Arkeologi. No. 20. Pusat Penelitian Purbakara dan Peninggalan Nasional. Jakarta

Hasan M. Ambary. 1975 *The Establishment of Islamic Rule in Jayakarta.* Aspects of Indonesian Archaeology no. 1. The National Archaeological Resarch Center. Jakarta

Hasan M. Ambary. ed. 1981 *Excavation Report At Pasar Ikan Jakarta.* The Ceramic Society of Indonesia. Jakarta

Hasan M. Ambary; Halwany Michrob; Miksic, John N. ed. 1988 *Catalogue of Sites, Monuments and Artifacts of Banten.* Diretorate for Protection and Development of Historical and Archaeolgical Heritage. Jakarta

Hasan M. Ambary; Halwany Michrob; Srihardiyanto, d. 1994 *Kabupaten Serang*

Menyongsong Masa Depan. Pemerintah DTII Kabupaten Serang

Hasan M. Ambary, Hasan Djafar, Mundardjito. 1978 *Laporan Penelitian Arkeologi Banten 1976*. Pusat Penelitian Purbakara dan Peninggalan Nasional. Jakarta

Heriyanti O. Untoro. 1998 *Perdagangan di Kesultanan Banten (1552-1684): Kajian Arkeologi-Ekonomi*. thesis for Univ. Indonesia. Jakarta

Heriyanti O. Untoro. 1999 Japanese Ceramics in the Court of Banten: Economical or Political Orientation?. *Proceedings International Symposium For Japanese Ceramics of Archaeological Sites In South-East Asia*. Pusat Penelitian Arkeologi. Jakarta

Heuken SJ, Adolf. 1997 *Tempat-Tempat Bersejarah Di Jakarta (Historical Sites of Jakarta)*. Cipta Loka Caraka. Jakarta

Hoesein Djajadiningrat. 1913 *Critische Beschouwing van de Sajarah Banten*. Haarlem. translated to Indonsian 1983. *Tinjauan kritis tentang Sajarah Banten*. Djambatan. Jakarta.

Ho Chuimei (何翠媚). 1991 Ceramic Found ad Excavations at Ko Kho Khao and Laem Pho, Southern Thailand (タイ南部・コーカオ島とポー岬出土の陶磁器).『貿易陶磁研究』11. 日本貿易陶磁研究会

Kernial Singh Sandhu & P. Wheatley. 1983. *Melaka, The Trasformation Of A Malay Capital C. 1400-1980*. Melaka

Khoo Joo Ee (邱如意). 1991 *Kendi, Pouring Vessels in the University of Malay Collection*. Oxford Univ. Press. Singapore

Loviny, Christophe. 1996 *The Pearl Road Tales of Treasure Ships in the Philippines*. Asiatype. Makati

Nagel Auctions. 2000 *Tek Sing Terasures*. Stuttgart

Naniek Harkantiningsih. 1984 Temuan Keramik di Semawang, Sanur, Bali. *AMERTA*. Pusat Penelitian Arkeologi Nasional. Jakarta

Nguyen Chieu. et al. 1990 *Cat Thanh Tra Kieu (Quang Nam-Da Nang)*. NPHM

Pijl-Ketel, van der. 1982 *The Ceramic Load of the Witte Leeuw*. Rijks Museum, Amsterdam.

Reid, Anthony. 1988 *Southeast Asia In The Age Of Commerce 1450-1680*. Yele Univ. Press. New Haven

Salmon, Claudine. 1995 Le cimetiere chinois de Kasunyatan a Banten Lama (fin XVIIe - debut XVIIIe s.), *Banten Histoire D'une Region. ARCHIPEL 50*.

Paris

Sartono Kartodirdjo. 1966 *The Peasants' Revolt of Banten in 1888, Its Conditions, Course and Sequel; A Case Study of Social Movements in Indonesia. VKI 50.* Martinus nijhoff. s'-Gravenhage.

Scott-Ross, M. 1971 *A Short Hsitory Of Malacca.* Kuala Lumpur

Serrurier, L. 1902 Kaar Van Oud-Banten In Geroudheid, begracht door wijlen Mr. L. Serruirier (met eene inleideng van Dr. H. Brendes). *TBG 45.* Batavia

Sonny Wibisono. 1988 Pola Penggunaan Lahan Dalam Sejarah Perkembangan Kota Banten Lama, *Rapat Evaluasi Hasil Penelitian Arkeologi III.* Departmen Pendidikan & Kebudayaan. Jakarta

Stargardt, Janice. 1983 *Satingpra I, The Enviromental And Econmic Archaeology of South Thailand.* Cambridge Univ.

Uka Tjandrasasmita. ed. 1977 *Jaman Pertumbuhan dan Perkembangan Kerajaan-Kerajaan Islam di Indonesia. Sejarah Nasional Indonesia vol. III.* Balai Pustaka. Jakarta

Volker, T. 1954 *Porcelain And The Dutch East India Company 1602-1682. Mededelingen van het Rjiksmuseum voor Volkenkunde* No. 11. Leiden

Yamagata Mariko & Glover, I. 1994 Excavation at Buu Chau Hill, Tra Kieu, Quangnam-Danang province, Vietnam, 1993. 『東南アジア考古学会会報』14

索　引

地名・遺跡名

アチェ（王国）　4,36,67,69,102,165,208〜
　214,219,225,231,247,248,255,256,287
廈門　229〜231,235,236
アユタヤ　4,163,202,211,225,229,231
オスマン帝国　112,113,157,209,210,212,
　213,220,246,257,309
カイボン離宮跡　41,44,47,95,96,98,132,
　133,274,293,297
華人街（パチナン，バンテンの）　47,48,49,
　93,98〜100,133,139,142,147,175,276,312
カジュー遺跡　214,219,225,247,248
カスニャタン遺跡　14,233,278,293
カランガントゥ遺跡　30,32,43,134,138,
　178,179,271,277,293
観音寺　11,32,49,100,133,234,269,272,
　275,293,315
ギエン遺跡　214,218,219,225,247,248
クラパ・ドゥア遺跡　14,232,278
コタチナ遺跡　60,63,117,118,247,253
左営遺跡　102,197,206,211,220,227,228,
　231,257
サムドゥラ・パサイ王国・遺跡　36,59,
　67,68,129,161,170,208,214,247,249
サンディエゴ号（沈没船）　191,195〜197,
　205,207,254
ジュムバタン・ランテ遺跡（バンテン・ラーマ
　の橋）　134,142,148,158,276
スピルウィク要塞跡　32,39,44,47〜49,
　98,132,133,175,177,275,293,315
スリウィジャヤ王国　24,27,65,67,114
スロソワン王宮跡　13,18,32,41,43〜47,
　49,51,93,95,96,98,101,115〜117,132,
　133,136,138,139,142,146〜148,151〜155,
　177,234,264〜267,269,270,273〜275,277,
　279,287,293,297,312〜314

ソロール島　222,224,225
ソンバ・オプー遺跡　144,146,220
大市場跡　134,142,144,147,277
台湾鄭氏政権　225,229,235,238,254,255
タルマヌガラ王国　24,114
トゥバン　24,64,119,162,200,250
トプカプ・コレクション　102,111,211,
　212,219,246,307
トロウラン遺跡　65,71,131,161,170,171,
　249
長崎　171,187,188,228〜230,241
パサール・イカン遺跡　225,231,241,242,
　245,247,256,279,308
パジャジャラン王国　22,24,27,31,35〜
　37,43,59,65,69,114
バタヴィア　10,15,35,37〜39,115,166,
　167,175,210,225,229,232,235,237,241,
　245,247,250,257,265,294,295,308
パベアン遺跡（税関地区）　94,96,99〜101,
　133,147,234
パヤパシール遺跡　60,62,63,118,247
バンテン・イスラム大寺院　11,32,36,43,
　47,93,118,138,139,142,143,146,148,264
　〜266,269,272,273,278,293,296,315
パンダナン沖沈没船　69,71,202
ブアヤ島沖沈没船　118,252
プグン・ラハルジョ遺跡　27,66,123,125,
　128,163,170
プロサリ山　25,30
ベンテン・サリ遺跡　65,128,202
ホイアン　162,164,225〜228,230
ボロブドゥール遺跡　264,283〜288,297,
　314,317
マカッサル（王国）　4,41,71,144〜147,
　165,220,225,237,241
マジャパイト王国　65,71,118,131,161,
　185,249
マタラム王国　37,38,40,138,287,314

マラッカ　35,59,164,165,167,170,171,
　210,211,237,254
モカ　209,211,213
ランバロ遺跡　214,217,219,247,248

人　名

生田滋　8,10,52,139,143
エドワーズ・マッキンノン　13,15,60,214
大橋康二　16,19
キ・タパ　40,42,177,312
ザイヌル・アビディン王　40,310,311
サモ，クローディーヌ　14,233
スナン・グヌンジャティ　7,8,36,208
セルリエル　12,17,47,49,132,147,265,
　313,314
曹永和　10,11,197
鄭成功　196,228,229
ティルタヤサ大王　9,11,14,29,35,38~
　42,46,103,105,113,115,149,152,155,207,
　272,287~289,309~311
ハサヌディン王(バンテンの)　30,36,45,
　272
ハジ王　39,40,42,46,153,177,213,310
ハッサン・アムバリィ　8,11,12,19,42,
　115,267
ハルワニ・ミフロブ　13,14,18,19,39,42,
　46~49,115,267,280,288,292,296,315,316
ファディーラ・ハーン　8,67,209
フォルカー　15,16,208,213,220,245,256
フセイン・ジャヤディニングラット　7,8,
　12,17,265
ブルッセ，レオナルド　10,235,236,241
ブロウ　46,48,131,144,175
ヘリヤンティ・オンコダルモ　14,99,310
リード，アンソニー　3,9,10,41,42,142,
　143

その他

アンピン壺　19,98~100,194~199,201,
　205~207,228,254
生きている遺跡　269,278,279,288,292,
　297,302,303,315,316
イスラム文化考古学　5,12,266,314
インドネシア国立考古学研究センター
　12,25,42,49,64,102,134,266,267,280,
　282,289,290,299,302
オランダ東インド会社　15,41,241,245,
　250,257,308,312
外壁(バンテン・ラーマの)　36,43,47,48,
　100,116,131,133,136,139,146,151,158,
　175,177,269,275,293,295,307
広東系陶磁　26,27,56,57,185,253
クンディ形水差し　19,26,27,57,58,60,
　62~64,70,72,96,106,118,182,183,185~
　191,243,308
景徳鎮窯陶磁　26,27,51,57,58,62,64,66
　~70,90,91,102,106,107,112,113,151,
　187,214,217,218,221,222,224,226,230,
　232,241,243,251,252,255,279,282
シーサッチャナライ窯陶磁　27,64,217
ジャンク貿易　10,37,38,93,143,153,188,
　193,229~231,234~237,240,241,244,247,
　255,257,308,309,312
漳州窯陶磁　92,106,214,217,218,221,
　222,224~226,232,241
石窟(バンテン・ギランの)　26,117,128,
　268
遷界令　107,112,235,238,254,255
泉州窯陶磁　57,62,63,64,185,187,196,
　198,200
タイ系陶磁　5,27,51,58,66,68,90,91,94,
　95,100,106,187~190,218,221,243
トルコ系陶磁　92,213
チレゴン反乱　8,17,265
徳化窯陶磁　26,27,57,60,64,66,68,100,
　217,218,220,241
バンテン遺跡研究会　16,49,102,281,289,
　299
バンテン遺跡博物館　42,134,267,269,
　273,278,282,289,290,299,315
肥前窯陶磁　5,16,29,43,51,58,90~96,
　102,105,107,151,152,183,185,188,196~
　198,208,210,212,217,218,220~222,225~
　231,241,243,244,246,251,255,256,279~

索　引　333

282,289,298,300,308,316
ビンディン窯陶磁　　69,70,201,202
福建・広東系陶磁　　27,51,58,62,63,66,
　67,90〜92,100,102,106,107,112,187,202,
　211,217,219,223,224,232,241,243,246,
　251,252,279,282
フランス極東学院　　13,25,268
文化財管理事務所(バンテン)　　42,103,
　267,270,280,289,291
北部ヴェトナム(トンキン)系陶磁　　5,27,
　51,58,62,64〜66,68〜70,93〜95,106,187

　〜190,201,202,217,218,221,243,245
莆田窯陶磁　　27,57,62,64,217
マルタバン壺　　19,100,201,207,210
ミャンマー系陶磁　　91,92,106,205,217,
　218
メーナム・ノイ窯陶磁　　66,70,201,202,205
竜泉窯陶磁　　26,27,57,58,60,62,64,66,
　68,70,183,187,211,214,218,253
ヨーロッパ系陶磁　　51,90,91,94,105,221,
　223,243,245,256

summary

Banten, A Port City Nation and Its Ceramic Trade

Sakai T.

contents

1　Preface
　(1)　Study subject
　(2)　Review of sources and earlier studies
　　　1　Documentary history
　　　2　Archaeology
　　　3　Ceramic
　　　4　Sub-conclution
　(3)　Composition and methodology
2　Change in the Port City of Banten
　(1)　The Banten Girang period (from the 9th to the 15th centuries)
　　　1　Pre-Islamic period: documentation
　　　2　Outline of the Banten Girang site
　　　3　Problems of the Banten Girang site
　　　4　Chronology of the Banten Girang site
　(2)　The Banten Lama period (from the 16th to the 19th centuries)
　　　1　Outline of the Lama period from documentary sources
　　　2　Chronology: archaeological data
　　　3　Chronology: pictorial data
　　　4　Chronology: ceramic data
3　The Ceramic Recoveries of Banten
　(1)　Ceramics found at Banten Girang

    1   Condition and chronology of ceramic finds
    2   Origins and types of ceramic recoveries
    3   Comparison with other contemporary sites
 (2) Ceramics found at Banten Lama
    1   Origin and types of ceramic recoveries
    2   Differences of types by location
    3   Ceramic users of Banten Lama
 (3) Ceramics found at the Tirtayasa site
    1   Recoveries: condition and chronology
    2   Origins and types of ceramic recoveries
 (4) Ceramic recoveries in Banten: an overview
    1   Chronological problems relating to ceramic recoveries
    2   Trends in ceramic consumption

4 Urban Structure of Banten
 (1) Early port city sites surrounded by moats and Banten Girang
    1   Aerial characteristics of sites surrounded by moats
    2   Characteristics of port city sites
 (2) Developed port city
    1   Spatial function based on results of archaeological research
    2   Spatial division based on pictorial data
 (3) Royal residential area
    1   Tirtayasa royal residential remains revealed by excavation
    2   Structure and characteristics of Tirtayasa royal residence
 (4) Urban structure of port cities
    1   Change in Southeast Asian port cities
    2   The Structure of Southeast Asian port cities
    3   The Significance of urban structure change in Banten Lama

5 Asian Ceramic Trade and Banten
 (1) Traditional culture in the Archipelago as a focus for consumers
    1   Demand for *'kendi'* pouring vessels

    2 Burial ceremonies and ceramics
  (2) The trade of containers for commodities
    1 Trade in *Anping* jars
    2 Trade in jars and pots
  (3) Asian ceramic trade in the pre-modern age
    1 Ceramic trade around the Indian Ocean
    2 Ceramic trade around the Southeast Asian Archipelago
    3 Export of Hizen wares to Southeast Asia
  (4) Banten in pre-modern ceramic trade
    1 The Junk trade and ceramics
    2 Differences in ceramic trade with that of Batavia
    3 Re-export of ceramics
    4 Significance of the 18th century on ceramic trade
6 Preservation and Use of Banten Sites
  (1) Preservation of Banten as a 'living site'
    1 Site condition in Banten
    2 Monument preservation in Banten
    3 Artifact preservation in Banten
  (2) Problems in international co-operation of cultural property preservation
    1 The significance of the Borobudur bomb blast case
    2 Examination of the Tirtayasa site
    3 Halwany's idea and the possibility of international co-operation
7 Conclusion
  (1) The significance of Banten in Asian ceramic trade
    1 Possibility of re-export or the role of a distribution base
    2 Points of view relating to the political history of Banten
    3 Proposition of a new chronological hypothesis
  (2) Preservation and use of sites under international co-operation
    1 Purpose of preservation and use

2   'Living site' and archaeological ceramic data

Appendix:
  Chronological table
  Bibliography
  Index

Banten, at the north western end of the island of Java, Indonesia, was the largest port city nation in Southeast Asia during the pre-modern era.

The main subject of this study is to ascertain an understanding of Banten's historical role through the system of international trade inferred by finds of ceramic fragments which, when whole, were an important commodity of trade and are the most remarkable artifacts recovered at any archaeological site. On the other hand, the researcher has also tried to investigate the economic and social structure of Banten in a discussion of the port city's development of urban structure both by excavation and pictorial data.

Especially, as the main objective, the situation has been studied to ascertain the reason why the ceramic trade was most developed in the first half of the 18th century at a time when the kingdom had declined politically (1). Furthermore, it discusses the problem of the potential conservation and practical use of the site from the point of view international co-operation as a target for contemporary archaeological research (2); as follows.

(1) The ceramic trade in Banten was directly concerned with trends in the pepper trade, a special product in this region, in the pre-Islamic period, from the 11th to early years of the 16th century at Banten Girang. These conditions that continued on from the middle of the 14th century to the 15th century, affected the acceptance of ceramics, an import commodity, during which the pepper trade had stagnated. While during the Islamic period, from early years of the 16th to early years of the 19th century, the political conditions at Banten Lama, as also reflected in the ceramic trade, from the end of 16th to the 18th centuries did not always coincide with economic power.

In Banten Girang site, which appears more characteristic of a religious center, it is very possible that imported ceramics were used by the middle class residents in local trade to pass on goods in a secondary distribution network for surrounding areas and for re-export over longer distances. On the other hand, at the Banten Lama site, although from the first it is largely supplies for high grade gifts of the palace, after middle of the 17th century, recoveries gradually began to reflect import table wares of inferior quality in greater volume. These reached a peak in first half of the 18th century. It is more likely that here, rather than in the case of Banten Girang, the users of imported ceramics were the middle class residents. Besides in the Tirtayasa site, a royal residence of late the 17th century, inferior quality ceramics were not found on a large scale. The trend at this site, where it is unlikely there were many the middle class inhabitants, showed not only their relationship with inferior quality ceramics but also its characteristic for possibility as the base of long distance trade. Many finds in here were the same kind as those found in the Topkapi collection at Istanbul.

Secondly, it also can be thought, that by analyzing the spatial utilization at each site location in the Banten area is a good example that reflects the separate conditions between space allocated to a political function and that allocated to trade, as generally seen in port cities at Southeast Asia. Next, the role of both the moat surrounding Banten Girang and that of the city wall of Banten Lama were changed in character from being simply boundary to a more defensive feature. Similarly, as in cases of other port cities in Southeast Asia the first opportunity for conflict was the arrival of European coming with force of arms.

If we see the changes of urban structure in Banten Lama in pictorial data, it can reflect a phenomenon of military decline and the isolation of royal power during a century after the middle of the 17th century. This may be explained as follows; a decrease in space allocated to political functions, construction of a palace wall what had not existed until that time, and loss of the city wall. However, at the same time we can find space allocated to trade functions with the condition of energetic preservation, or sometimes possible revitalization.

If we see Banten's existence in the whole context of the Asian ceramic trade, it clear that whether long distance trade to the Indian Ocean area or mass transportation of the Archipelago area, during Lama's time, until the 18th century, the ceramic trade in the Southeast Asian archipelago certainly increased. Those who were involved in such ceramic transactions were the merchants of the Chinese junk trade, mainly based Fujian. Their trade network basically had not changed after the coming of the Europeans. Especially, as since middle of the 17th century, they began to reside permanently at the Archipelago. At the end of the 17th century, the onward activity of Dutch East India Company, who seemed to have a monopoly in regional trade was, as admitted by Blussé's study according to their records, dependent in considerable part upon the junk trade.

It can be seen that there were many points on common between ceramic shards in Banten Lama from middle of the 17th century to the 18th century and also comparable data at several other sites in the Archipelago as well as in Turkey and Western Asia. On the other hand, the ratio of low quality goods increased especially in ceramics of the 18th century. This is very possible that as the commodities were re-exported by local traders, the middle class residents in Banten Lama. They were none other than the Chinese junk traders, and their trade reached its the peak in first half of the 18th century. Many were still based in Banten, the strategic point en route to Turkey, where similarly during the previous century had remained resident.

In brief, it may be thought that the reason of explosion of the highest increase in Banten Lama's ceramic shards in first half of the 18th century was no more, and no less, due to Banten's existence as the base for such Chinese junk trade. This is possible because the characteristic of port city Banten was essentially dependent on trade, not only for the export of pepper, a most important commodity, but also because at the same time Banten was located a strategic point for the changing of the monsoon and facing the Indian Ocean.

Therefore, we can conclude that until about middle of the 18th century, Banten Lama was developed at least as a base for ceramic re-export for one corner of the Chinese trade networks.

Although there is no clear evidence in respect of any concrete political trend, it is thought that at the time of Sultan Zainal Abiddin's reign there was an economical briskness without large scale of confusion. The recoveries reflect the condition of a contemporary base for the junk trade complementary to that of Batavia.

According to generalization of the above-mentioned study, in this thesis I will propose a new hypothesis of chronology for Banten Lama's history, as follows:

Phase I : before the 15th century

Phase II : from early to the later part of the 16th century

Phase III : from the end of the 16th to early part of the 17th century

Phase IV : the later part the 17th century to 1682

Phase V : from 1682 to the 1750's

Phase VI : from the later part to the end of the 18th century

Phase VII: the early part 19th century

This is mainly a revision of the chronology by analyzing data obtained from ceramic artifacts.

(2) In Southeast Asia, the preservation and practical use of sites is largely concerned in the establishment of cultural identity. I will consider such problems in relation to the case of the Banten sites.

Research relating to the Banten sites that started during the 1960's, prompted the establishment of Islamic studies in the context of Indonesian archaeology. Although there was almost no Islamic archaeological study or research during the Dutch colonial time, it became important to study the site of Islamic kingdoms, struggles with the Dutch, and tombs of Islamic king or saints to promote a national identity of an independent Indonesia. On that point, there is a reason to create Islamic cultural archaeology. Furthermore, it was thought that the research of Banten was the most important location for its practical study.

By the time of 1980's, when Banten was thought to provide a positive object of practical use, it received support of many people. The Banten sites, especially Banten Lame Old Banten, it had be continued for archaeological excavation and preservation/restoration on condition that focused on the ruins of the Surosowan palace, a major symbol of the site of the former kingdom. In the late 1990's, thinking changed from the Islamic cultural archaeology against the wider level of Indonesian nationalism or in the archipelago region to using of site for the Banten district as a target for ethnic unit.

From this point of view, Halwany formulated the idea of developing a historical park under the slogan of the renaissance movement of Banten. However, the future of that idea collapsed due to the economic crisis and Halwany's untimely death, but this renaissance movement will, no doubt, be developed further after this by the formation of Banten province. Moreover, perhaps it shall be born again as an idea of practical use with same target.

Such is continuity of preservation and use of the Banten sites with changes of significance, particularly using them as a spiritual base for the regional residents which, in this regard, shall be more valuable.

The Banten sites, especially Banten Lama, are highly characteristic of the factor as 'living site', where many pilgrims will visit for religious purposes. There are its main place of worship, the *Mesjid Agung Banten* (Banten Grate Mosque), one of the most important holy place for Moslems in Java, and the nearby *Vihara Avalokitesvara* (the Buddhist

Guanyin Temple), a famous place of religious faith for the Chinese in Indonesia.

Foreign co-operation, especially for preservation of these sites, by those who cannot understand their characteristics as a 'living site', make it difficult to take a part in real on-site activity. For example, even though each technical co-operation project results in the restoration of several monuments with each possible to get a result in its own way, if they have little understanding of its part in whole complex, there is some possibility of bad feeling arising among some of the many pilgrims who give their heart to the site. It seems that co-operation in only technical matters makes it difficult to get a favorable practical result.

On the other hand, international co-operation for the preservation of recovered artifacts has a considerable has element of acceptance. It is quite usual that there are many imported goods among such artifacts, because this site developed due to trade. We can hope, therefore, for a favorable co-operational relationship in the presentation of such artifacts and for knowledge of contemporary imports.

At Banten as the 'living site' above mentioned, the field for international co-operation is limited to what we are able to practically effect. However, for the pilgrims, it is an affirmative matter that the things found in their own cultural heritage have a back-ground of foreign origin. On this point, I conclude, there are also elements which make it to be able to establish each co-operative relationships of mutual trust.

港市国家バンテンと陶磁貿易

■著者略歴■

坂井　隆（さかい　たかし）
1954年、東京都生まれ。
早稲田大学第二文学部東洋文化専攻卒業。
現在、（財）群馬県埋蔵文化財調査事業団主幹専門員。
主要著作　『肥前陶磁の港バンテン―インドネシアのイスラム港市遺跡―』
　　（編共著、穂高書店、1994年）、『アジアの海と伊万里』（共著、新人物往来社、1994年）、『「伊万里」からアジアが見える―海の陶磁路と日本―』（講談社選書メチエ、1998年）、『世界の考古学　東南アジア』（共著、同成社、1998年）、『バンテン、ティルタヤサ遺跡発掘調査報告書』（編共著、上智大学アジア文化研究所、2000年）、『海のアジア6　アジアの海と日本人』（共著、岩波書店、2001年）。

2002年9月30日発行

著　者　坂　井　　　隆
発行者　山　脇　洋　亮
印　刷　㈱興英文化社

発行所　東京都千代田区飯田橋　　同成社
　　　　4-4-8 東京中央ビル内
　　　　TEL03-3239-1467　振替00140-0-20618

Ⓒ Sakai Takashi Printed in Japan
ISBN 4-88621-258-1 C3022